公司治理评论

REVIEW OF CORPORATE GOVERNANCE

第1卷 第3辑

主 编 李维安
副主编 李建标 武立东

经济科学出版社

图书在版编目（CIP）数据

公司治理评论．第1卷．第3辑/李维安主编．—北京：经济科学出版社，2009.9
ISBN 978－7－5058－9036－7

Ⅰ．公…　Ⅱ．李…　Ⅲ．公司－企业管理－研究
Ⅳ．F276.6

中国版本图书馆CIP数据核字（2010）第016656号

责任编辑：吕　萍　程晓云
责任校对：王肖楠
版式设计：代小卫
技术编辑：邱　天

公司治理评论（第1卷　第3辑）
主　编　李维安
副主编　李建标　武立东
经济科学出版社出版、发行　新华书店经销
社址：北京市海淀区阜成路甲28号　邮编：100142
总编部电话：88191217　发行部电话：88191540
网址：www.esp.com.cn
电子邮件：esp@esp.com.cn
汉德鼎印刷厂印刷
德利装订厂装订
787×1092　16开　14.75印张　260000字
2009年9月第1版　2009年9月第1次印刷
ISBN 978－7－5058－9036－7　定价：26.00元
（图书出现印装问题，本社负责调换）

目　录

CONTENTS

全流通下中国上市公司融资偏好影响因素的实证分析

苏新龙 汪 霞*

【摘要】本文采用因子分析和逐步回归分析相结合的实证方法，对可量化的上市公司融资偏好影响因素进行实证分析，寻找我国上市公司股权融资偏好的主要原因，并对如何优化我国上市公司融资结构提出一些建议。

【关键词】融资偏好 因子分析 实证研究

引言：中国资本市场的理论与实践表明，在股权分置条件下，我国上市公司融资结构的突出特点就是偏好股权融资，而内源融资和债务融资的比重偏低，有悖于资本市场的资本结构理论。本文旨在研究股权分置改革后的中国上市公司融资偏好及其影响因素。

一、文献综述

20 世纪 70 年代初，巴克斯特和克拉格（Baxter & Cragg，1970），塔布（Taub，1975）和塔格特（Targget，1977）率先提出资本结构决定因素理论，之后玛希（Marsh，1982），特曼和韦塞尔斯（Titman & Wessels，1988）为该学派的延续做出了重要的贡献，根据他们的研究，影响企业资本结构包括以下四个因素：

（1）企业规模。

巴克斯特和克拉格（1970）使用 1950 ~ 1965 年期间 129 家工业企业的 230 次证券发行数据来检验企业对融资工具的选择。① 他们发现：规模越大的企业越倾向于通过发行债券（或通过以包括优先股、可转换证券和债券在内

---

* 本文得到厦门大学重大横向课题（项目编号：0143K82033）的资助。

苏新龙（1964 ~ ），男，福建南安人，厦门大学管理学院会计系教授。研究方向：财务与会计理论、公司治理。

汪霞（1983 ~ ），女，重庆人，中国电子科技集团 29 研究所。研究方向：资本市场与财务会计。

① Baxter N. D.，Cragg J. G.，Corporate's Choice Among Long-Term Financing Instruments，*Review of Economics and Statistics*，1970，52：225 – 235.

的多次发行来融资)；而规模越小的企业越不可能（相对于普通股和可转换证券而言）发行债券。

（2）企业权益的市场价值

塔格特（1977）利用联邦储备委员会的《资金流动》、国内税务局的《收入统计》和证券交易与管理委员会的《统计公告》等给出的数据，通过广义最小二乘法得出企业长期负债与权益的市场价值是决定企业证券发行的重要因素的结论。[①] 即企业的市场价值目标对其长期负债有重要影响。

（3）企业盈利能力

特曼和韦塞尔斯（1988）认为企业过去的盈利能力，即可以留存下来的盈利数量是企业现有资本结构的一个重要决定因素。[②] 他们利用美国劳工部劳工统计局提供的 1974 ~ 1982 年期间 469 家企业的数据进行统计检验，结论表明因经营利润的增加而提高的股票市场价值不可能完全被企业增加的借贷所抵消。

（4）行业因素

所罗门（Solomon，1963）认为在使用债务负债的不同行业的企业组有着明显不同的负债比率，而且行业的企业组在债务负债的平均使用上具有时间上的稳定性。舒尔茨和阿朗逊（Schultz & Aronson，1988）在《支持最优资本结构概念的某些代用证据》一文中，通过对 1928 ~ 1961 年期间四个行业（铁路、公用电力与燃气、矿业和工业）的 32 家企业资本结构的分析发现，同行业企业具有相似的资本结构，不同行业的资本结构的确有差别。

国外不少学者还进一步对企业资本结构的各因素作了综合研究。如：塔布（Taub，1975）利用 1960 ~ 1969 年期间 89 家公司的 172 次证券发行数据分析了企业的预期收益与利息差异、未来盈利的不确定性、规模、税率、具有偿债能力的时间长度和负债权益比共 6 个变量对企业资本结构的影响。但他的结论含糊不清且相互矛盾。[③] 例如，对于税收因素，塔布声称“我的结论与传统理论和 MM 理论都相矛盾”，“显然，在解释企业对负债—权益比率选择的决定因素方面，我的研究是不成功的”。玛希则认为：早先的观点，无论是巴克斯特和克拉格的研究，还是塔布和塔格特的分析，实际上均未能得出明确结论或存在明显的缺陷。除非能得到关于导出模型的稳定性与预测能力的明确证据，否则很难解释其结果。没有哪一项研究在这方面是非常令人满意的。所以，1982 年，玛希自己选用 1959 ~ 1974 年期间 748 家以现金方式发行股票和债券的企业来验证。他发现：①企业对融资工具的选择受到市场条件和历史状况的极大影响；②企业对融资工具的选择看来就像在其心目

① Targget, R. A., Model of Corporate Financing Decision, *Journal of Finance*, 1977, 5: 1467 - 1484.

② Titman, Sheridan, The Determinants of Capital Structure, *Journal of Finance*, 1988, 43: 1 - 19.

③ Taub, A. J., Determinants of the Firm's Capital Structure, *Review of Economics and Statistics*, 1975, 57: 410 - 416.

中已有一个确定的目标负债比率；③企业的目标负债比率与企业规模、破产风险和资产构成有函数关系。

20世纪80年代，国外影响较大的当属特曼和韦塞尔斯（1988）的研究。他们认为可能影响资本结构的主要因素有：①获利能力（负相关）；②规模（负相关）；③资产担保价值（正相关）；④成长性（正相关）；⑤非债务税盾（负相关），该假说认为折旧与负债融资所产生的节税利益是可以相互替代的。因此，如果折旧等非债务税盾在其预期的现金流量中所占比例较高，企业就无须过多考虑负债的节税利益，进而导致负债减少。⑥变异性（负相关），该假说认为，企业的最佳负债水平是盈利变异性的一个递减函数，即盈利变异性越大，负债水平应该越低。

哈里斯和拉维夫（Harris & Raviv，1991）对美国的公司做了一些实证研究，结果表明负债比率与固定资产比率、非负债税盾、投资发展机会、公司规模呈正相关关系，与公司的变异性（风险性）、广告消费支出、破产的可能性和产品特殊性呈负相关关系。[①] 瑞简和辛格尔（Rajan & Zingales，1995）发现其他工业化国家上市公司在资本结构选择上与美国的大致相似[②]：日本、德国、法国、意大利、英国和加拿大公众公司的财务负债与有形资产和公司规模（德国除外）呈正相关，而与投资机会、利润率呈负相关。但瓦尔德（Wald，1999）则强调不同国家的上市公司在资本结构选择上有很多不同。如美国公司对违约风险比日本公司更敏感，公司规模对法国及德国公司的资本结构选择似乎没有影响。与其他国家的相似公司相比，美国高增长公司更倾向于利用较低的债务融资。他认为各国间制度差异可能是导致这些不同的原因，如美国的风险资本业比其他国家发达。[③]

来自发展中国家的证据，与上述结论大致相同，如：布兹（Booth，2002）等人通过对10个发展中国家（巴西、墨西哥、印度、韩国、约旦、马来西亚、巴基斯坦、泰国、土耳其和津巴布韦）样本数据的分析发现：总的来说，影响发展中国家公司债务比率的因素，似乎与影响发达国家的相似，且作用方式也类似。但是这些财务比率也受诸如GDP增长速度、通货膨胀率和资本市场发展水平等国别因素的影响。

综上所述，研究上市公司资本结构的影响因素，是为了从实证的角度找出显著影响公司资本结构的相关因素，从而更好地优化公司的资本结构，实现公司价值的最大化。国外的实证研究较为全面深入，考虑了各种因素对研究结果的影响，包括变量的选取、样本的选择、资本结构的不同表征指标、

---

① Harris M. and Raviv A., The Theory of Capital Structure, *Journal of Finance*, 1991, 3 (5): 297－355.

② Rajan G., Raghuram, Zingales L., What Do We Know about Capital Structure? Some Evidences From International Data, *Journal of Finance*, 1995, 50: 1421－1460.

③ Wald, John K., How Firm Characteristics Affect Capital Structure: An International Comparison, *Journal of Financial Research*, 1999, 22 (2): 161－187.

统计检验方法的适用性等。

国内学者研究发现，我国上市公司进行融资时表现出了强烈的股权融资偏好。刘明和袁国良（1999）根据 1995 ~ 1998 年上市公司的年报，对该期间我国上市公司直接融资和间接融资的比例进行了统计分析，结果表明 1995 ~ 1998 年我国上市公司直接融资中的股权融资比例不断扩大，带有明显的股权融资偏好。施东晖（2000）对 1999 年度沪市上市公司长期资金来源进行描述性统计，发现股权融资占 52.6%，留存收益占 41.2%，长期负债融资占 6.2%，得出了与梅尔斯（Myers）的融资优序理论截然不同的融资顺序。阎达五、耿建新、刘文鹏（2001）对上市公司 2000 年配股行为进行了实证研究，结果表明：2000 年提出配股计划的企业占符合配股条件企业总数的 70%，也就是说符合配股条件的上市公司大多数有配股倾向，在一定程度上反映了上市公司的股权融资偏好。刘星、魏峰（2004）在对梅尔斯优序模型进行了修正的基础上采用大样本实证验证了我国上市公司存在股权融资偏好。

我国上市公司股权融资偏好与西方主流观点的明显矛盾强烈地冲击着国内学者的思维，激发着人们对这一问题的思考和研究。国内学者对我国上市公司融资偏好的研究集中在实证研究方面，主要从两个角度进行：一是从融资偏好影响因素进行实证分析的角度；二是从股权融资成本和债权融资成本孰高孰低进行实证检验的角度。和国外学者的实证研究相似，国内学者也没有得出统一的结论。

（1）陈小悦与李晨选取了 1993 年 3 月以前在沪市上市的 A 股进行分析，并选择了 1993 年 7 月至 1994 年 3 月作为分析的时间段。通过计算各参量间的相关系数以及进行线性回归后，他们获得结论：上海股市收益与负债权益比率、企业规模负相关，与 BETA 正相关。① 陆正飞、辛宇以 1996 年沪市 35 家机械及运输设备行业的上市公司为样本，在控制行业因素的情况下，就上市公司的资本结构与获利能力、规模、资产担保价值以及成长性等因素进行多元回归分析，得出三点主要结论：①不同行业的资本结构有显著差异；②企业的资本结构与获利能力显著负相关；③规模、资产担保价值和成长性等因素对企业的资本结构没有显著的影响。② 洪锡熙、沈艺峰运用资本结构决定因素学派的理论框架，以 1995 ~ 1997 年期间沪市 221 家工业类上市公司为样本数据，采用列联表行列独立性的卡方检验的方法，对影响我国上市公司资本结构的主要因素进行分析，结果表明企业规模和盈利能力两个因素对企业的资本结构的选择有显著的影响，而企业权益、成长性和行业因素对企

① 陈小悦、李晨：《上海股市的收益与资本结构关系实证研究》，载《北京大学学报（哲学社会科学版）》1995 年第 1 期。

② 陆正飞、辛宇：《上市公司资本结构主要影响因素之实证研究》，载《会计研究》1998 年第 8 期。

业资本结构没有显著的作用。① 王娟和杨凤林选取沪市 461 家上市公司，对其在 1997 年 12 月 31 日的资本结构和净资产收益率指标进行实证分析，得出上市公司的盈利能力与其资本结构正相关的结论。② 吕长江和王克敏 1999 年采用了 38 个变量来解释上市公司的股利政策，在剔除了解释变量之间的自相关性后，得到了 11 个主成分因子。实证分析表明这 11 个变量与现金股利都是显著相关的。结论之一即是代表资本结构的企业债务率与现金股利之间存在的正相关，说明企业的股票股利和现金股利的发放源于企业长期负债的增加，与企业盈利能力无关，负债率越高的企业反而现金股利发放越高，这一结果显然并不支持融资优序理论。③

（2）沈艺峰和田静根据莫迪利亚尼和米勒曾使用的“平均资本成本”方法，实证分析了我国 30 家主营百货的上市公司在 1995 ~ 1997 年间的数据，得出我国上市公司平均资本成本呈下降趋势，上市公司权益资本成本较债务资本成本分别高出 7.72%、7.53% 的结论。④ 陈晓和单鑫直接将股权资本成本定义为企业的税后利润除以股权资本的总市值，并使用 1997 年的截面数据计算了 1995 年 9 月以前上市的 185 家上市公司的债务融资对其融资总成本的影响，得出了股权融资成本远低于债务成本的结论。⑤ 袁国良、郑江淮认为股权融资成本主要包括股票分红、企业发行配股的交易成本、红利的税收、发行股票的成本和发行股票的信息不对称成本这 5 个方面。他们根据市盈率推算出股票分红的股息率为 2.9%，上市公司大盘股的发行费用约为募集资金的 0.7% ~1%，小盘股约为 1.4%，而红利税收则按规定的 2.9% 计算。但他们没有计量后两种成本。据此，他们的结论是：我国上市公司股权融资的成本极低。⑥ 黄少安和张岗（2001）通过对我国上市公司股权融资单位资本成本和发行企业债券或银行借款的最低单位资本成本的实证研究，发现与债权融资单位成本相比，股权融资成本的相对低下是上市公司强烈股权融资偏好的原因⑦。陆正飞、叶康涛利用剩余收益折现模型来计算股权融资成本，在不考虑股票发行成本时，他们计算出股权融资成本平均而言低于债券融资成本，但不同年份和不同上市公司的股权融资成本并不相同，有些年份和有些上市公司的股权融资成本明显高于债券融资成本，因此他们认为仅用股权融资成本并不能完全解释我国上市公司股权融资偏好。叶康涛、陆正飞进一步分析了股权融资成本的影响因素，他们将 11 个企业特征涉及的 8 大变量视为股权融资成本

---

① 洪锡熙、沈艺峰：《我国上市公司资本结构影响因素的实证分析》，载《厦门大学学报》2000 年第 3 期。

② 王娟、杨凤：《中国上市公司资本结构影响因素的最新研究》，载《国际金融研究》2002 年第 8 期。

③ 吕长江、王克敏：《上市公司股利政策的实证研究》，载《经济研究》1999 年第 12 期。

④ 沈艺峰、田静：《我国上市公司的资本成本定量研究》，载《经济研究》1999 年第 11 期。

⑤ 陈晓、单鑫：《债务融资是否会增加上市公司的融资成本》，载《经济研究》1999 年第 9 期。

⑥ 袁国良、郑江淮：《我国上市公司融资偏好和融资能力的实证研究》，载《管理世界》1999 年第 3 期。

⑦ 黄少安、张岗：《中国上市公司股权融资偏好分析》，载《经济研究》2001 年第 11 期。

的决定性因素，计量结果表明，不同行业的股权融资成本存在显著差异。①

另一些研究者试图对融资成本这一概念进行某些创新。王明虎提出“名义成本”与“真实成本”之分，认为关键是计算“真实融资成本”，他们计算出企业增发股票前后的股权融资成本，在1999~2002年6月底期间，股权融资成本最高者为41.51%，最低者为5.36%。王增业从经济人“有限理性”角度提出股权融资的“理性成本”概念，但未做出计量。由此可见，国内学者对股权融资成本的计算结果差异很大。

受研究时间的局限，国内学者不能对股权分置改革之后这样一个独特的历史阶段中影响企业融资行为的因素变化进行后续调查，也无法研究新形势下企业融资行为的变化。

二、实证方法选择

由于影响企业融资偏好的同一因素常常可由多个指标反映，如果只是用多元回归最小二乘法估计分析很难确定哪些解释变量对被解释变量影响较大，为了消除相应指标相关性对分析结果的影响。本文拟采用因子分析和回归分析结合的方法。不直接采用多元线性回归法的原因：一是会受多重共线性的困扰。由于影响企业融资结构的各因素之间存在一定的相互关系，例如在陆正飞（1998）② 的文章中，企业获利能力与规模均以主营业务收入来衡量，资产担保价值与成长性都以总资产来计算，这样在进行多元回归时将不可避免地会产生多重共线性或近似多重共线性问题。如果直接用这些指标和负债比率建立回归模型，会造成各解释变量的回归系数值不稳定。二是会产生异方差现象。由于不同企业的融资结构决定因素对其资本结构的影响程度不一，因此回归模型的随机误差项极可能会有不尽相同的方差，即难免会出现异方差性。此外，由于理论模型大多强调如破产、代理冲突及信号等资本结构决定因素，而在实际中这些因素不可能仅通过观测一些可观测变量而对其进行计量分析，为了克服上述缺陷，本文首先对各种影响我国制造业上市公司融资结构的因素进行归纳。通过对这些变量做主成分因子分析，找出其相互独立的主要因子，用较少量的因子来概括和解释较大量的观测事实，再就这些因子对融资结构进行回归分析，以便提供这些变量影响我国上市公司融资结构的实证证据。

1. 因子分析法介绍

因子分析的基本思想是通过对变量的相关系数矩阵内部结构的研究，找

---

① 陆正飞、叶康涛：《中国上市公司股权融资偏好解析——偏好股权融资就是缘于融资成本低吗?》，载《经济研究》2004年第4期。

② 陆正飞、辛宇：《上市公司资本结构主要影响因素之实证研究》，载《会计研究》1998年第8期。

出能够控制所有变量的少数几个随机变量去描述多个变量之间的相关关系（在这里，这少数几个随机变量是不可观测的，通常称为因子）。[①] 它也是从研究相关矩阵内部的依赖关系出发，把一些具有错综复杂关系的指标归结为少数几个综合指标的一种多变量统计分析方法。在多变量（指标）的研究中，往往由于变量个数太多，并且彼此之间存在着一定的相关性，因而使得所观测的数据在一定程度上反映的信息有所重叠，而且当变量较多时，在高维空间中研究样本的分布规律比较麻烦。而因子分析正是把这种情况化简了，即采取一种降维的方法，找出几个综合因子来代表原来众多的变量，使这些综合因子尽可能地反映原来变量的信息量，而且彼此之间互不相关。因子分析的步骤如下[②]：（1）原始数据的标准化处理；（2）计算各个变量间的相关系数矩阵；（3）提取因子并确定因子个数；（4）因子旋转；（5）因子命名及解释；（6）计算每个因子对每个"个体"的得分，为以后分析做准备。

2. 逐步回归分析法介绍

逐步回归分析法是建立最优回归方程的一种统计方法。其特点有两个：首先，对引入的变量进行检验，如果显著则引入，不显著则剔除；其次，每引入一个新的变量，要对前面引入的变量进行检验，显著则保留，不显著则剔除。这样反复循环，直到进入方程的变量都显著，未进入方程的变量都不显著为止。逐步回归分析方法的步骤如下：（1）确定一个判断显著性的 F 的临界值 Fə ；（2）从所有解释变量中选一个经过检验的变量进入回归方程；（3）从剩下的解释变量中再选一个经过检验的变量进入回归方程，同时判断原来进入方程的解释变量是否应该剔除；（4）按照第三步的方法循环，直至不能引入新的变量，也不能将引入回归方程的变量剔除，至此逐步回归结束，所得的方程为最优回归方程。

三、样本选择

2007 年度是全流通时代的开始，也是实施新会计准则的开始，所以本文以在沪深两市的制造类上市公司 2007 年的数据信息为研究对象。选取样本企业为 576 家。样本选取遵循以下原则：（1）选取属于制造业的上市公司；（2）剔除 ST 类和未股改的上市公司；（3）选取只在 A 股上市的公司；（4）剔除数据异常或数据不全的公司。全部数据来源于国泰安数据库（CSMAR）。

---

① 于秀林、任雪松：《多元统计分析》，中国统计出版社 1999 年版。
② 卢文岱：《SPSS for Windows》（第一版），电子工业出版社 2000 年版。

四、实证研究

1. 变量设计

目前，从国内外已有的对资本结构影响因素的实证研究的成果来看，各学者一般都是根据自己的偏好以及数据的可得性来选取适合于自己的指标，这就使得无论是国内还是国外，对各因素衡量指标的选择都比较杂乱，相差较大，并没有一个明确的定论。本文根据数据的可得性选取了 16 个指标①，具体指标见表 1。

表 1　　变量选择

指标分类	指标	计算公式
盈利能力	每股收益	净利润/总股本数
	资产报酬率	(利润总额 + 财务费用)/平均资产总额*
	销售净利率	净利润/营业收入
运营能力	总资产周转率	销售收入/平均资产总额
	固定资产周转率	销售收入/固定资产平均净额
	股东权益周转率	销售收入/平均股东权益
偿债能力	流动比率	流动资产/流动负债
	速动比率	(流动资产 - 存货)/流动负债
	利息保障倍数	(利润总额 + 财务费用)/财务费用
成长性	总资产增长率	(期末总资产 - 期初总资产)/期初总资产
	资本累积率	(期末股东权益 - 期初股东权益)/期初股东权益
公司规模	ln 总资产	ln (总资产)
	ln 收入	ln (营业收入)
股权结构	股权集中度	前十大股东持股数/总股本
	H 指数	第一大股东持股比例的平方和
抵押价值	资产担保价值	(存货 + 固定资产)/总资产

注：* 本文的平均资产总额、平均股东权益等均是指 (年初数 + 年末数)/2。

2. 因子分析

(1) 数据标准化。运用 SPSS② 统计软件将 576 家制造业企业的原始数据进行标准化，以消除量纲的影响。

(2) 相关系数矩阵。运用 SPSS 统计软件描述性统计分析 (Descriptives) 功能，得到相关系数矩阵 (见 2 所示)。

---

① 根据国内外学者对融资结构各影响因素衡量指标的选择汇总分析后所得。

② 本文所有数据的因子分析和回归分析处理都使用 SPSS 16.0 软件。

表 2　　**相关系数矩阵**

		每股收益	销售净利率	资产报酬率	总资产周转率	固定资产周转率	股东权益周转率	利息保障倍数	流动比率	速动比率	总资产增长率	资本累积率	ln 资产	ln 收入	股权集中度	H 指数	资产担保价值
相关系数	每股收益	1.000	0.649	0.740	0.177	0.085	0.096	0.331	0.030	0.032	0.113	0.126	0.305	0.316	0.307	0.211	-0.042
	销售净利率	0.649	1.000	0.570	-0.098	0.000	-0.142	0.523	0.068	0.082	0.066	0.090	0.001	-0.070	0.110	0.055	-0.149
	资产报酬率	0.740	0.570	1.000	0.189	0.070	0.068	0.157	0.044	0.053	0.142	0.151	0.170	0.218	0.245	0.134	-0.069
	总资产周转率	0.177	-0.098	0.189	1.000	0.467	0.808	0.005	-0.089	-0.100	0.044	-0.031	0.206	0.585	0.143	0.130	0.100
	固定资产周转率	0.085	0.000	0.070	0.467	1.000	0.435	0.014	0.539	0.533	0.064	0.026	0.009	0.130	0.094	0.041	-0.308
	股东权益周转率	0.096	-0.142	0.068	0.808	0.435	1.000	-0.100	-0.163	-0.165	0.098	0.122	0.252	0.512	0.063	0.078	0.102
	利息保障倍数	0.331	0.523	0.157	0.005	0.014	-0.100	1.000	0.041	0.029	-0.015	-0.061	-0.119	-0.082	0.078	0.081	-0.011
	流动比率	0.030	0.068	0.044	-0.089	0.539	-0.163	0.041	1.000	0.979	-0.016	0.000	-0.137	-0.211	0.042	-0.026	-0.206
	速动比率	0.032	0.082	0.053	-0.100	0.533	-0.165	0.029	0.979	1.000	-0.008	0.014	-0.134	0.212	0.029	-0.042	0.291
	总资产增长率	0.113	0.066	0.142	0.044	0.064	0.098	-0.015	-0.016	-0.008	1.000	0.793	0.176	0.095	0.174	0.144	-0.101
	资本累积率	0.126	0.090	0.151	-0.031	0.026	0.122	-0.061	0.000	0.014	0.793	1.000	0.135	0.032	0.121	0.060	-0.116
	ln 资产	0.305	0.001	0.170	0.206	0.009	0.252	-0.119	-0.137	-0.134	0.176	0.135	1.000	0.893	0.123	0.266	0.138
	ln 收入	0.316	-0.070	0.218	0.565	0.130	0.512	-0.082	0.211	-0.212	0.095	0.032	0.893	1.000	0.154	0.283	0.191
	股权集中度	0.307	0.110	0.245	0.143	0.094	0.063	0.078	0.042	0.029	0.174	0.121	0.123	0.154	1.000	0.613	0.007
	H 指数	0.211	0.055	0.134	0.130	0.041	0.078	0.081	-0.026	-0.042	0.144	0.060	0.266	0.283	0.613	1.000	0.044
	资产担保价值	-0.042	-0.149	-0.069	0.100	-0.308	0.102	-0.011	-0.206	-0.291	-0.101	-0.116	0.138	0.191	0.007	0.044	1.000

续表

		每股收益	销售净利率	资产报酬率	总资产周转率	固定资产周转率	股东权益周转率	利息保障倍数	流动比率	速动比率	总资产增长率	资本累积率	ln 资产	ln 收入	股权集中度	H 指数	资产担保价值
单边显著性检验	每股收益		0.000	0.000	0.000	0.020	0.010	0.000	0.234	0.221	0.003	0.001	0.000	0.000	0.000	0.000	0.157
	销售净利率	0.000		0.000	0.009	0.495	0.000	0.000	0.051	0.025	0.056	0.016	0.493	0.047	0.004	0.092	0.000
	资产报酬率	0.000	0.000		0.000	0.048	0.051	0.000	0.144	0.101	0.000	0.000	0.000	0.000	0.000	0.001	0.050
	总资产周转率	0.000	0.009	0.000		0.000	0.000	0.454	0.016	0.008	0.144	0.229	0.000	0.000	0.000	0.001	0.008
	固定资产周转率	0.020	0.495	0.048	0.000		0.000	0.366	0.000	0.000	0.062	0.266	0.417	0.001	0.012	0.162	0.000
	股东权益周转率	0.010	0.000	0.051	0.000	0.000		0.008	0.000	0.000	0.009	0.002	0.000	0.000	0.065	0.031	0.007
	利息保障倍数	0.000	0.000	0.000	0.454	0.366	0.008		0.162	0.244	0.363	0.071	0.002	0.025	0.030	0.026	0.399
	流动比率	0.234	0.051	0.144	0.016	0.000	0.000	0.162		0.000	0.350	0.493	0.001	0.000	0.159	0.270	0.000
	速动比率	0.221	0.025	0.101	0.008	0.000	0.000	0.244	0.000		0.425	0.368	0.001	0.000	0.240	0.155	0.000
	总资产增长率	0.003	0.056	0.000	0.144	0.062	0.009	0.363	0.350	0.425		0.000	0.000	0.011	0.000	0.000	0.008
	资本累积率	0.001	0.016	0.000	0.229	0.266	0.002	0.071	0.493	0.368	0.000		0.001	0.223	0.002	0.076	0.003
	ln 资产	0.000	0.493	0.000	0.000	0.417	0.000	0.002	0.001	0.001	0.000	0.001		0.000	0.002	0.000	0.000
	ln 收入	0.000	0.047	0.000	0.000	0.001	0.000	0.025	0.000	0.000	0.011	0.223	0.000		0.000	0.000	0.000
	股权集中度	0.000	0.004	0.000	0.000	0.012	0.065	0.030	0.159	0.240	0.000	0.002	0.002	0.000		0.000	0.436
	H 指数	0.000	0.092	0.001	0.001	0.162	0.031	0.026	0.270	0.155	0.000	0.076	0.000	0.000	0.000		0.147
	资产担保价值	0.157	0.000	0.050	0.008	0.000	0.007	0.399	0.000	0.000	0.008	0.003	0.000	0.000	0.436	0.147	

从表2可以看出，16个解释变量之间均存在不同程度的相关性，其中不少解释变量之间的相关系数在0.3以上，另有4个解释变量之间的相关系数在0.8以上，这表明各解释变量并不是相互独立的，他们之间存在着信息重叠。由于各解释变量之间存在着信息重叠，要对上市公司作出正确判断很不容易，所以在对我国上市公司融资偏好的影响因素进行分析时，便可以采用因子分析法对原有的16个解释变量进行浓缩，将原有变量中的信息重叠部分提取和综合成因子，进而最终实现减少变量个数和减少解释变量自相关对分析结果的影响的目的。这也是本文在研究方法上采用因子分析而不采用纯粹的多元回归分析的一个原因。

（3）因子个数的确定。运用SPSS统计软件因子分析（Factor）功能，得到以下结果：

表3中从反映的各个变量的6个因子共同度（Communalities）可以看出，16个变量中除资产担保价值和利息保障倍数以外有14个变量可以很好地被6个因子（主成分）解释，因为这14个变量的因子共同度均在0.81以上。

表3　　　　变量共同度

	初始值	公因子
每股收益	1.000	0.835
销售净利率	1.000	0.820
资产报酬率	1.000	0.680
总资产周转率	1.000	0.896
固定资产周转率	1.000	0.839
股东权益周转率	1.000	0.881
利息保障倍数	1.000	0.510
流动比率	1.000	0.926
速动比率	1.000	0.946
总资产增长率	1.000	0.865
资本累积率	1.000	0.885
ln资产	1.000	0.911
ln收入	1.000	0.943
股权集中度	1.000	0.811
H指数	1.000	0.812
资产担保价值	1.000	0.307

注：对象提取公因子方法：主成分分析。

提取因子的方法采用主成分法，提取因子的准则是特征值大于或等于1的因子。[①] 各主成分因子的特征值和方差贡献率结果（见表4）。从特征值可以看出，第一个因子的特征值为3.431，占方差的21.445%；第二个因子的

① 提取因子的准则有两种：一是特征值大于1；二是累计方差贡献率为85%。

特征值为 2. 792，占方差的 17. 452%；第三个因子的特征值为 2. 312，占方差的 14. 451%；第四个因子的特征值为 1. 770，占方差的 11. 061%；第五个因子的特征值为 1. 394，占方差的 8. 713%；第六个因子的特征值为 1. 167，占方差的 7. 296%；从第七个因子开始，特征值小于 0。基于特征值大于 1 的规则，Factor 过程提取前 6 个因子，6 个因子的特征值共占方差的 80. 416%。可见被放弃的其他 10 个因子解释的方差仅占 19. 584%，这说明提取 6 个公因子做到了较为充分地保留原始变量的信息，所提取的公因子具有较好的代表性。

表 4　　特征值和累积方差贡献率

成分	初始特征值			平方和			方差		
	总额	% of Variance	累计方差	总额	% of Variance	累计方差	总额	% of Variance	累计方差
1	3. 431	21. 445	21. 445	3. 431	21. 445	21. 445	2. 546	15. 913	15. 913
2	2. 792	17. 452	38. 896	2. 792	17. 452	38. 896	2. 532	15. 828	31. 741
3	2. 312	14. 451	53. 347	2. 312	14. 451	53. 347	2. 296	14. 352	46. 093
4	1. 770	11. 061	64. 408	1. 770	11. 061	64. 408	1. 983	12. 394	58. 487
5	1. 394	8. 713	73. 121	1. 394	8. 713	73. 121	1. 861	11. 630	70. 117
6	1. 167	7. 296	80. 416	1. 167	7. 296	80. 416	1. 648	10. 300	80. 416
7	0. 864	5. 397	85. 814						
8	0. 779	4. 871	90. 684						
9	0. 356	2. 227	92. 912						
10	0. 310	1. 935	94. 847						
11	0. 248	1. 547	96. 394						
12	0. 221	1. 379	97. 772						
13	0. 188	1. 176	98. 949						
14	0. 133	0. 829	99. 778						
15	0. 020	0. 126	99. 904						
16	0. 015	0. 096	100. 000						

注：对象提取公因子方法：主成分分析。

碎石图更清晰地表明因子的提取过程（如图 1 所示）。碎石图是将各个特征值，按照降序排列在一张图表上，将碎石图看作一支弯曲的长臂，在图中可以看到一个比较明显的“肘部”，在“肘部”以下表明新增加任何新的因子对模型的解释提高并不显著。但是需要说明一下，这个因子提取的过程本身就包含着一定的主观性，特别是当这个“肘部”并不明显的时候，信息损失会比较大。

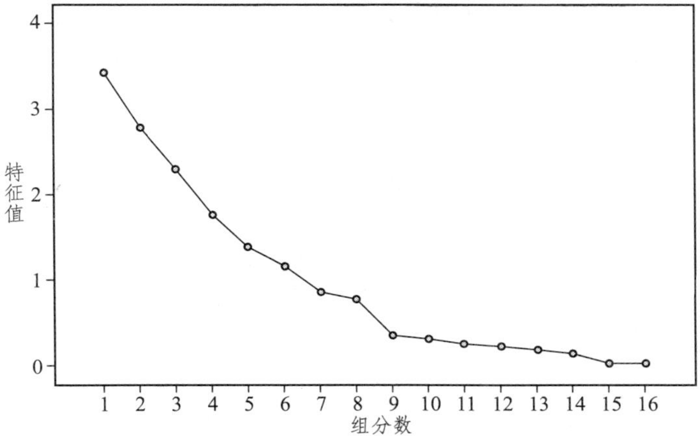

图1　碎石图

从碎石图1中可以看出前六个因子相邻之间的特征值之差值较大，而第7～13个因子之间的特征值差值相对来讲均比较小，可以由此初步得出提取6个因子将能概括绝大部分信息。

表4是初始因子载荷矩阵，通过这个系数矩阵可以用各原变量写出因子表达式，以便了解因子的含义。从表5可看出第一、第二、第三、第四、第五和第六因子在原变量上的载荷值都相差不大，故不太好解释它们的含义，因此须进一步因子旋转以便更好地了解它们的含义。

表5　　因子载荷矩阵

	成分					
	1	2	3	4	5	6
ln收入	0.788	-0.362	0.183	-0.114		-0.372
ln资产	0.659	-0.268			0.180	-0.606
每股收益	0.656	0.408	-0.406	-0.216	-0.101	-0.129
总资产周转率	0.640	-0.194	0.482	-0.255	-0.238	0.309
股东权益周转率	0.595	-0.289	0.503		-0.318	0.283
资产报酬率	0.569	0.406	-0.356	-0.142	-0.174	-0.117
速动比率	-0.149	0.781	0.480		0.168	-0.236
流动比率	-0.145	0.764	0.481		0.196	-0.224
资产担保价值		-0.468	-0.138	-0.177	0.167	
固定资产周转率	0.277	0.450	0.717		-0.116	0.152
销售净利率	0.290	0.559	-0.564	-0.215	-0.242	
利息保障倍数	0.124	0.365	-0.395	-0.316	-0.133	0.297
资本累积率	0.291	0.149		0.843	-0.248	
总资产增长率	0.346	0.129		0.831	-0.174	
H指数	0.469				0.704	0.275
股权集中度	0.458	0.189	-0.113	0.120	0.620	0.392

（4）因子旋转。因子矩阵的系数表示因子与各变量的相关性。但由于一个因子与各变量的相关系数常常不明显，因此难以从中直观地看出各个因子所代表的意义，为此需要对因子进行旋转①，以达到一个变量尽可能仅与一个因子相关，且一个因子只与全部变量的极少数变量有亲缘关系，并使其系数向 0 和 1 两极转化。经过旋转后的各个因子载荷见表 6。

表 6　　旋转后因子载荷矩阵

	成分					
	1	2	3	4	5	6
销售净利率	0.888		-0.129			
每股收益	0.847			0.287		0.153
资产报酬率	0.774			0.221	0.131	
利息保障倍数	0.614			-0.321	-0.132	0.101
速动比率		0.966				
流动比率		0.955				
固定资产周转率		0.681	0.609			
资产担保价值	-0.117	-0.412		0.239	-0.242	
总资产周转率			0.923	0.167		
股东权益周转率			0.911	0.174		
ln 资产				0.933	0.102	0.105
ln 收入		-0.149	0.425	0.846		0.132
资本累积率					0.938	
总资产增长率					0.918	0.120
H 指数				0.168		0.882
股权集中度	0.157				0.100	0.878

（5）因子命名。从表 5 可知，转轴后的因子系数已经明显向两极分化，有了更鲜明的实际意义。原有的 16 个指标的信息分别集中到 6 个综合指标中去。载荷矩阵中载荷系数越大，表明综合指标对相应的原指标解释能力越强。在第一个因子中，销售净利率、每股收益、资产报酬率和利息保障倍数有绝对值较大的载荷系数，反映上市公司盈利能力，所以称第一因子为“盈利能力”因子；在第二个因子中，流动比率、速动比率和固定资产周转率有绝对值较大的载荷系数，反映上市公司的偿债能力，所以称第二因子为“偿债能力”因子；在第三个因子中，固定资产周转率、总资产周转率和股东权益周转率有绝对值较大的载荷系数，反映上市公司营运能力，所以称第三因子为“营运能力”因子；在第四个因子中，ln 资产、ln 收入有绝对值较大的载荷系数，反映上市公司的规模，所以称第四因子为“企业规模”因子；在第五

① 本文选方差最大旋转法。

个因子中，资本累积率和总资产增长率有绝对值较大的载荷系数，反映上市公司的成长能力，所以称第五因子为“成长能力”因子；而在第六个因子中H指数和股权集中度有绝对值较大的载荷系数，反映上市公司的股权结构，所以称第六因子为“股权结构”因子。

（6）因子得分。通过前面的分析将因子确定以后，便可以计算各因子在每个样本上的具体数值，这些数值称为因子得分，由此形成的变量称为因子变量。本文采用回归法来估计因子得分系数，输出结果如表7、表8所示。

表7　　　　因子转换矩阵

	1	2	3	4	5	6
1	0.457	-0.085	0.537	0.547	0.249	0.366
2	0.523	0.775	-0.170	-0.270	0.128	0.091
3	-0.575	0.569	0.570	0.098	-0.067	-0.087
4	-0.327	0.010	-0.216	0.000	0.914	0.106
5	-0.283	0.133	-0.362	0.199	-0.282	0.808
6	-0.005	-0.228	0.425	-0.761	0.050	0.431

表8　　　　因子得分系数矩阵

	成分					
	1	2	3	4	5	6
每股收益	0.326	0.012	-0.017	0.118	-0.019	-0.020
销售净利率	0.373	-0.014	-0.040	-0.063	0.001	-0.085
资产报酬率	0.303	0.017	-0.003	0.088	0.027	-0.066
总资产周转率	0.023	-0.035	0.436	-0.094	-0.047	0.005
固定资产周转率	-0.016	0.253	0.290	-0.084	0.000	0.000
股东权益周转率	-0.019	-0.057	0.432	-0.086	0.042	-0.050
利息保障倍数	0.267	-0.072	0.081	-0.245	-0.086	0.054
流动比率	-0.031	0.396	-0.080	0.098	-0.050	0.021
速动比率	-0.025	0.400	-0.082	0.099	-0.034	0.002
总资产增长率	-0.033	-0.012	0.000	-0.028	0.500	0.017
资本累积率	-0.020	-0.008	-0.013	-0.022	0.516	-0.046
ln资产	-0.017	0.054	-0.146	0.553	0.003	-0.056
ln收入	-0.002	0.005	0.048	0.423	-0.056	-0.032
股权集中度	-0.025	-0.004	0.000	-0.117	-0.001	0.571
H指数	-0.068	-0.011	-0.047	-0.012	-0.042	0.571
资产担保价值	-0.044	-0.138	-0.038	0.118	-0.139	0.061

利用上面的因子得分系数矩阵，就可以计算出各个因子变量。在得到因子变量之后，便可以用因子变量代替原有变量进行多元回归分析，并且这样

做既减少了解释变量的数量，又不需顾虑多重共线性问题。从表 9 可看出旋转后各因子之间不相关。

表 9　因子得分协方差矩阵

	1	2	3	4	5	6
1	1.000	0.000	0.000	0.000	0.000	0.000
2	0.000	1.000	0.000	0.000	0.000	0.000
3	0.000	0.000	1.000	0.000	0.000	0.000
4	0.000	0.000	0.000	1.000	0.000	0.000
5	0.000	0.000	0.000	0.000	1.000	0.000
6	0.000	0.000	0.000	0.000	0.000	1.000

3. 回归分析

6 个因子所代表的经济意义与之前所作的关于融资偏好影响因素的分析基本一致，而且相互之间不再存在多重共线性，利用 SPSS 软件回归（Regression）功能，以因子得分矩阵得到的因子值为解释变量，以经标准化处理的资产负债率和长期负债率为被解释变量，分别对被解释变量进行回归。回归模型如下：

$$Y = \beta_0 + \sum_{i=1}^{6} \beta_i F_i + \varepsilon$$

式中：ε 为误差项。

为了使回归方程的解释变量都变得显著，同时使这个方程的可决系数 R^2 和调整可决系数 R^2 又尽可能的大，自然需要找一个“最优”的回归方程，即这个方程包含了尽可能多的对 Y 有较大影响的变量，同时这些变量又都是显著的。SPSS 回归程序在将解释变量纳入回归模型时提供了五种方法。本文使用逐步回归法（Stepwise）。回归结果如表 10 所示。

模型 A：被解释变量为资产负债率

表 10　变量选择方法 A

模式	键入的变量	移除的变量	方法
1	偿债能力		逐步回归法（标准：F 检验的显著性小于 0.05 的键入，大于 0.1 的移除）
2	营运能力		逐步回归法（标准：F 检验的显著性小于 0.05 的键入，大于 0.1 的移除）
3	盈利能力		逐步回归法（标准：F 检验的显著性小于 0.05 的键入，大于 0.1 的移除）
4	企业规模		逐步回归法（标准：F 检验的显著性小于 0.05 的键入，大于 0.1 的移除）

在采用逐步回归法进行回归时，使用F的概率作为决定变量的进入或者移出回归方程的标准：若变量回归系数的F统计量的显著性概率Sig. ≤0.05，则该变数被引入方程；若F的显著性概率Sig. ≥0.10，则该变数被移出方程（见表10）。经过筛选，获得四个回归方程，选取最优的第四个方程，回归结果如表11～表13所示。

表11　　模型概要A

模式	相关系数	可决系数	可决系数调整值	估计标准差	变更统计				
					可决系数变更值	F检验变更值	自由度①	自由度②	F检验变更的显著性
1	0.349[a]	0.122	0.120	0.15581	0.122	79.377	1	572	0.000
2	0.444[b]	0.197	0.194	0.14913	0.075	53.431	1	571	0.000
3	0.471[c]	0.222	0.218	0.14693	0.025	18.250	1	570	0.000
4	0.485[d]	0.235	0.230	0.14582	0.013	9.688	1	569	0.002

注：a. 预测因子：（常量），偿债能力
b. 预测因子：（常量），偿债能力，营运能力
c. 预测因子：（常量），偿债能力，营运能力，盈利能力
d. 预测因子：（常量），偿债能力，营运能力，盈利能力，企业规模

表12　　方差分析

模型		平方和	自由度	均方差	F检验值	显著性
1	回归	1.927	1	1.927	79.377	0.000[a]
	残差	13.887	572	0.024		
	总	15.814	573			
2	回归	3.115	2	1.558	70.042	0.000[b]
	残差	12.699	571	0.022		
	总	15.814	573			
3	回归	3.509	3	1.170	54.189	0.000[c]
	残差	12.305	570	0.022		
	总	15.814	573			
4	回归	3.715	4	0.929	43.683	0.000[d]
	残差	12.099	569	0.021		
	总	15.814	573			

注：a. 预测因子：（常量），偿债能力
b. 预测因子：（常量），偿债能力，营运能力
c. 预测因子：（常量），偿债能力，营运能力，盈利能力
d. 预测因子：（常量），偿债能力，营运能力，盈利能力，企业规模

表13 **逐步回归系数A**

模型		非标准化系数		标准化系数	t检验值	显著性	置信度为95%时B的置信区间		相关分析		
		B	标准差	Beta			下界	上界	零阶	Panial	Part
1	(Constant)	0.519	0.007		79.728	0.000	0.506	0.531			
	偿债能力	-0.058	0.006	-0.349	-8.909	0.000	-0.071	-0.045	-0.349	-0.349	-0.349
2	(Constant)	0.518	0.006		83.293	0.000	0.506	0.531			
	偿债能力	-0.058	0.006	-0.349	-9.307	0.000	-0.070	-0.046	-0.349	-0.363	-0.349
	营运能力	0.045	0.006	0.274	7.310	0.000	0.033	0.058	0.274	0.293	0.274
3	(Constant)	0.518	0.006		84.542	0.000	0.506	0.531			
	偿债能力	-0.058	0.006	-0.349	-9.447	0.000	-0.070	-0.046	-0.349	-0.368	-0.349
	营运能力	0.045	0.006	0.274	7.420	0.000	0.033	0.058	0.274	0.297	0.274
	盈利能力	-0.026	0.006	-0.158	-4.272	0.000	-0.038	-0.014	-0.158	-0.176	-0.158
4	(Constant)	0.519	0.006		85.215	0.000	0.507	0.531			
	偿债能力	-0.058	0.006	-0.349	-9.524	0.000	-0.070	-0.046	-0.349	-0.371	-0.349
	营运能力	0.045	0.006	0.274	7.462	0.000	0.033	0.057	0.274	0.299	0.274
	盈利能力	-0.026	0.006	-0.158	-4.303	0.000	-0.038	-0.014	-0.158	-0.178	-0.158
	企业规模	0.019	0.006	0.114	3.113	0.002	0.007	0.032	0.115	0.129	0.114

当只采用解释变量偿债能力和被解释变量资产负债率进行回归分析时，F=79.377，Sig.=0.000，线性回归方程的F检验可以通过99%的检验。但回归所得R=0.349，R^2=0.122，可以看出被解释变量和解释变量之间的线性相关系数不高，相关性只有12.2%。因此在引入解释变量营运能力、盈利能力、企业规模后，解释能力逐步提高。虽然回归方程的拟合优度并不高，调整后的R^2值也仅为23.5%，但是F检验在1%的显著性水平下可以通过，说明该多元回归方程仍然是可以接受的。从表13可以看出，回归系数分别为-0.058、0.045、-0.026、0.019，常数项为0.519。回归模型如下公式及表14～表16所示。

资产负债率=0.519-0.058偿债能力+0.045营运能力-0.026盈利能力+0.019企业规模（模型A中的可决系数R^2=0.235，F=43.683，Sig.=0.000）

模型B：被解释变量为长期负债率

表14 **变量选择方法B**

模式	键入的变量	移除的变量	方法
1	企业规模		逐步回归法（标准：F检验的显著性小于0.05的键入，大于0.1的移除）
2	营运能力		逐步回归法（标准：F检验的显著性小于0.05的键入，大于0.1的移除）

续表

模式	键入的变量	移除的变量	方法
3	偿债能力		逐步回归法（标准：F 检验的显著性小于 0. 05 的键入，大于 0. 1 的移除）
4	股权结构		逐步回归法（标准：F 检验的显著性小于 0. 05 的键入，大于 0. 1 的移除）

表 15　　　　模型概要 B

模式	相关系数	可决系数	可决系数调整值	估计标准差	可决系数变更值	F 检验变更值	自由度①	自由度②	F 检验变更值的显著性
1	0. 328[a]	0. 107	0. 106	0. 94565	0. 107	68. 991	1	574	0. 000
2	0. 380[b]	0. 144	0. 141	0. 92674	0. 037	24. 664	1	573	0. 000
3	0. 395[c]	0. 156	0. 151	0. 92121	0. 012	7. 899	1	572	0. 005
4	0. 402[d]	0. 162	0. 156	0. 91889	0. 006	3. 893	1	571	0. 049

注：a. 预测因子：（常量），企业规模
　　b. 预测因子：（常量），企业规模，营运能力
　　c. 预测因子：（常量），企业规模，营运能力，偿债能力
　　d. 预测因子：（常量），企业规模，营运能力，偿债能力，股权结构

表 16　　　　方差分析 B

模型		平方和	自由度	均方差	F 检验值	显著性
1	回归	61. 696	1	61. 696	68. 991	0. 000[a]
	残差	513. 304	574	0. 894		
	总	575. 000	575			
2	回归	82. 878	2	41. 439	48. 249	0. 000[b]
	残差	492. 122	573	0. 859		
	总	575. 000	575			
3	回归	89. 581	3	29. 860	35. 187	0. 000[c]
	残差	485. 419	572	0. 849		
	总	575. 000	575			
4	回归	92. 869	4	23. 217	27. 497	0. 000[d]
	残差	482. 131	571	0. 844		
	总	575. 000	575			

注：a. 预测因子：（常量），企业规模
　　b. 预测因子：（常量），企业规模，营运能力
　　c. 预测因子：（常量），企业规模，营运能力，偿债能力
　　d. 预测因子：（常量），企业规模，营运能力，偿债能力，股权结构

从表 17 可以看出，回归系数分别为 0. 328、－0. 192、－0. 108、0. 076，常数项为 4. 146E－16。

表 17　　逐步回归系数 B

模型		非标准化系数		标准化系数	t 检验值	显著性	置信度为 95% B 的置信区间		相关分析		
		B	标准差	Beta			下界	上界	零阶	Partial	Part
1	(Constant)	4. 136E-16	0. 039		0. 000	1. 000	-0. 077	0. 077			
	企业规模	0. 328	0. 039	0. 328	8. 306	0. 000	0. 250	0. 405	0. 328	0. 328	0. 328
2	(Constant)	4. 193E-16	0. 039		0. 000	1. 000	-0. 076	0. 076			
	企业规模	0. 328	0. 039	0. 328	8. 476	0. 000	0. 252	0. 403	0. 328	0. 334	0. 328
	营运能力	-0. 192	0. 039	-0. 192	-4. 966	0. 000	-0. 268	-0. 116	-0. 192	-0. 203	-0. 192
3	(Constant)	4. 203E-16	0. 038		0. 000	1. 000	-0. 075	0. 075			
	企业规模	0. 328	0. 038	0. 328	8. 526	0. 000	0. 252	0. 403	0. 328	0. 336	0. 328
	营运能力	-0. 192	0. 038	-0. 192	-4. 996	0. 000	-0. 267	-0. 116	-0. 192	-0. 204	-0. 192
	偿债能力	-0. 108	0. 038	-0. 108	-2. 810	0. 005	-0. 183	-0. 033	-0. 108	-0. 117	-0. 108
4	(Constant)	4. 146E-16	0. 038		0. 000	1. 000	-0. 075	0. 075			
	企业规模	0. 328	0. 038	0. 328	8. 548	0. 000	0. 252	0. 403	0. 328	0. 337	0. 328
	营运能力	-0. 192	0. 038	-0. 192	-5. 009	0. 000	-0. 267	-0. 117	-0. 192	-0. 205	-0. 192
	偿债能力	-0. 108	0. 038	-0. 108	-2. 818	0. 005	-0. 183	-0. 033	-0. 108	-0. 117	-0. 108
	股权结构	0. 076	0. 038	0. 076	1. 973	0. 049	0. 000	0. 151	0. 076	0. 082	0. 076

回归模型如下：

长期负债率 =4. 146E - 16 +0. 328 企业规模 -0. 192 营运能力 -0. 108 偿债能力 +0. 076 盈利能力（模型 B 的可决系数 R^2 =0. 162，F =27. 497，Sig. =0. 000）

可以看出回归方程能解释的长期负债率比较弱。

4. 实证结果分析

综合两个模型得到如表 18 所示的相关结果。

表 18　　回归模型的相关结果

	资产负债率	长期负债率
盈利能力	-0. 158 (0. 000)	
偿债能力	-0. 349 (0. 000)	-0. 108 (0. 005)
营运能力	0. 274 (0. 001)	-0. 192 (0. 000)
企业规模	0. 114 (0. 002)	0. 328 (0. 000)
股权结构		0. 076 (0. 049)

实证结果分析如下：

（1）偿债能力与企业资产负债率、长期负债率存在负相关关系。企业资金变现能力强，说明企业能够在短时间内满足企业扩大生产等的资金的需要，而发行债券融资毕竟有一定的风险，因此，如果企业变现能力强，且在能够满足资金的需要的情况下，当然可以少利用财务杠杆，这样就规避了企业的财务风险。相反，对于变现能力差的企业，在短期内自身不能满足扩大生产等的资金的需要，因此，只能进行外部筹资，而在筹资中，依据融资优序理论，最好的选择是发行债券，提高资产负债率。因此，偿债能力与企业的资产负债率呈负相关关系。

（2）企业规模与企业资产负债率、长期负债率存在正相关关系。规模大的企业更倾向于且可以有条件实施多元化经营或纵向一体化。多元化经营虽然未必提高企业总体的获利水平，但能够分散经营风险，给企业带来更为稳定的收益。纵向一体化则可以通过交易内部化，提高企业经营效益，从而有助于企业整体效益水平的提高；此外，虽然大企业的直接破产成本较高，但直接破产成本占企业价值的比例却随着企业价值的增加而减少。尤其在我国，企业的规模往往代表企业的实力、发展前景，同时又意味着在同行业中的地位，因此，企业信誉高，破产风险小，其采用负债融资的可能性较大。

（3）盈利能力与企业资产负债率存在负相关关系。当企业盈利能力较强时，企业就可能保留较多的盈余，当企业需要资金时，根据优序融资理论，最先考虑的是企业的保留盈余，先以保留盈余支付，待不足时才考虑举债融资。因此，企业盈利能力越强，就越没有必要过多地使用财务杠杆，负债比率也就越低。相反，如若企业盈利能力不足，就不可能保留足够的内部资金来满足投资需要。因此，可以认为，企业盈利能力与资本结构呈负相关，而我们的实证结果也正与此相吻合。

（4）股权结构与企业长期负债率存在正相关关系。这可能是由于我国的上市股份企业大多数是由国有企业改制而来，且国家仍在企业中处于控股股东的地位。由于国家所处的特殊地位，企业股权中国家股比例越大，其在经营过程中越有可能享受到政府在各方面对企业的特殊“照顾”，使企业有机会发行企业债券，或向银行申请长期贷款，从而可以保持较高的长期负债率。

（5）营运能力与企业资产负债率存在正相关关系，与长期负债率存在负相关关系。这个结果可能是因为企业营运能力越好，所需要的流动负债必然远远多于长期负债，那么资产负债率会随着营运能力的增强而增加，而长期负债率则相反，它会随着营运能力的增强而降低。

（6）成长性与企业资产负债率、长期负债率关系不显著。这个分析结果并不支持西方学者的理论，他们认为由于成长性好的企业有较高的代理成本，其长期负债水平应该与企业增长呈负相关，短期债务与企业增长呈正相关。而本文的研究结果表明，资产负债率和长期负债率与企业的成长性不存在相关关系。理论上来说，成长性高的企业说明企业的前景好，因而通常不愿意发行新股，以免稀释老股东的控制权和收益，同时成长性强的企业偿债能力也强，能够较多地负债，但从我国的实际情况来看，我国大部分企业不会放弃 IPO、增发或配股的机会，这样就可能造成成长性与资产负债率等相关性不显著的情况；也有可能因为我国上市公司大多是在原企业基础上剥离出一部分优质资产而建立的，凭借自身良好的效益得到发展，主要依赖自身的积累。

（7）资产担保价值与企业资产负债率、长期负债率关系不显著。这可能是因为我国银行的贷款利率一般不是市场利率而是官方利率，不随企业的财务状况、可抵押资产的变化而变化；另外，我国上市公司绝大部分是国家直接或间接控股企业，样本中的上市公司也不例外，而我国的银行又都是国有或国家直接或间接控股的银行，这种特殊的产权关系使得银行对上市公司提供贷款时并不看重其资产的担保价值，这使得其对企业资产负债率等的影响不显著。

（8）回归方程的拟合优度并不高。从表 9、表 15 可以看出，回归方程的拟合优度并不高，正如蒋殿春（2003）所言，“这里较小的 R^2 值暗示，中国上市公司的资本结构可能更多地受我国特定的融资环境的影响”。在 2007 年这个特殊的时期，证券市场的繁荣使得上市公司更加偏向于股权融资，2007 年的数据在很大程度上受此影响，回归方程中的拟合优度不会很高，但不会影响分析。

通过对逐步回归结果的分析，本文发现偿债能力、企业规模、盈利能力、股权结构和营运能力都不同程度地影响我国上市公司的股权融资偏好。企业规模越大，企业就越稳定，抗风险能力也就越强，收益也越稳定，企业就会更多地选择债务融资。盈利能力越强的企业，留存收益越多，则企业就越有可能保留较多的内部盈余满足企业融资需要，而不依赖于外部融资。国有企业融资行为的历史变迁及其对国有企业经营者资金成本观念的影响（计划经济时期的“免费资本幻觉”和转轨时期的“利息负担过重幻觉”），以及股票市场发展初期的许多不规范行为所引发的将股权融资视为“免费午餐”的观念，导致了上市公司的股权融资偏好。此外，目前我国上市企业的高层管理人员融资决策不够理性，在融资决策时，可能并不看企业的财务状况、资产负债率的高低，只是看怎样可以筹到资金，哪种融资方式在短期内会使自己的利益最大化，使得董事和经理为追求自己的利益而损害公司和股东利益，大股东为追求自身利益而损害中小股东利益，并最终导致了上市公司的股权融资偏好。最后，我国企业债券市场发展的滞后，限制了上市公司的债务融资，尤其是长期债务融资，使得上市公司在长期融资方面只能更多地借助于股权融资，这是上市公司偏好股权融资的客观原因。

五、政策建议

1. 完善现行股票市场制度

针对我国股票市场制度缺陷造成的上市公司股权融资偏好，最好的解决办法是放开市场，包括公司上市的准入和市场退出。允许进入市场自由，股票供应源源不断，投资者有了选择治理结构好、效益也好的企业的机会；允许退出市场自由，那些亏损累累、前景不好的公司将被市场淘汰。因此，从证券市场制度入手，对于优化上市公司的融资结构也是一个重要途径。

（1）严格新股发行、配售和增发条件。企业需从其行业前景和竞争程度、行业地位、创新能力、资金投向等方面综合考虑，新股发行、配售和增发要彻底破除地区、部门的影响。修正配股标准，不仅把净资产收益率、派送红利作为先决条件，还要结合过去募集的变更情况、使用进程、利用效率、管理水平等综合考虑。同时，要切实要求上市公司做好项目调研的准备，拿出一套可行的方案，并严格按照方案使用资金，定期披露项目的进展和资金的使用状况。不少上市公司号称因业务发展，需要增发募集资金，但增发完成后，业绩不仅没有提高，反而明显下降甚至出现亏损，所以增发也要把好质量关。监管部门要严格控制增发，防止出现上市公司胡乱使用资金或随意改变募资投向等现象。

目前股权融资政策是对配售有硬性的指标，一般上市公司不容易达到；而增发相对于配售来说，门槛低得多，只要上市公司未来的投资项目有良好的发展前景，符合国家产业政策就可以提出增发申请。这种所谓的门槛都是些软指标，只要你的计划书做得好，证监会认可就可以增发。这样的政策实质上是保护落后。一个健康发展的资本市场应该是一个公平、有效的市场。因此，必要的政策、条件都必须落实到位，使门槛发挥真正的作用，只有优势企业才可以从股市中后续融资，从而保障中小投资者利益。

（2）完善退出机制。发挥证券市场优化配置资源的关键是要使优胜劣汰的市场机制在证券市场充分发挥作用，上市公司不仅能进入证券市场，而且一旦不符合条件，更能强制其退出。通过不断的吐故纳新来优化上市公司的结构，从而发挥其资源配置的作用，同时还能促使经营者改善经营管理。绩劣公司让壳退市是优化上市公司结构的重要保证。为此，对连续两年亏损及虽亏损不满两年但资不抵债的上市公司应坚决摘牌；对主业没有前途的 ST 公司敦促让壳；从有利于资源配置角度讲，对虽无亏损，但缺乏市场竞争力、长期在亏损边缘徘徊的公司，也应使其让壳退市。为此，应制定上市公司让壳退市企业的标准，这就需要政府监管者实实在在地拿出方案，采取措施。

当然，退市的难点是股东和债权人的利益保障问题。散布在各个层次的小股东们，他们无法参与上市公司的经营决策，无法获取关于上市公司全面真实的信息。可以说，他们是上市公司亏损的最大受害者，所以应是利益考虑的主要方，将其承担的责任尽量缩小。债权人最主要的代表是银行方，作为一个利益集合体，他们对上市公司的经营状况和发展前景，是有能力进行监督和获取信息的。因此，其利益考虑应放在次要位置，不然不足以起鞭策和警戒作用。大股东在公司的运作和治理中起着决定性和支配性的作用，同时是上市公司发展信息的完全获取者，应是绩劣公司责任的主要承担者，因此，他们的利益考虑理所当然放在最次要的位置。考虑各方面的利益，目前理想的让壳方式就是法人股东和企业原有资产全部退出，保留壳，原有公众股抵折保留部分，另一部分向社会公众重新发行，当然可优先向原社会公众股发行，这可使公众股东避免了血本无归，保留了弱势投资者的利益，并真正对上市公司起到警戒作用。

（3）完善分红制度。国外发达国家的股票市场，投资者投资股票，收益主要是依靠每年的固定分红。我国的上市公司不分配或少分配已成为普遍现象。为了改善上市公司的资本结构，防止上市公司过分的股权融资偏好，国家应出台有关政策，规定有关现金分红制度，并切实履行，使上市公司将回报股东作为自身责任。

2. 加强债券市场建设

我国企业债券市场发展滞后，不仅影响上市公司融资偏好，扭曲资本结构，降低治理绩效，而且成为资本市场发展的“短板”，影响着金融市场的整体效率。大力发展企业债券市场，拓宽融资渠道，可以减少上市公司对股权融资的依赖性；可以改善证券市场资金供求状况和企业的治理结构，降低上市公司股票发行市盈率，抑制企业过多的股权融资，更好地利用债务杠杆，提高企业的经营状况。具体做法可以从以下五个方面考虑：

（1）逐步放松计划审批和利率控制。我国现行企业债券市场的发行计划审批制度和利率政策，是造成当前我国企业债券市场发行规模小、定价机制扭曲、流动性差等一系列问题的根源。企业债券的发行应尽快由指标分配制向核准制、注册制过渡，逐年扩大企业债券发行额度；逐步取消对企业行业和所有制性质的歧视政策，凡是符合企业债券发行条件的，都应一视同仁，允许其发行债券。企业能否发行债券、债券的规模等都应该完全由市场决定。

此外，取消最高发行利率的政策限制，使债券利率市场化，即让公司债券的发行利率严格按照市场的供求状况以及企业自身的资信条件、经营状况、偿还能力等因素由发行人和承销人共同确定，并通过公开招标等方式接受市场的检验，从而使其能够真正反映公司债务的投资价值，充分体现收益与风险相对称的市场原则。

（2）创新债券品种。在很大程度上，债券品种的多样化决定着企业债券市场的融资水平和交易规模。在西方债券市场成熟的国家，公司债券高达几百种之多。既有短期债券、长期债券和超长期的多种债券；也有固定利率债券、浮动利率债券和参与公司收益分配的多种债券；还有到期支付本息的单项债权债券、期限内拥有选择权的复合权益债券以及股权和债权相结合的多项权益债券。此外，以公司债券及其证券品种为基础，建立起来的期货和期权品种也很繁多。这都对我国目前企业债券品种创新有着积极的借鉴意义。

结合我国现实情况，可以尝试从以下方面着手，如发行随通货膨胀率变化的浮动利率债券；逐步缩小企业内部债券的发行比例，使债券的发行更趋社会化和规范化；扩大上市公司可转换债券的发行量；增加中长期债券的发行比重，完善企业债权融资结构，引导投资者做长线投资等。

（3）大力发展企业债券流通市场。在扩大企业债券发行的同时，也要积极发展企业债券流通交易市场，否则会产生交易市场影响发行市场的局面。各种公司债券的特性、规模等不尽相同，客观上也要求有不同层次的交易市场与其相配套。特别是现阶段我国规定企业债发行量只有在 1 亿元以上、期限达到两年和 A + 以上的企业债券才允许上市交易，所以应建立不同层次的场外柜台交易市场，增强企业债券的流动性，以推动企业债券市场的发展。

（4）大力发展债信评级机构。债券投资是面向社会公众投资者的，因此债券发展的第一个环节就是要建立公信力，而我国最缺乏的恰恰是规范的债信评级机构。社会化的债信机构包括两个层面：承销债券的券商自设的评估机构和与发债主体、发债行为没有利益关系的独立评级机构，需要政策扶持的主要是后一种。当前需要的就是对这种社会中介组织的建立、从业人员的资格、其公信力的监管保证方式等形成制度性的规范。

（5）积极完善相关的法律制度。企业债券市场的快速发展有赖于一套有效的偿债保障机制，特别是相关法律的构建。这包括破产法、债务人的风险评估和信用评价制度、债务期限和债务资金用途的限制性、强制性的信息披露制度以及债务的抵押和担保机制、自发性和解与清算、破产清算与重组和“戳穿公司面纱”等制度的构建。自发性和解与清算是指当企业出现债务危机时，债权人可以与负债企业达成和解协议，其形式较为灵活多样。破产清算与重组是一种诉讼法律程序的保障机制。“戳穿公司面纱”是指企业如果不负责任地借债、恶意转移企业资产，并通过企业破产来逃避债务，就可以采取“戳穿公司面纱”的行动，对企业的有关股东（如操纵企业的大股东）或当事人（如公司高管人员）进行财产追索，使其用自己的私有财产对企业的负债承担无限责任。它是一种比破产更加严厉的法律手段和债权保障机制。

3. 加强对股权融资的监管

上市公司对股权融资的偏好也是由于股权融资资格比较容易取得并且融资资金可随意使用不受限制，造成股权融资软约束。因此，也应从以下两个方面加强再融资监管。

（1）完善对股权融资资格的审批。目前对上市公司再融资的定盘条件中强调的是净资产收益率指标，突出的是以利润为中心的经营绩效，忽视了对财务状况、现金流量和成长性方面的要求。导致一些上市公司随意调整其账面利润。从实证结果看，上市公司的破产行为也主要是受到净资产收益率的影响，而其他指标如营业利润、资产负债率、主营业务收入增长率等指标不在融资决策考虑的范围内。这与证监会制定的定量指标有关。

尽管目前提高了净资产收益率标准但仍存在缺陷：一是净资产收益率具有较大可操作性，不能完全避免上市公司的盈余管理行为；二是使一些成长性较好、有发展前途但目前不能达到净资产收益率标准的上市公司失去了融资机会，而一些业绩符合融资条件的上市公司在没有很好的投资项目情况下也盲目地采取股权融资。其结果是导致资金使用效率低下。因此对这种仅以净资产收益率为业绩标准的片面方法应加以改进。对上市公司再融资的最优化要求应综合评价其财务状况，经营绩效、现金流、主营业务的发展等诸方面的实绩，综合运用若干财务指标。

（2）加强对融资资金使用过程的监督。加强对融资资金使用过程的监督其目的是加强对股权融资资金使用上的约束，提高资金使用效率从而强化股权融资的硬约束，使公司融资行为理性化。首先，要对上市公司募集资金使用情况的信息披露加强管理，为此，建议建立上市公司再融资资金使用情况定期报告制度，规定公司除应在年度报告和中期报告中披露有关再融资资金使用情况外，还应在更短的期限内公布再融资资金使用情况，接受股东监督。其次，定期或不定期地检查资金使用效果。监管部门可成立专门机构对上市公司募集资金使用效果进行定期或不定期的检查。查看是否存在随意改变资金投向；是否存在资金被关联方挪用的情况，资金使用是否达到预期效果等。如果发现严重的违规行为应严惩不贷，禁止其以后的股权融资行为。最后，应建立完善的资金使用效果的评价体系。该评价体系应包括财务评价和非财务评价。财务评价是通过计算分析一些财务指标，对上市公司融资后的财务状况、经营业绩等方面进行综合价值衡量；非财务指标是对那些难以用财务指标量化的指标而采用的定性方法所进行的评价，如上市公司在经营活动中的资金的使用情况、信息披露情况等。对考核不合格的上市公司取消其以后年度的融资资格。

4. 完善公司治理结构

（1）建立有效的利益激励机制。为了刺激经理人员努力为股东创造利润，最有效的手段是将经理人员的利益与股东利益结合起来。长期以来，我国上市公司经理人的报酬激励更注重当期业绩激励，激励结构主要是工资加奖金，这一方式的基本缺陷是对经理人的长期激励不足，容易导致经理人在职期间的行为短期化问题。因此，要解决经理人的长期激励不足，必须调整经理人当期激励与长期激励的报酬比例，相应减少其基本收益的部分，扩大股票期权激励等报酬所占比重。按照股票期权制的运作机理，经理人若想获得股票期权的收益，那么公司应当经营业绩优良，股价不断上涨。相反，若上市公司经营一般，股票的市场价格不断下跌，甚至跌破行权价，那么经理人只能选择放弃期权。因此，股票期权制将经理人预期收益与公司发展紧密结合起来，可以解决我国上市公司经理人长期激励不足问题。

（2）建立有效的内部约束机制。上市公司内部对经理层的有效约束主要来自股东大会、董事会和监事会。可以从两方面改善内部约束机制。

首先改变在《公司法》中对于监事会构成的规定，增加股东和职工以外的利益相关者进入监事会，扩大监事会的职权和最低规模，优化监事会成员的来源与构成，以保证监事会成员的独立性、代表性和内部制衡性。提高监事会成员的素质，为此必须对监事会成员的资格和专业素养作出明确规定，推行监事任职资格制度，同时应建立监事资格考试与培训制度，以便公司可以随时获得符合监事资格条件的人选。确保监事会的知情权，从法律上对监事的知情权作出明确而具体的规定公司也应制定有关规章制度以确保监事会的知情权。健全对监事会成员的激励约束机制，如相关法律应明确规定公司监事的报酬、晋级与工作关系不得由公司董事会和经理人员决定，而应由股东大会和各相应监事的派出方决定，对监事及其在执行职务时，发生哪些情况应受何种奖励或处罚作出明确而具体的规定。

此外，依据公司法和公司章程进行日常监督的董事会享有公司的重大决策权，拥有对经理人员的聘任和解聘权而成为对经理人员的直接控制机构。因此对于董事会的职责权力和成员构成的规定是严格内部约束制度的关键。企业可以设置一定数量的专家型独立外部董事以优化董事会结构。独立董事在一定程度上能够比较公正和客观地发表意见，有助于保证董事会运作的公正性和透明性，从而在一定程度上维护和保障股东的权益。从国外公司治理结构中董事会的组成和发展趋势来看，各国已越来越重视和强调股份公司董事会的独立性。根据2000年DECD的调查，独立董事在公司董事会中的比例情况，美国是62%，英国是34%、法国是29%，而且随着公司规模的扩大，独立董事的比例有日趋增长的趋势。

参考文献

［1］陈漩：《股权分置改革对上市公司融资偏好的影响分析》，载《当代经济》2007年第10期。

［2］阎达五、耿建新、刘文鹏：《我国上市公司配股融资行为的实证分析》，载《会计研究》2001年第9期。

［3］刘星、魏峰、詹宇：《我国上市公司融资顺序的实证研究》，载《会计研究》，2004年第6期。

[4] 陆正飞、辛宇:《上市公司资本结构主要影响因素之实证研究》，载《会计研究》，1998 年第 8 期。

[5] 洪锡熙、沈艺峰:《我国上市公司资本结构影响因素的实证分析》，载《厦门大学学报》2000 年第 3 期。

[6] 吕长江、王克敏:《上市公司股利政策的实证研究》，载《经济研究》1999 年第 12 期。

[7] 沈艺峰、田静:《我国上市公司的资本成本定量研究》，载《经济研究》1999 年第 11 期。

[8] 陈晓、单鑫:《债务融资是否会增加上市公司的融资成本》，载《经济研究》1999 年第 9 期。

[9] 袁国良、郑江淮、胡志乾:《我国上市公司融资偏好和融资能力的实证研究》，载《管理世界》1999 年第 3 期。

[10] 黄少安、张岗:《中国上市公司股权融资偏好分析》，载《经济研究》2001 年第 11 期。

[11] 陆正飞、叶康涛:《中国上市公司股权融资偏好解析——偏好股权融资就是缘于融资成本低吗?》，载《经济研究》2004 年第 4 期。

[12] Baxter, N. D., Cragg, J. G., Corporate's Choice Among Long-Term Financing Instruments. *Review of Economics and Statistics*, 1970, (52): 225 - 235.

[13] Taggart, R., A Model of Corporate Financing Decision. *Journal of Finance*, 1977, (5): 1467 - 1484.

[14] Titman, Sheridan, The Determinants of Capital Structure. *Journal of Finance*, 1988, (43): 1 - 19.

[15] Solomon, E., Leverage and the Cost of Capital. *Journal of Finance*, 1963, 18.

[16] Taub, A. J., Determinants of the Firm's Capital Structure. *Review of Economics and Statistics*, 1975, 57: 410 - 416.

[17] Marsh, P., The Choice between Equity and Debt: An Empirical Study. *Journal of Finance*, 1982, (37): 121 - 144.

[18] Harris, M. and Raviv, A., The Theory of Capital Structure. *Journal of Finance*, 1991, 3 (5): 297 - 355.

[19] Rajan, G., Raghuram, Zingales L., What do We Know about Capital Structure? Some Evidences from International Data. *Journal of Finance*, 1995, (50): 1421 - 1460.

[20] Wald, John K., How Firm Characteristics Affect Capital Structure: An International Comparison. *Journal of Financial Research*, 1999, 22 (2): 161 - 187.

[21] Booth, Laurence, Aivazian V. et al., Capital Structures in Developing Counties, *Journal of Finance*, 2001, (56): 87 - 130.

[22] Ross, S., The Determination of Financial Structureahe Incentive Signalling Approach, *Bell Journal of Economics*, 1977, (8): 23 - 40.

[23] Myers, S. C., The Capital Structure Puzzle. *Journal of Finance*, 1984, (6): 187 - 221.

[24] Maksimovic, V. and S. Titman, Financial Policy and Reputation for Product Quality, *Review of Financial Studies*, 1991, (4): 175 - 200.

[25] Narayanan, M., On the Resolution of Agency Problem by Complex Financial: A Comment, *Journal of Finance*, 1987, 4: 1083 - 1090.

[26] Rubinmstein, Mark, A Mean-Variance Synthesis Theory, *Journal of Finance*, 1973, 28 (1): 167 - 182.

[27] Harris, Milton and Raviv, Artur, Capital Structure and the Information Role of Debt, *Journal of Finance*, 1990, 45 (2): 321 - 349.

[28] Agrawal, A. and N. Nagarajan, Corporate Capital Structure, Agency Costs, and Ownership Control: The Case of All-Equity Firms, *Journal of Finance*, 1990, (45): 1325 - 1331.

Empirical Study of the Influential Factors on Financing Preference of Listed Company under Complete Circulation in China

Su Xinlong Wang Xia

Abstract: By the empirical approach connecting factor analysis with regression analysis, the thesis makes an empirical analysis of the influencing factors of the financing preference of the quantifiable listed companies, finds out the main reasons why Chinese listed companies prefer stock financing, and makes some suggestions of optimizing the financing structure of Chinese listed companies.

Key Words: Financing preferences Factor Analysis Empirical Analysis.

供应链中的内生违约风险与非线性定价

古志辉　张世云*

【摘要】供应链契约是否与公司违约行为相关是一个非常值得研究的问题。我们的论文通过建立期权博弈模型对供应契约双方的行为进行研究。研究结果表明存在一个最优的破产价值水平使下游厂商获得最大化的支付，而这个价值水平事实上内生于供应链契约。而另一方面，下游厂商的这种策略行为将导致上游厂商的最优定价策略表现为非线性定价的形式。

【关键词】内生性违约风险　期权博弈　供应链　非线性定价

一、引　言

从 2007 年到现在的金融危机，有很多供应商因为其下游企业难以支付货款或者处于破产状态而面临财务危机，有些供应商甚至面临破产保护，有的已经开始破产清算。比如说由于通用汽车的破产，亚洲的零配件生产厂商将面临财务危机，这些企业分布在中国、日本和韩国。这种危机的蔓延引起了汽车零配件厂商以及相关金融机构的重视，例如由于通用汽车破产，Takata、Yorozu 和 Akebono Brake Industry 的评级被迫下调。当然，各国政治家们对此事也高度关注，如中国政府制定了汽车工业振兴规划，日本政府产业经济大臣 Toshihiro Nikai 公开表示将救助因通用汽车破产而遭受影响的日本公司。这些事件的发生，使我们不得不重新审视供应链契约内涵的违约风险以及厂商的相关应对策略。

在以往的研究中，学者们的视角主要集中在提高供应链的效率，降低由于外生因素而导致的风险因素方面。比较有代表性的是克里斯多夫 · S. 唐（Christopher S. Tang，2006）对供应链风险管理研究进行的综述。在他的论文中，总结了供应链风险管理的主要内容，主要包括供应管理、生产管理、信息管理和需求管理几个方面，这事实上都是基于买方视角进行的总结和归纳。

---

* 本文得到国家自然科学基金项目（项目编号：70532001 和 70802032）的资助。

古志辉（1976～　），山西灵石人，南开大学公司治理研究中心副教授，管理学博士。研究方向：公司金融。

张世云（1971～　），重庆合川人，重庆邮电大学经济管理学院副教授，管理学博士。研究方向：公司治理、战略管理与企业伦理。

根据一般的会计学知识，供应商的货款在会计报告上表现为厂商的负债，一旦厂商不能偿还这些负债就会引发破产，从而导致供应商的或有损失，但是这种风险因素并没有包含在唐的研究框架内。但是从这次金融危机所发生的事实可知，这种风险因素对供应商造成了致命的伤害，同样也是今后供应链重组所必须克服的困难之一。而我们的论文正是在基于供应契约内生的违约风险展开的。所谓内生性违约风险，事实上是指一旦某种供应契约签订，供应商成为厂商的债权人，那么该厂商就有可能在某种条件先选择一个内生于供应契约的破产价值水平，一旦企业的资产达到这个价值水平厂商就会选择破产而不是偿还负债。这样一种视角的转换有助于我们理解厂商破产行为以及破产之后的重组。从这个视角上看，论文为研究供应链风险管理提供了一个特殊的视角。

一旦谈及供需双方的契约，不免会涉及不完全契约和“套牢”问题（Grossman & Hart，1986，Hart & Moore，1990）。很多时候，由于下游厂商过高的资产专用性水平而被迫面临被套牢的尴尬境地，但是即使上游厂商具有定价权，在我们的分析框架下下游厂商也可以根据自身的情况设定某个专用性投资水平，避免其被套牢同时最大化其收益的水平，而在我们现实的社会中这显然是可行的。关于供应链中的“套牢”问题，赛宾·博克姆和席勒（Sabine Böckem & Ulf Schiller，2008）的研究对我们深有启发，他们的论文建立了期权契约用于解决供应链中的套牢问题。我们在此基础上通过建立实物期权模型对上下游供应链进行了研究，不过与他们不同的是我们的期权模型是建立在布莱克和考克斯（Black & Cox，1976）及利兰（Leland，1994）基础上的，因为他们的分析框架不仅仅可以为供应链契约定价，还便于分析契约双方的博弈行为。在本文之前，有不少研究已经将实物期权方法应用到供应链契约中了，具有代表性的如耶拉索里斯·勃纳塔斯和彼得·里奇肯（Apostolos Burnetas & Peter Ritchken，2005）的研究表明在供应链契约中引入期权合约将导致批发价格上升和零售价格的波动率下降，王群智和曹德必（Qunzhi Wang & De-bi Tsao，2006）的研究则给出了买方的最优政策，而李汉涛、彼得·里奇肯和王云曾（Hantao Li，Peter Ritchken & Yunzeng Wang，2009）的研究则说明了期权契约在不对称信息条件下的作用。受这些研究的启发，我们在研究供应链契约的过程中，结合博弈论的分析方法考虑了契约双方的最优策略，研究结果表明如果下游厂商最佳策略是设定一个内生的破产价值水平，那么上游厂商最佳的策略是制定一个非线性的定价策略，同时下游厂商如果选择最优策略，其结果是导致价格波动率的上升而不是下降。当然，我们的模型是期权博弈模型，不过与Smit-Trigeorgis框架（Han T. J. Smit & Lenos Trigeorgis，2004）不同的是我们的博弈模型是类似于零和博弈的期权模型，这可能是一种有益的尝试。当然，论文获得的非线性定价的结果使我们的研究能够与机制设计理论相联系（Robert Wilson，1995，Kai -

Uwe Kuhn，1997），可能有助于管理实践中上游厂商通过设计某种定价机制提高其福利水平。

论文的其余部分安排如下，第二部分我们给出了供应契约的实物期权模型，第三部分我们将研究重点放在非线性定价方面，第四部分我们对主要的研究结论进行数值模拟，最后一部分则是论文的研究结论。

二、供应链契约的实物期权模型

我们假设上游厂商U和下游厂商D在时刻0签署了一个先交货后付款的长期供应契约$C(p,\ q)$。契约规定了供应原料的数量q和价格p，由于这个契约是长期供应契约，在持续经营假设下我们将假设契约在时间T内持续执行，且$T=[0,+\infty)$。在正常的经营状态和环境中，任何一个时刻$t\in T$，U都将以价格p给厂商D供应数量q的原料，厂商D将生产q单位的最终产品销售给消费者。然后我们进一步假设在某个时刻$t_0(0<t_0<+\infty)$，厂商D将开始持续付货款pq给厂商U，因此这个供应契约在会计报表中体现为厂商D的负债。如果我们进一步假设厂商U和厂商D处于完全市场中，且市场中的无风险收益率为r，那么持续经营条件下这个契约对于厂商U的价值为pq/r，也就是说对于厂商D而言，这笔负债的现值为pq/r。同时为了便于分析，我们假设厂商D并没有从金融机构和其他企业借款，厂商U所提供的产品是其唯一的原材料。下面再来介绍厂商D的情况，由于其处于完全市场中，因此假设厂商D的资产价值V遵循几何布朗运动：

$$\mathrm{d}V=rV\mathrm{d}t+\sigma V\mathrm{d}z \tag{1}$$

其中，r为无风险收益率，而σ为波动率，包含了厂商D所面临的消费者需求的不确定性和其他风险因素，且沿用期权定价惯常的假设$2r>\sigma^2$。由于存在负债，因此我们假设如果厂商D的资产价值小于某个值V_B，其就将进入破产程序，且外生的破产成本为αV_B。因此，对于厂商U而言供应契约$C(p,\ q)$的期望价值为：

$$V_U=\mathrm{Min}\left[\frac{pq}{r},\ (1-\alpha)V_B\right] \tag{2}$$

同样，根据默顿（Merton，1974）和利兰（Leland，1994）在不考虑公司所得税的条件下供应契约$C(p,\ q)$对于厂商D的期望价值为：

$$V_{\mathrm{D}}=V-V_{\mathrm{U}}-BC(V_B) \tag{3}$$

其中，$BC(V_B)$为预期支付的破产成本。下面我们将依据这个分析框架研究供应链契约的价值以及内生的破产风险。

1. 一般契约的实物期权模型

根据一般的法律规定，债权人享有优先剩余追索权，因此我们从上游厂商U的决策行为开始研究供应契约的价值，当然对于厂商D而言，厂商U是其债权人。由前文的分析可知，厂商的最优决策行为可以描述为：

$$\begin{aligned}&\mathrm{Max}\int_0^{+\infty} e^{-rt}pq\mathrm{d}t\\&\mathrm{d}V = rV\mathrm{d}t + \sigma V\mathrm{d}z\end{aligned} \tag{4}$$

根据布莱克和考古斯（Black & Cox，1976）的研究可知，对于厂商U而言，供应契约 $C(p, q)$ 的期望价值为：

$$rV_{\mathrm{U}} = pq + rV \times V'_{\mathrm{U}}(V) + \frac{1}{2}\sigma^2 V^2 \times V''_{\mathrm{U}}(V) \tag{5}$$

求解微分方程（5）可得：

$$V_{\mathrm{U}} = \frac{pq}{r} + K_1 V + K_2 V^{-\frac{2r}{\sigma^2}} \tag{6}$$

结合边界条件等式（2）可知：

若 $V \to +\infty$，则 $V_{\mathrm{U}} = \frac{pq}{r}$，若 $V = V_B$，则 $V_{\mathrm{U}} = (1-\alpha)V_B$。因此可以获得供应契约的期权价值为：

$$V_{\mathrm{U}} = \frac{pq}{r} + \left[(1-\alpha)V_B - \frac{pq}{r}\right]\left(\frac{V}{V_B}\right)^{-\frac{2r}{\sigma^2}} \tag{7}$$

根据期权定价推理的一般逻辑，等式（7）还可以变为：

$$V_{\mathrm{U}} = \frac{pq}{r}\left[1 - \left(\frac{V}{V_B}\right)^{-\frac{2r}{\sigma^2}}\right] + (1-\alpha)V_B\left(\frac{V}{V_B}\right)^{-\frac{2r}{\sigma^2}} \tag{8}$$

等式（8）给我们提供了一系列厂商U决策的信息，首先 V_{U} 为供应商品价格 p 和需求数量 q 的线性增函数。其次，等式（8）还意味着 V_{U} 是资产价值 V 的非减函数，当资产价值 V 大于某个临界值之后，V_{U} 的值将趋于稳定。最后，V_{U} 和 V_B 之间存在非线性关系：

$$V_B \geqslant V_B^{\circ} = \frac{pq}{(1-\alpha)(r+0.5\sigma^2)} \Rightarrow \frac{\partial V_{\mathrm{U}}}{\partial V_B} \geqslant 0 \tag{9}$$

$$V_B < V_B^{\circ} = \frac{pq}{(1-\alpha)(r+0.5\sigma^2)} \Rightarrow \frac{\partial V_{\mathrm{U}}}{\partial V_B} < 0 \tag{10}$$

也就是说当厂商D选择的破产价值 V_B 大于某个临界值时，厂商U就有动力与厂商D就 V_B 的取值进行谈判，并将该取值范围写入契约 $C(p, q)$ 中。若厂商D选择的破产价值 V_B 小于某个临界值，那么厂商U没有动力和厂商D就 V_B 的值进行谈判。当然，这为厂商D选择某一破产价值 V_B^* 使其价值最大化同时避开厂商U的监督提供了某种便利。而另一方面，V_B 事实上可以看作是厂商D事前的专用性投资水平，如果不等式（9）成立，意味着厂商D的投资具有正的外部性，当然他也面临着套牢的可能。通过等式（8），我们还可以获得预期破产成本的价值为：

$$BC(V) = \alpha V_B\left(\frac{V}{V_B}\right)^{-\frac{2r}{\sigma^2}} \tag{11}$$

将等式（8）和等式（11）代入到等式（3）中，可获得供应契约 $C(p, q)$ 对于厂商D的期望价值为：

$$V_{\mathrm{D}}=V-V_{\mathrm{U}}-BC(V)=V-\frac{pq}{r}+\left(\frac{pq}{r}-V_{B}\right)\left(\frac{V}{V_{B}}\right)^{-\frac{2r}{\sigma^{2}}} \tag{12}$$

由等式（12）可知，V_D 是供应价格 p 和需求量 q 的减函数，是资产价值 V 的增函数。当然，这仅仅是考虑供应契约对于厂商D的支付，如果考虑厂商D在产品市场的销售活动，合理的假设是其预期收入的现值 $f(q)$ 为递增凹函数，且总支付 $F(q)=f(q)+V_{\mathrm{D}}$ 同样为 q 的递增凹函数，由此保证最优的需求计划存在。另外，由等式（12）可知如果 V_B 小于某个临界值，V_{D} 是 V_B 的增函数，如果大于这个临界值 V_{D} 就变成了 V_B 的减函数。事实上，如果 V_B 大于某个临界值，或者将 V_B 看作是厂商D的专用性投资水平，那么显然存在临界值意味着厂商D有可能被套牢。当然，一般的产品供应契约 $C(p, q)$ 仅仅包括供应价格和数量，很少提及如果买方不能支付货款时卖方可以选择接管资产或者其他有效的管理行为。但是，从公司金融的角度看，上游厂商U处于债权人的位置，因此很难避免由此产生的代理问题（Jensen & Meckling，1976），下面我们就此问题进行深入细致的分析。

2. 契约中的内生违约风险

在延森和迈克森（Jensen & Meckling，1976）的论文中，讨论了股东和债权人之间的委托代理关系以及由此引发的代理成本，事实上在供应契约 $C(p, q)$ 中，这种关系也同样存在。由等式（12）可知，V_D 事实上是破产价值 V_B 的凹函数，基于平滑粘贴（smooth pasting）条件对等式（12）求导可知：

$$\left.\frac{\partial V_{\mathrm{D}}}{\partial V_{B}}\right|_{V=V_{B}}=\left[\left(\frac{pq}{rV_{B}}-1\right)\frac{2r}{\sigma^{2}}-1\right] \tag{13}$$

$$\left.\frac{\partial V_{\mathrm{D}}}{\partial V_{B}}\right|_{V=V_{B}}=0\Rightarrow V_{B}^{*}=\frac{pq}{r+0.5\sigma^{2}} \tag{14}$$

$$\left.\frac{\partial^{2} V_{\mathrm{D}}}{\partial V_{B}^{2}}\right|_{V=V_{B}^{*}=\frac{pq}{r+0.5\sigma^{2}}}=-\frac{2pq}{\sigma^{2}V_{B}^{2}}\left(\frac{V_{B}}{V}\right)^{-\frac{2r}{\sigma^{2}}}<0 \tag{15}$$

由等式（13）、等式（14）和等式（15）可知，存在一个使 V_{D} 最大化的破产价值：

$$V_{B}^{*}=\frac{pq}{r+0.5\sigma^{2}}<\frac{pq}{(1-\alpha)(r+0.5\sigma^{2})} \tag{16}$$

也就是说在厂商U难以监督厂商D的条件下，厂商D可以选择一个最优破产价值 V_B 使其价值或者说获得的支付最大化。从不完全契约的角度来看，如果将 V_B^* 定义为厂商D事前的专用性投资水平，那么显然这个投资水平仅仅使其支付最大化，同时 $V_B^*<\frac{pq}{(1-\alpha)(r+0.5\sigma^{2})}$ 意味着厂商D的专用性投

资不会对厂商 U 支付的增加做任何贡献，事实上意味着厂商 D 已经摆脱了面临套牢的尴尬境地。当然，等式（16）意味着厂商 D 选择的破产价值是内生于供应契约的，因此我们将厂商 D 的此种行为定义为内生性破产行为。再将 $V_B^* = \frac{pq}{r + 0.5\sigma^2}$ 代入到等式（12）中可以获得内生性破产条件下 D 的支付为：

$$V_D^* = V - \frac{pq}{r} + \left[\frac{0.5\sigma^2 pq}{r(r+0.5\sigma^2)}\right]\left[\frac{pq}{V(r+0.5\sigma^2)}\right]^{\frac{2r}{\sigma^2}} \tag{17}$$

这事实上是 D 在供应契约中获得的支付。当然，如果我们不考虑厂商 D 在产品市场中的定价策略和生产过程，仅仅假设其在完全的市场中能够对冲所有的风险，那么等式（17）就是厂商 D 在谈判中的最终支付。延续前文的假设，厂商在产品市场上销售产品预期利润的现值为 $f(q)$ 且为 q 的递增凹函数，那么显然最终厂商 D 的支付为 $F(q) = f(q) + V_D^*$，这意味着存在一个生产可行性集合 Q 使 $\frac{\partial F}{\partial q} \geqslant 0 > \frac{\partial^2 F}{\partial q^2}(\forall q \in Q)$，这样厂商 D 就有动力和厂商 U 签订供应契约 $C(p, q)$。当然，厂商 U 的支付函数 V_U 不再是价格 p 的线性函数，下面我们再来看厂商 D 的定价策略。

三、契约中的非线性定价

将 $V_B^* = \frac{pq}{r + 0.5\sigma^2}$ 代入到等式（6）中可得：

$$V_U^* = pq\left[\frac{1}{r} + \left(\frac{1-\alpha}{r+0.5\sigma^2} - \frac{1}{r}\right)\left(\frac{pq}{V(r+0.5\sigma^2)}\right)^{\frac{2r}{\sigma^2}}\right] \tag{18}$$

对比等式（8）和等式（18）可知，在等式（8）中，$\frac{\partial V_U}{\partial p} = \frac{q}{r}\left[1 - \left(\frac{V}{V_B}\right)^{-\frac{2r}{\sigma^2}}\right] > 0$，也就是说 V_U 是价格 p 的线性函数。但是如果存在内生性的破产风险，$V_B^* = \frac{pq}{r + 0.5\sigma^2}$，在此条件下 V_U^* 将不再是价格 p 的线性函数，下面我们将就此问题进行分析。

由前述等式（18）可知，如果买方 D 存在内生性的破产风险，那么厂商 U 的支付函数 V_U 将不再是产品价格 p 的线性函数，而变成了 p 的凹函数，对 p 求导可知：

$$\frac{\partial V_U}{\partial p} = q\left[\frac{1+p}{r} + \left(\frac{1-\alpha}{r+0.5\sigma^2} - \frac{1}{r}\right)\left(1 + \frac{2r}{\sigma^2}\right)\left(\frac{pq}{V(r+0.5\sigma^2)}\right)^{\frac{2r}{\sigma^2}}\right] \tag{19}$$

最优定价策略存在意味着 $\frac{\partial V_U}{\partial p} = 0$。此时，最优定价策略满足等式：

$$\frac{(p+1)}{p^{\frac{2r}{\sigma^2}}}=\left[1-\frac{r(1-\alpha)}{r+0.5\sigma^2}\right]\left(1+\frac{2r}{\sigma^2}\right)\left[\frac{q}{V(r+0.5\sigma^2)}\right]^{\frac{2r}{\sigma^2}} \tag{20}$$

两边对需求量 q 求导可知：

$$\frac{\partial p}{\partial q}=\frac{\frac{2r^2}{\sigma^2}\left(\frac{1}{r}-\frac{1-\alpha}{r+0.5\sigma^2}\right)\left(1+\frac{2r}{\sigma^2}\right)\left[\frac{q}{V(r+0.5\sigma^2)}\right]^{\frac{2r}{\sigma^2}}}{\left[\left(1-\frac{2r}{\sigma^2}\right)p^{-\frac{2r}{\sigma^2}}-\frac{2r}{\sigma^2}p^{-\frac{2r}{\sigma^2}-1}\right]q}<0 \tag{21}$$

也就是说在契约 $C(p,q)$ 中，若厂商D需求的数量增加，那么 $C(p,q)$ 中供应价格 p 随之下降。而另一方面，考虑到厂商D的资产价值 V 为随机变量，等式（20）意味着：

$$\frac{\partial p}{\partial V}=\frac{\frac{2r^2}{\sigma^2}\left(\frac{1}{r}-\frac{1-\alpha}{r+0.5\sigma^2}\right)\left(1+\frac{2r}{\sigma^2}\right)\left[\frac{q}{V(r+0.5\sigma^2)}\right]^{\frac{2r}{\sigma^2}}}{\left[\left(\frac{2r}{\sigma^2}-1\right)p^{-\frac{2r}{\sigma^2}}+\frac{2r}{\sigma^2}p^{-\frac{2r}{\sigma^2}-1}\right]V}>0 \tag{22}$$

也就是说厂商D的资产价值波动越大，契约 $C(p,q)$ 中价格的波动率也会越大，而二者波动率之间的关系是契约存在内生违约风险的必然结果。如前文所述，上游厂商U供应一单位的产品，下游厂商D将生产一单位的最终产品，也就是说 $q_U=q_D=q$，且假设下游厂商D的生产技术可以描述为：

$$q_D=AV^{\gamma},\ (0<\gamma<1) \tag{23}$$

将其代入式（21）可知：

$$\frac{(p+1)}{p^{\frac{2r}{\sigma^2}}}=\left[1-\frac{r(1-\alpha)}{r+0.5\sigma^2}\right]\left(1+\frac{2r}{\sigma^2}\right)\left[\frac{AV^{\gamma-1}}{(r+0.5\sigma^2)}\right]^{\frac{2r}{\sigma^2}} \tag{24}$$

由等式（24）可以推知 $\frac{\mathrm{d}p}{\mathrm{d}A}<0$，这意味着随着技术的进步，供应契约 $C(p,q)$ 中供应价格在下降。当然这与经济学中技术进步导致相对价格变化由此提高消费者的福利水平的判断是一致的，也就是说论文的分析结果与经典经济学的分析框架是相容的。最后需要说明的是出于计算分析便捷方面的考虑，本文并没有考虑厂商U和厂商D有关的其他因素，事实上如果考虑厂商U生产成本现值为 $PC(q)$，那么显然由等式（8）可知，其支付变为：

$$V_U=\frac{pq}{r}\left[1-\left(\frac{V}{V_B}\right)^{-\frac{2r}{\sigma^2}}\right]+(1-\alpha)V_B\left(\frac{V}{V_B}\right)^{-\frac{2r}{\sigma^2}}-PC(q) \tag{25}$$

如果成本 $PC(q)$ 与其他变量独立，那么显然考虑成本和不考虑成本并不会改变论文的主要结论。同样，如果我们假设 $f(q)$ 受到厂商D所处的产业结构的影响，研究结论仍然可以成立。

四、数值模拟

为了更好地理解论文获得的研究结论，在这个部分我们将进行数值模拟。

首先我们给外生变量赋值，令无风险收益率 $r=0.05$，资产波动率 $\sigma=0.2$，破产成本系数 $\alpha=0.05$，在下面的数值模拟中，我们假设上述三个外生变量不会发生变化。

1. 一般契约的数值模拟

根据等式（8）可知，在普通契约中厂商 U 的支付 V_U 是供应契约中价格 p 的线性函数，我们令资产价值 $V=100$，破产价值 $V_B=30$，需求数量 $q=10$ 可以获得图 1 的结果。在图 2 中，我们令 $p_1=0.1$，$p_2=0.12$，$p_3=0.15$，资产价值 $V=100$ 不变且令 V_B 的取值范围为［1，40］。由图 2 可知，V_U 是 V_B 的先减后增连续函数，且由不等式（9）和不等式（10）可知存在一个临界值 V_B°，当 $V_B \geqslant V_B^{\circ}$ 时 $\partial V_U/\partial V_B \geqslant 0$，也就是说，一旦厂商 D 选择的专业性投资水平大于这个临界值，厂商 U 就有动力在谈判时要求增加与 V_B 相关的条款以提高其支付水平，这就为我们理解厂商 D 选择专业性投资水平提供了基础。在图 3 中我们令 $V_B=10$，需求数量 $q=10$ 且 $p_1=0.15$，$p_2=0.20$，$p_3=0.25$，将资产价值 V 的取值范围限定在［20，100］之间。之所以选择 $V_B=10$ 时，考虑到 V_B 取值小于 pq/r 时破产是厂商 D 的理性选择。当然，从期权定价的角度理解图 3 事实上反映了看跌期权价值与标的物价值的关系。

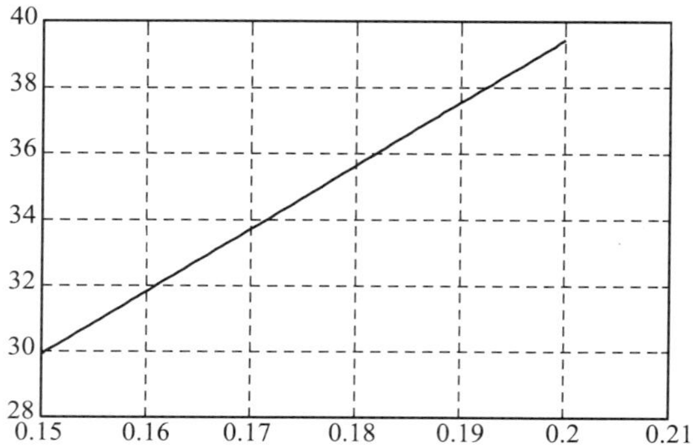

图 1　价格与 V_U 的关系

由等式（12）可知，破产成本 BC 主要由厂商 D 来承当，图 4 是破产成本与资产价值 V 和破产价值 V_B 的关系图。当然，在厂商 D 看来，破产成本 BC 与契约 $C(p, q)$ 无关，且如果给定资产价值，BC 是破产价值 V_B 的增函数，因此从厂商 D 的角度看希望破产成本越小越好，这也就意味着厂商 D 不可能有过高的专业性投资水平。此后，我们令资产价值 $V=100$，对 V_B 和厂商 D 的支付 V_D 之间的关系进行了研究，由图 5 可知，V_D 是破产价值 V_B 的凹函数，或者换句话说，厂商 D 可以通过控制 V_B 的值来最大化其支付，事实上通过图 5 就很容易理解。

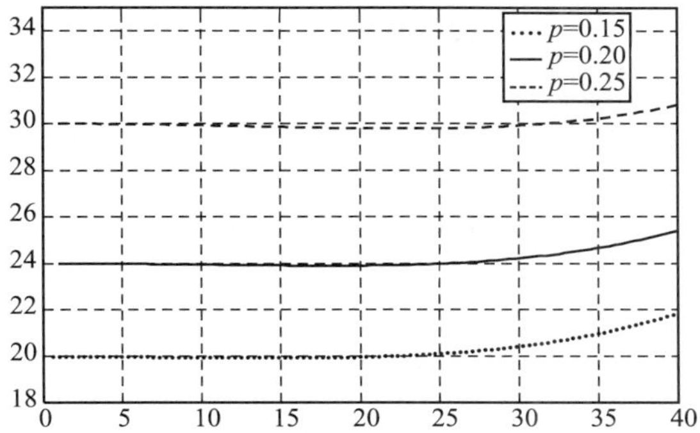

图 2　V_B 与 V_U 的关系

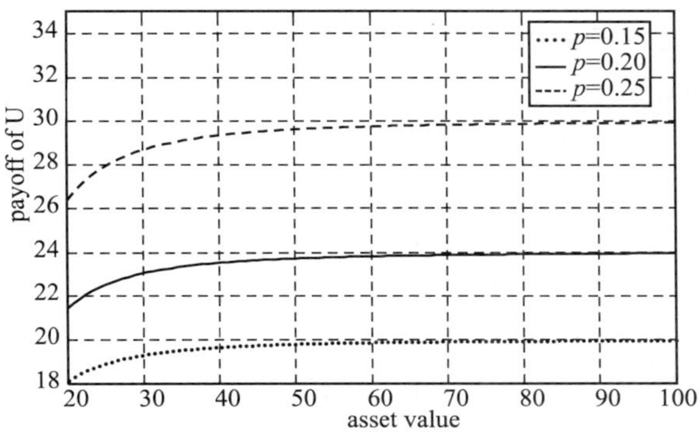

图 3　V 与 V_U 的关系

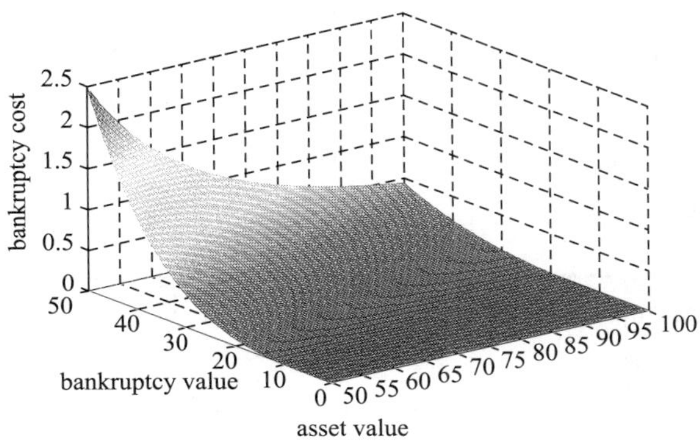

图 4　破产成本与资产价值 V 和破产价值 V_B 三维图

厂商 D 会选一个使自己支付最大化的专用性投资水平来提高收益，当然如果选择的 V_B 正好小于临界值 V_B°，那么显然厂商 D 不仅仅最大化了其预期支付，还避免了被套牢的风险，可以说一举两得。事实上，通过前文的分析可知，这种可能性是存在的，下面我们来看内生性的破产风险对双方决策行为的影响。

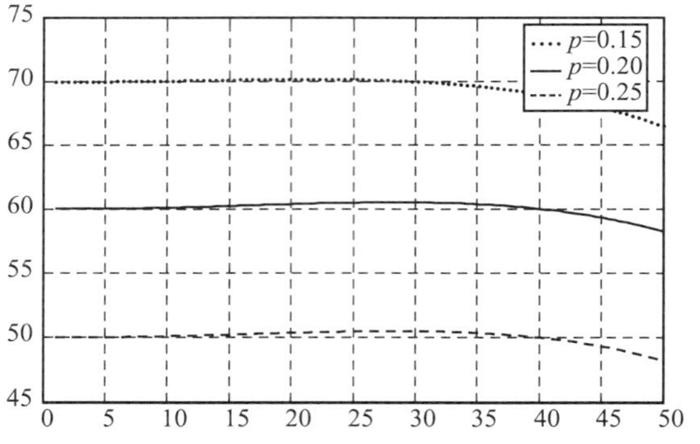

图 5 V_B 与 V_D 的关系

2. 内生违约的数值模拟

延续图 5 的分析思路，我们首先来看 $\partial V_D/\partial V_B$ 的函数形式，如果不考虑平滑粘贴，我们可以得到：

$$\frac{\partial V_D}{\partial V_B}=\left[\left(\frac{p^*q^*}{rV_B}-1\right)\frac{2r}{\sigma^2}-1\right]\left(\frac{V}{V_B}\right)^{-\frac{2r}{\sigma^2}} \tag{26}$$

令 $V=100$，$q=10$ 且将 V_B 的取值范围限定在［1，60］，我们可以得到图 6。在图 6 中，横坐标表示 V_B 的取值范围，纵坐标表示 $\partial V_D/\partial V_B$。由图 6 可知，存在一个区间 A，若 $V_B\in A$，则有 $\partial V_D/\partial V_B\leqslant 0$，且 $\partial^2 V_D/\partial V_B^2<0$，也就是说在 A 内 V_D 是 V_B 的凹函数。虽然令等式（26）为零，我们同样可以获得 $V_B^*=pq/(r+0.5\sigma^2)$，但这并非合理的逻辑。合理的逻辑是当资产价值 V 收敛于 V_B 时，厂商 D 就会申请破产保护，所以需要运用平滑粘贴条件获得内生破产时厂商 D 的破产价值，表示为图 7 的形式。从图 7 中可以明显看到，$\partial^2 V_D/\partial V_B^2<0$ 且存在一个点 V_B^*，使 $\partial V_D/\partial V_B=0$，也就是说考虑平滑粘贴之后，$V_D$ 是 V_B 的严格凹函数。由此获得的 V_B^* 的值内生于供应契约 $C(p,q)$，因此称为内生性破产模型。

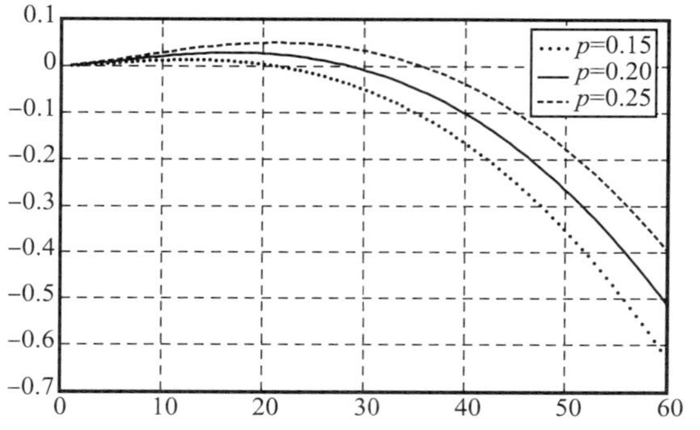

图 6 V_D 关于 V_B 一阶偏微分

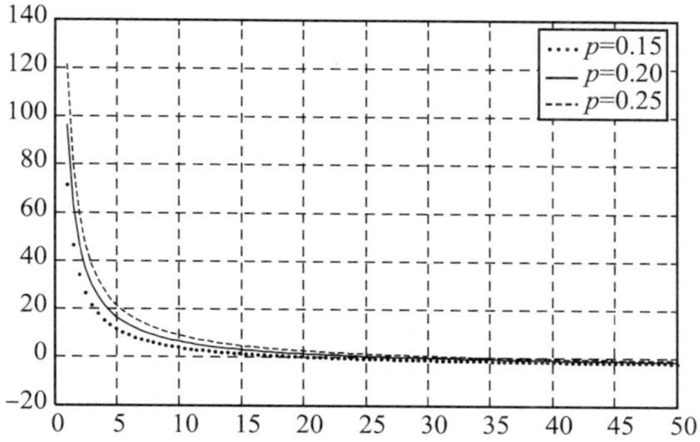

图7　考虑平滑粘贴时 V_D 关于 V_B 一阶偏微分

又由式（16）可知，$V_B^* < V_B^\circ$，也就是说厂商D通过控制其专用性投资水平最大化其支付的同时摆脱了自己被套牢的尴尬境地，这显然不是厂商U愿意看到的。当然，一旦厂商D确定了 V_B^* 的取值，那么厂商U的支付函数就变成了等式（18）的形式，下面来看厂商U的策略行为。

3. 非线性定价

将 $V_B^* = pq/(r + 0.5\sigma 2)$ 代入到等式（8）之后，我们获得了在此条件下厂商U的支付，我们令需求数量 $q = 10$ 且供应价格 $p_1 = 0.15$，$p_2 = 0.2$，$p_3 = 0.25$，将资产价值 V 的取值范围限制在［20，100］的区间范围内，获得了图8的结果。在图8中横坐标是 V，纵坐标为 V_U。事实上图8与图3都是表示看跌期权价格与标的资产价格关系的图，不过不同之处在于图3给出的信息说明随着价格的上升，V_U 的值在增加，而图9则说明 V_U 并非价格的单调函数。为了更清晰地说明 V_U 与供应价格 p 的关系，我们绘制了 $\partial V_U/\partial p$ 的关系图，如图10所示。在图10中横坐标为价格 p，纵坐标为 $\partial V_U/\partial p$。由图10可知，V_U 是供应价格 p 的凹函数，这就意味着存在着最优的定价策略。根据等式（20）的研究结果，我们绘制了图11。在图11中横坐标是需求量 q，纵坐标

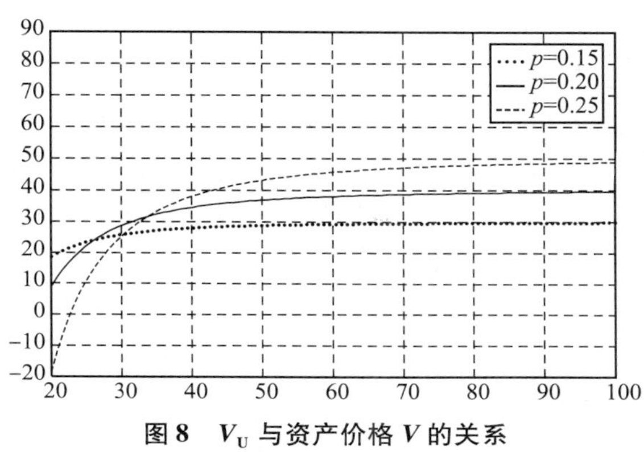

图8　V_U 与资产价格 V 的关系

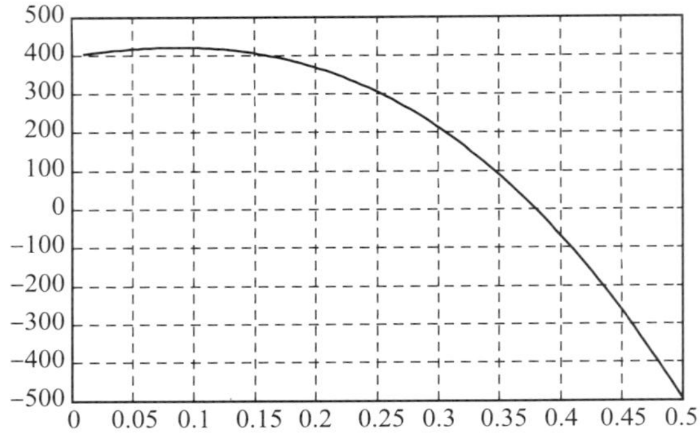

图 9 V_U 关于价格 p 的一阶偏微分

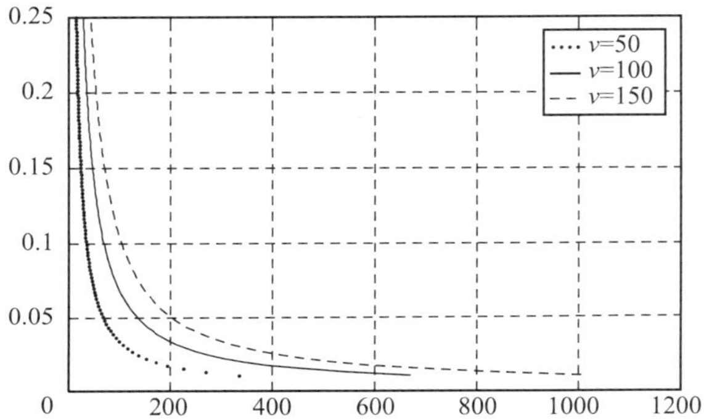

图 10 最优定价策略条件下供应价格 p 和需求量 q 的关系

是最优定价策略 p，显然二者之间的关系是非线性的。而且，我们分别定义 V 的取值为 $V_1=50$，$V_2=100$，$V_3=150$，从另外一个侧面说明了等式（22）的研究结果。事实上，通过对上述图的分析说明，可以更好地理解论文模型部分的相关结果。

五、研究结论

我们的论文通过建立期权博弈模型对上下游厂商的策略行为进行研究，发现了一些启发性的结论。首先，上游厂商和下游厂商在签订供应契约之后，其支付函数可以看作一个看跌期权，而同时期权价值随着下游厂商专用性投资水平在缓慢增加。但是，下游厂商的支付函数是其专用性投资水平的凹函数，因此存在一个最优的专用性投资水平，这个投资水平既保证了下游厂商最大化的支付还避免了其被套牢的可能性，同时这个专用性投资水平内生于供应契约。最后，我们发现存在内生违约风险的条件下，上游厂商可以通过非线性定价策略提高其支付水平。

参考文献

[1] Apostolos Burnetas and Peter Ritchken, 2005, Option Pricing with Downward-Sloping Demand Curves: The Case of Supply Chain Options, *Management Science*, 51 (4): 566 -580.

[2] Black, Fischer and John Cox, 1976, Valuing Corporate Securities: Some Effects of Bond Indenture Provisions, *Journal of Finance*, 31, 351 -367.

[3] Christopher S. Tang, 2006, Perspectives in Supply Chain Risk Management, *International Journal of Production Economics*, 103, 451 -488.

[4] Grossman and Hart, 1986, The Cost and Benefits of Ownership: A Theory of Vertical and Lateral Integration, *Journal of Political Economy*, 94, 691 -719.

[5] Hantao Li, Peter Ritchken and Yunzeng Wang, 2009, Option and Forward Contracting with Asymmetric Information: Valuation Issues in Supply Chains, *European Journal of Operational Research*, 197, 134 -148.

[6] Hart and Moore, 1990, Property Rights and the Nature of the Firm, *Journal of Political Economy*, 98, 1119 -1158.

[7] Jenson and Meckling, 1976, Theory of Firm: Managerial Behavior, Agency Cost and Ownership Structure, *Journal of Financial Economics*, 3, 305 -160.

[8] Kai-Uwe Kuhn, 1997, Nonlinear Pricing in Vertically Related Duopolies, *The Ramd Journal of Economics*, Vol. 28, No. 1, 37 -62.

[9] Leland, Hayne, 1994, Debt Value, Bond Covenants, and Optimal Capital Structure, *Journal of Finance*, 49, 1213 -1252.

[10] Qunzhi Wang and De-bi Tsao, 2006, Supply Contract with Bidirectional Options: The Buyer's Perspective, *International Journal of Production Economics*, 101, 30 -52.

[11] Robert C. Merton, 1974, On the Pricing of Corporate Debt: The Risk Structure of Interest Rates, *Journal of Finance*, 29, 449 -470.

[12] Robert Wilson, 1995, Nonlinear Pricing and Mechanism Design, H. Amman, D. Kendrick, and J. Rust (eds.), *Hand Book of Computational Economics*, Vol. , 253 -293.

[13] Sabine Böckem and Ulf Schiller, 2008, Option Contracts in Supply Chains, *Journal of Economics and Management Strategy*, 17 (1): 219 -245.

Endogenous Default Risk in Supply Chain and Nonlinear Pricing

Gu Zhihui Zhang Shiyun

Abstract: There is a very interest problem whether the contract of supply chain is relation to the default behavior of corporate. In this paper we study the behavior of the two parties by the model of option game. The conclusions means that there exists optimum bankruptcy value which guarantee the downstream firm obtain maximized payoff, which is the endogenous variable in the supply chain contract. On the other hand, the strategic behavior of downstream will make the optimum strategy of upstream firm is nonlinear pricing.

Key Words: Endogenous Default Risk Option Game Supply Chain Nonlinear Pricing

第1卷第3辑 公司治理评论 Vol. 1 No. 3
2009年9月 Review of Corporate Governance Sep. 2009

公司治理理论：异同探源、评介与比较

——兼论金融危机对公司治理理论研究的启示

王 贵*

【摘要】不同的公司治理理论分歧巨大，甚至完全背道而驰。将不同的公司治理理论纳入其相应的经济学分析框架之下，其异同源头及鲜明的共性与个性特征遂清晰可见。本文以不同的经济分析框架为划分依据，在探究不同公司治理理论的源头、评介其共性与个性特征的基础之上，对不同的公司治理理论进行比较分析。结合当前金融危机的时代背景，本文进一步思考了金融危机对公司治理理论研究的启示。

【关键词】资源配置　公司治理　金融危机　利益集团

如何治理公司才能促进公司和社会经济繁荣？这是与公司经济相伴而生的永恒话题。随着公司逐渐成为整个经济体中资源配置的核心角色，公司资源配置过程不仅对于提高企业绩效至关重要，而且与整个国家经济繁荣也息息相关。公司治理作为影响企业法人资源和收入分配的制度安排，决定着公司中谁有权做出投资决策、做出何种类型的投资决策以及如何分配投资所产生的收益，因而受到社会各界的广泛关注。目前有关公司治理的研究已蔚为大观，学术界提出了观点各异的公司治理理论。为什么不同的公司治理理论众说纷纭、分歧巨大，甚至完全背道而驰？要厘清差异的根源，需要对不同公司治理理论赖以建立的经济学基础做认真细致的分析。只有从源头上廓清不同公司治理理论的微观基础，我们才能从根本上理解理论主张的差异。基于此，本文以不同公司治理理论赖以建立的经济学基础为划分依据，将不同的理论纳入其相应的经济分析框架之下，以探究理论异同的根源、评介不同理论的共性与个性，并在此基础上对不同公司治理理论进行比较分析。结合当前金融危机的时代背景，本文进一步探讨了由金融危机给公司治理理论研究带来的启示。

---

* 本文得到西南财经大学“211工程”三期重点学科建设项目“中国特色社会主义市场经济基础理论创新”的资助。

王贵（1982～　），男，贵州六盘水人，西南财经大学经济学院博士研究生。研究方向：企业理论与公司治理。

一、基于不同经济学分析框架的公司治理理论

从经济分析的角度来考察公司治理问题，就是要探究由公司治理制度所支持的公司资源配置对公司绩效和整个社会经济的影响。公司治理理论所赖以建立的经济学基础决定了该理论对公司资源配置的认识，决定了其相应的公司治理制度。经济学基础是公司治理理论差异的源头所在。股东至上理论、利益相关者理论与组织控制理论作为三种主要的公司治理理论，实际上是分别建立在不同的经济学框架之下，有着不同的微观基础，因而对公司资源配置及其相应的治理制度有不同的观点主张。

1. 基于新古典经济学分析框架的公司治理理论

20 世纪早期公司经济开始兴起之时，新古典经济学早已占据了主流经济学的地位，大批经济学家所接受的教育使他们坚信市场在资源配置的效率方面总是最优的，习惯于把完全市场理论作为经济效率的基准。新古典经济学的资源配置观就自然成为主流经济学家所主张的公司资源配置的基础思想，而公司资源配置观又构成公司治理理论的基础。

（1）交换活动与新古典资源配置观。在西方经济思想嬗变的历史长河中，当古典经济学的统治地位被新古典经济学取而代之后，经济学的研究重心就由生产领域转向了交换领域。主流经济学家视交换活动为最主要的经济活动，并致力于研究所有互利的交易机会的条件，以实现现有资源的最优配置，互利的交换过程成为主流经济学家视阈中改善经济绩效的唯一方式。主流经济学家对交换活动特征的抽象认识遂成为新古典资源配置观的基石，进而成为建立在新古典资源配置观及其变体基础上的公司治理理论的微观基础。

新古典经济学家对交换领域的研究乐此不疲，而对生产领域的研究持敌对态度，力图使生产服从于交换，并将交换活动的特征抽象为即时的（现在的行为不影响将来）、分立的（个体的独立行为）和确定的（至少是可计算的），由此产生了将资源配置视为可逆的、个体的和最优的资源配置观。可逆性是指现在的资源配置不会对未来的资源配置产生影响，即当期行为只产生当期效应；个体性是指资源配置和收益的性质允许每个经济参与者以其认为适当的方式开发和利用生产资源，而与经济中其他个体的决定和行动无关，即个人行为完全独立于其他人；最优性是指资源配置过程无非是在一定的市场和技术约束条件下，对不同经济结果进行选择，即资源配置过程就是在所有可能出现的结果都是已知的前提下，从中选择最优的。可见，主流经济学家在对交换活动特征进行抽象的基础上，由交换活动的特征逻辑演绎出新古典资源配置观。

（2）新古典资源配置及其变体与公司治理。在由交换活动的特征逻辑演

绎出新古典资源配置观的基础上，主流经济学家认为如果资源配置是可逆的、个体的和最优的，那么现有资源的最优利用就只能通过完全的资本、劳动和产品市场实现，即保证资源自由流动的完全竞争市场是最有效率的。在将新古典资源配置思想运用于公司资源配置时，出现了两种情况。第一种是将整个新古典资源配置观完全运用到公司资源配置，并演绎出对公司治理制度的要求，认为理想的公司治理制度是能够支持经济资源自由流动的制度条件，而且各种制度条件的相互结合将确保经济资源配置的市场控制，股东至上理论即是能够支持公司资源配置由市场控制的公司治理理论，因而股东至上理论实质上是新古典经济学在公司治理中的体现和运用。第二种是新古典资源配置观的变体，通过引入“企业专用性投资”概念，突破[①]了新古典资源配置的可逆性假设，但仍然沿用其个体的和最优的假设，进而逻辑演绎出公司治理制度的改革方向是要保障在进行收益分配时，对进行企业专用性投资的参与者提供适当的激励，利益相关者理论遂在此思想基础上应运而生。可见，股东至上与利益相关者理论作为当前公司治理争论中的主要理论观点，实质上都是新古典资源配置观全部或部分运用于公司资源配置的产物，这就决定了两种公司治理主张必然有共性也有个性，其共性与个性的根源也都能够一目了然。要深入理解建立在新古典经济学框架下的两种公司治理理论差异的源头、共性与个性，我们还需要对两种理论的共性与个性做进一步的评介，进而奠定进行比较分析的基础。

（3）股东至上理论与利益相关者理论的共性与个性评介。如前述分析，股东至上与利益相关者脱胎于新古典资源配置观及其变体，因而新古典经济学的研究方法、研究的核心问题及其对经济绩效的理解遂成为了两种公司治理理论共性之源头。从研究方法看，两种治理理论都是采用新古典经济分析的静态分析方法，专注于研究公司现有资源的静态最优配置。从研究的核心问题看，“剩余分配”问题是两种治理理论的核心关注点，其重点在于谁得到剩余收益，及这种剩余分配会对公司业绩产生什么样的影响。从对经济绩效的理解来看，由于股东至上理论是新古典资源配置观在公司资源配置中的完全运用，因而坚持以完全市场理论作为经济效率的基准，对“市场的神奇性”坚信不疑，认为能够支持公司经济资源自由流动的“市场控制”型治理是最优的；利益相关者理论通过引入“企业专用性投资”概念，突破了新古典资源配置的可逆性假设，但“企业专用性”在其理论论著中是一个“黑箱”，并未说明产生“企业专用性”的原因及其动态变化过程，因而利益相关者理论所倚重的公司资源配置概念未能超越新古典静态资源配置观，其对经济绩效的理解仍然是以市场绩效为基础，并主张以公司治理制度作为市场

---

① 新古典可逆的、个体的和最优的资源配置观遭到了一些经济学流派的质疑和离弃。交易费用、奥地利学派和演化经济学通过对新古典资源配置特征离弃，通过引入生产领域中的资源配置特征，力图对新古典理论进行根本性的突破。

的补充，对进行“企业专用性投资”的个人提供适当的激励，以防止对人力资本投资的抑制。

两种公司治理理论在共性凸显的同时，各自也都存在十分鲜明的个性特征。如前述分析，在将新古典资源配置运用于公司资源配置时出现了分野，两种治理理论是不同的资源配置观运用于公司资源配置的产物，不完全相同的资源配置观恰是两种治理理论个性鲜明的肇始原因。具体来说，由不同的资源配置观所孕育的相应公司治理理论的独有个性可以归结为对委托代理关系的认识差异、对企业本质的认识差异、公司经营目标差异及公司治理改革主张差异四个方面。

首先，从对委托代理关系的认识差异来看，利益相关者视阈中委托人的范围与股东至上理论囿于股东的认识形成鲜明对照。股东至上理论基于新古典资源配置观及私有财产的传统逻辑，认为股东是唯一的委托人，倡导维护股东权益，防止经理层对股东权益的侵蚀，形成了在股东对管理层的经典委托代理[①]框架下分析公司治理问题的研究范式。利益相关者理论引入人力资本理论中的“企业专用性投资”概念，在突破新古典资源配置的可逆性假设的同时，也突破了对委托人范围的认识，委托人不再仅仅局限于股东，而是包括所有进行了企业特定投资并为此承担风险的所有参与者（所有利益相关者），因而管理层作为公司所有利益相关者的代理人，其责任范围应包括公司所有利益相关者团体。其次，从对企业本质的认识差异来看，股东至上理论将企业视为纯粹的投入产出转换器，以追求利润最大化为目标的“黑箱”。利益相关者理论由于强调个人进行的“企业专用性投资”对于财富创造的重要性，因而将企业视为不同生产要素所有者的“契约联合体”，认为企业正是通过实物和人力资产的组合才形成了“集体生产力”。再其次，从公司经营目标来看，股东至上理论坚持认为公司的目标就是要实现股东价值的最大化，倡导在实现股东利益的同时，必然对整个经济体系绩效的提升也是有利的[②]。利益相关者理论凸显个人进行的“企业专用性投资”对于财富创造的重要性，认为公司应让所有进行了企业特定投资并为此承担风险的所有参与者价值最大化。最后，从公司治理改革主张来看，股东至上理论认为能够支持公司经济资源自由流动的治理制度是最优的，为降低股东与管理层间的代理成本、保障股东权益，强调构建以董事会建设为核心制度安排的内部治理体系和资本市场、并购市场、经理市场、产品市场等为主要内容的外部治理

---

① 对代理问题的关注，可以追溯到亚当·斯密在《国富论》中的论述：“这种（股份）公司的董事管理的不是他们自己的钱而是别人的钱，因此，我们不能期望他们会像私人合伙企业中的合伙人那样尽心尽力。就像富人的管家，他们容易把注意力投向枝节问题而不是放在维护主人的名誉上；并且，他们很容易忘却这一点。因此，在股份公司的业务管理中，漫不经心和浪费总是无所不在。”参见普特曼、克罗茨纳编，孙经纬译：《企业的经济性质》，上海财经大学出版社2000年版，第13页。

② 认为股东在追求自我利益的同时对整个社会也是有利的，这一思想实质上是新古典经济学坚信“市场神奇性”的体现，其源于斯密的“看不见的手”。

体系，内外部治理体系相互结合，从而形成对公司资源和收益分配的市场控制。① 利益相关者理论紧紧围绕其强调的"企业专用性投资"，主张在设计企业的合约安排和治理体制时应将控制权、激励和责任授予对企业贡献了其专用投入的合约方，保障公司的收益分配足以激励个人将资源投资于企业特定资产。

由上述分析可见，新古典经济学家在将其视阈囿于交换活动特征分析的基础之上，逻辑演绎出新古典资源配置观。在探究公司资源配置时，新古典资源配置观或其变体被运用于公司，进而孕育了共性与个性都十分鲜明的当前公司治理争论中的两种主要理论观点——股东至上理论与利益相关者理论。本文将上述的逻辑演绎过程绘制为图 1，并将两种治理理论的共性与个性总结为表 1，以更加清晰地呈现两种公司治理理论的异同根源、共性与个性。

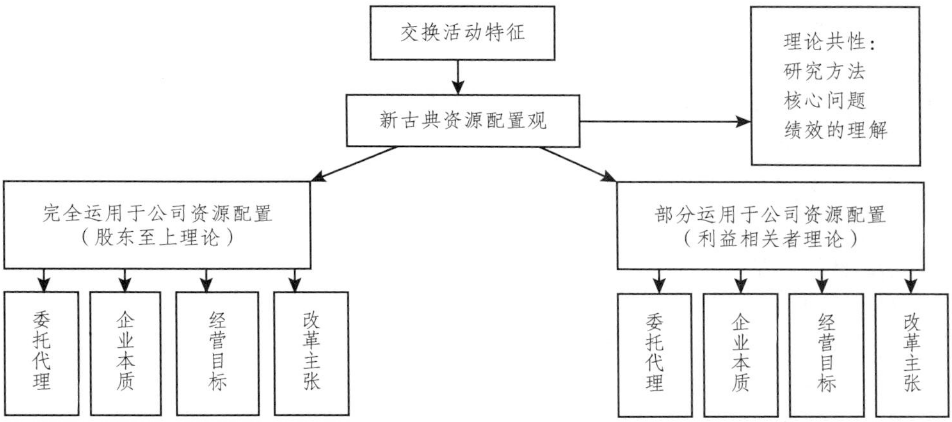

图 1　新古典框架下两种公司治理理论共性与个性的逻辑演绎

2. 基于创新经济学分析框架的公司治理理论

股东至上理论与利益相关者理论源于新古典资源配置观及其变体，这就决定了两种治理理论具有上述所分析的鲜明共性与个性特征。奥沙利文（O'sullivan）的组织控制理论则不落新古典经济学的窠臼，直接以创新经济学为基础，建立起与上述两种理论针锋相对的治理理论，给公司治理理论研究带来了一股清风。本部分将对组织控制理论的逻辑演绎过程及其观点主张进行分析和评介。

---

① 关于对公司外部治理体系的认识，国内学者的看法存在分歧，主要分歧在于对外部治理体系的范围认识，可将国内学者的观点概括为两派：一是以李维安、席酉民、郑志刚等为代表，认为外部治理体系主要由资本市场、经理人市场、产品市场及劳动力市场组成；二是以冯根福等为代表，认为外部治理体系的范围除了由并购市场、经理人市场、产品市场所组成的市场治理体系外，还应包括政府治理体系和中介机构治理体系，整个公司治理体系应由公司内部治理体系、市场治理体系、中介机构治理体系及政府治理体系四个部分组成。

表 1 两种公司治理理论的共性与个性比较

		股东至上理论	利益相关者理论
共性	研究方法	静态分析	静态分析
	核心问题	剩余分配	剩余分配
	绩效理解	完全市场作为绩效基准	完全市场作为绩效基准
个性	委托代理关系	股东对管理层	所有利益相关者对管理层
	企业本质	追求利润最大化的“黑箱”	契约联合体
	经营目标	股东价值最大化	利益相关者价值最大化
	改革主张	公司内部与外部治理体系相互结合，降低代理成本，形成公司经济资源和收益分配的市场控制	企业合约安排和治理制度应将控制权、激励和责任授予对企业贡献了专用投入的合约方

（1）创新与创新型资源配置。创新的特征是奥沙利文（O'sullivan）建立其公司治理理论的逻辑起点，她将创新的特征归结为一个具有累积性、集体性和不确定性的过程。累积性是指创新过程本质上是一个学习过程，生产质量更高、成本更低产品的学习是通过一个累积过程形成的；集体性是指集体学习过程中的个人学习受他人学习的影响，并能合成一个新的、集体性的知识；不确定性是指进行创新的企业因学习过程可能未取得成功或无法取得竞争优势而获得回报，因而面临着生产的不确定性与竞争的不确定性。创新型资源配置建立在创新特征的基础之上，是对支持创新的资源配置特征的概括。创新是集体的、累积的和不确定的，就意味着对创新进行资源配置必须经由一种三位一体的过程：开发性的——必须毫无顾虑地将资源投入到收入不确定的投资项目中去；组织性的——收入是通过人力和物质资源的整合产生的；战略性的——资源的配置要能克服现有市场和技术的条件限制。

（2）创新型资源配置与公司治理。奥沙利文（O'sullivan）认为，能够催生创新的资源配置过程所具有的开发性、组织性和战略性，意味着支持创新的公司治理制度必须满足三个条件：财务承诺、组织整合和内部人控制，这三个条件将分别为企业创新提供制度支持。财务承诺制度使企业组织能够获得进行生产资源开发和利用的资金来源，并一直持续到可以产生收益、企业可以借此收益提供的财务流动性生存之时；组织整合制度对置身于企业内部复杂劳动分工中的参与者提供激励，使其将技能和精力投入到企业目标的实现中去，将人力和物质资源整合到开发和利用技术的组织过程；内部人控制制度保证公司资源配置和收益的控制权掌握在与产生创新的学习过程结为一体的决策者手中。没有支持组织整合、财务承诺和内部人控制的治理制度，企业就不能通过对集体学习过程的战略投资产生创新。

（3）组织控制理论评介。组织控制理论以创新活动的特征为逻辑起点，由创新活动的特征分析得出支持创新的资源配置特征，进而逻辑演绎出对支持创新的公司治理制度的要求。可见，组织控制理论的逻辑演绎过程与新古典框架下两种治理理论建立的逻辑演绎过程截然不同，这就决定了其研究方法、研究的核心问题、公司经营目标、公司治理改革主张，都必然与新古典框架下的两种治理理论——股东至上与利益相关者背道而驰。

首先，从研究方法来看，组织控制理论运用的是动态分析法。组织控制理论直接以创新活动作为理论的出发点，创新型资源配置的动态性质与新古典静态的资源配置观截然对立，相应的其动态研究方法与新古典的静态研究形成鲜明对比。其次，从研究的核心问题来看，组织控制理论研究的中心问题是“剩余生产”，探究如何通过资源的开发和利用来生产剩余收益。基于创新经济学的组织控制理论将研究的重心由新古典的交换领域转向生产领域，集中关注生产领域中的创新活动，建立支持创新的公司治理制度以产生持续的剩余收益。再其次，从公司经营目标来看，组织控制理论视阈下的公司经营目标是企业的长期稳定和成长。与股东理论强调股东对管理层、利益相关者理论强调公司利益相关者对管理层的委托代理关系不同，组织控制理论对企业的委托代理关系并不强调，因而公司的经营目标不是建立在对委托代理关系认识的基础上，而是直接以其聚集的创新活动为基点，通过持续的企业创新来实现企业的长期稳定和成长。最后，从公司治理改革主张来看，组织控制理论视阈中理想的治理制度是由财务承诺、组织整合和内部人控制这三个制度条件相互结合所形成的对知识和资金的组织控制，从而支持企业持续的创新活动，这显然与新古典框架下主张保障公司经济资源自由流动的市场控制截然对立。

由上述分析可见，通过聚集于生产领域中的创新活动，进而得出支持创新的资源配置特征，然后逻辑推演出创新对公司治理制度的要求，组织控制理论建立的逻辑演绎过程与新古典框架下两种治理理论的逻辑演绎截然不同，其观点主张也必然与上述两种治理理论针锋相对。为了更加清晰地理解基于创新经济学的组织控制理论及其观点主张，本文将组织控制理论的逻辑演绎过程及其鲜明的个性主张绘制成图2。

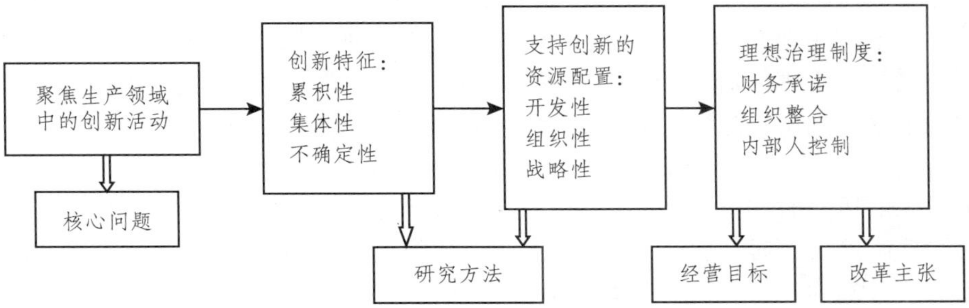

图2　组织控制理论的逻辑演绎

二、不同经济学分析框架下的公司治理理论比较分析

上述我们已对基于新古典框架和创新经济学框架下的三种公司治理理论的逻辑演绎过程及其观点主张进行评介，我们实际上已经看到了这三种治理理论的异同源头及其表现，为了使这些异同更加直观鲜明，本文绘制了表2进一步加以概括总结。表中的许多观点在上文的不同地方已经有详细的评介，这里需要再特别补充说明三点。

表2　　不同经济学分析框架下的公司治理理论比较

	新古典经济学框架下的公司治理理论		创新经济学框架下的公司治理理论
	股东至上理论	利益相关者理论	组织控制理论
理论逻辑起点	交换活动特征	交换活动特征	创新活动的特征
资源配置特征	新古典资源配置观	新古典资源配置观的变体	创新型资源配置
研究方法	静态分析	静态分析	动态分析
研究的核心问题	剩余分配	剩余分配	剩余生产
研究立场	经济立场，强调物质和货币资本的重要性	政治立场，各方利益的平衡，物质、货币与人力资本都重要	经济立场，凸显人力资本的重要性
关于内部人控制	内部人控制妨碍企业绩效提高	内部人控制妨碍企业绩效提高	内部人控制是企业创新的必要条件
委托代理关系	股东对管理层	利益相关者对管理层	委托代理关系不明显
公司经营目标	股东价值最大化	利益相关者价值最大化	企业长期稳定和成长
公司治理改革主张	同表1	同表1	对知识与资金的组织控制以支持创新

第一，我们在讨论不同的公司治理理论时，不应轻易地给某一治理理论贴上“国别标签”，断言某国的公司治理属于所谓的“某一模式”。但是，令人遗憾的是国内一些学者经常喜欢判定某国的公司治理属于某一模式，这实质上是没有用动态的历史眼光看问题的表现，缺乏历史分析的厚度和深度。即使当我们将视阈局限于一个国家时，只要我们详细地考察这个国家公司治理制度演变的历史过程，就会发现该国的公司治理制度是绝对不可能用某一种特定的模式来进行概括的，某一特定历史时期内所特有的公司治理制度一定是先前历史时期整个社会变迁的产物。如当我们考察整个20世纪美国的公司治理制度演变时，就会发现在整个20世纪的大部分时间里（至少是20世纪70年代之前），美国大多数产业的公司治理制度实质上都是组织控制，而所谓“股东至上模式”倡导的市场控制制度也就是20世纪最后20年才出现并占据主导地位的，这一演变过程与其说是公司治理改革的产物，不如说是美

国一系列社会变迁的产物。① 因而，当我们用动态的历史眼光分析公司治理问题时，对公司治理制度的认识就会具备历史的厚度和深度，并能够站在整个社会变迁的高度来分析公司治理制度的演变方向，而不会轻易地形成某国属于某一特定治理模式的肤浅认识了。鉴于此，本文在比较中没有把理论实践的国别差异纳入其中。

第二，关于对内部人控制的认识，两种经济学框架下的治理理论对于内部人控制作用的认识截然相反。基于新古典框架的两种治理理论，尤其是股东价值论，认为内部人控制会妨碍公司经济资源的自由流动，降低企业经营绩效，因而主张要防止内部人控制。但是，在组织控制理论视阈中，内部人控制是现代产业创新得以发生和持续开展的必要条件，因而公司要通过创新来实现长期稳定和成长，必须要建立起内部人控制的治理制度。为了凸显对内部人控制作用的认识差异，本文在比较时特将其纳入其中。

第三，股东至上理论与利益相关者理论都是基于新古典框架而建立的治理理论，为何二者长期以来争论不休？这两种治理理论研究的核心问题都是剩余分配，都致力于为不同利益集团的“剩余索取权”提供解释，在论证不同利益集团享有剩余索取权的合理性时，必然存在着立场差异，同一理论框架下的治理理论存在分歧争论就不足为奇。股东至上的倡导者是站在经济立场上，强调物质和货币资本的重要性，因而主张实现物质和货币资本所有者的经济价值最大化。利益相关者的倡导者则更多是从政治立场出发，主张实现公司各方参与者的利益平衡，不仅要让物质和货币资本的所有者得到激励，而且要让所有进行了企业专用性投资的个人得到激励，即强调人力资本的作用。组织控制理论从经济立场出发，主张通过对知识和资金的组织控制来支持企业创新，进而推进公司经济绩效的提高和整个社会经济的繁荣，由于其强调内部人控制是企业创新的必要条件，因而对于与生产资源的开发和利用过程结为一体的人力资本的作用极为重视。可见，三种公司治理理论的立场差异显著，为了凸显这些理论的立场差异，本文在比较时特将其纳入其中。

三、结论与启示——兼论金融危机对公司治理理论研究的启示

通过将不同的公司治理理论纳入其相应的经济分析框架之下进行评介和比较，不同治理理论的异同根源及其鲜明的观点主张遂清晰可见。组织控制理论与新古典经济分析框架下的两种治理理论，尤其是与股东至上理论，无论是理论建立的逻辑演绎过程，还是各自所倡导的理论观点，两种治理理论完全是针锋相对、背道而驰。20 世纪 80 年代以来，股东至上取代管理控制居于美国公司治理理论与实践的统治地位，美国公司行为也相应由“盈余保

---

① 这一系列社会变迁包括生产领域的变迁、金融领域的变迁及社会人口年龄结构的变化等，有关详细分析参见 O'sullivan：《公司治理百年——美国和德国公司治理演变》。

留加再投资”战略向“裁员加分红”战略转变。美国公司行为的这一显著变化标志着管理层与股东成为利益共同体。但是，从美国的股东结构来看，养老基金、共同基金等机构投资者持有大额股份，因而与其说管理层与股东成为利益共同体，不如说是管理层与金融利益集团成为利益共同体。打着争取股东价值的旗号，机构投资者、投资银行等获利猛增，公司高管薪酬的增速也让人为之惊叹，金融利益集团与管理层实质上成为股东价值论的最大受益者，他们对公司股价市场表现的关注远远超过了其对公司实际生产能力的关注，对利润的贪婪促使他们发出了倡导股东价值论的最强势声音，学术界中大批经济学家对股东价值论的理论声援，加之 20 世纪最后 20 年美国新经济繁荣所提供的经验证据[①]，使股东至上理论成为 20 世纪 80 年代以来美国公司治理的“圭臬”，其统治地位牢不可破。然而，金融危机的爆发无疑是对股东价值论神话的致命一击，雷曼破产、美林被收购、高盛与摩根士丹利转型、大批中小商业银行及保险公司陷入岌岌可危的境地，金融利益集团由危机前的最大受益者成为危机爆发的最大受损者。金融危机给全球经济造成了极大损失，在残酷的现实面前，人们不得不对现有公司治理的理论和实践进行反思，公司究竟应当怎样治理才能实现公司经济乃至整个社会经济的真实繁荣？鉴于此，本文从以下三个方面思考金融危机对公司治理理论研究的启示，希望这样的探索能对未来公司经济与整个社会经济的真实繁荣有所裨益。

第一，明确公司治理的核心问题是研究如何通过生产资源的开发和利用来创造剩余，在剩余创造的基础上兼顾剩余分配，实现公司各参与方的合作博弈。我们并不否认剩余分配会影响企业的经营绩效，但分配必须要建立在企业创造真实成果的基础上。如果公司治理理论仅仅围绕剩余分配问题来进行研究，专注于为某一方或几方应享有剩余索取权提供解释，将这样的理论运用于公司治理实践时，公司经营决策必然会与其真实的生产经营活动渐行渐远，导致公司真实生产能力的下降乃至整个实体经济部门的衰退。20 世纪最后 20 年，美国公司在股东价值论的指引下，其经营战略向“裁员加分红”转变，公司管理层对资本市场上股价的关注程度远超过了其对公司真实生产经营活动的关注，虚拟经济的空前繁荣并不能永久掩盖其实体经济的衰退，金融危机的爆发使整个美国经济的弊端暴露无遗，将“疯狂”已久的虚拟经济又打回原形。

第二，要竭力避免公司治理制度被金融利益集团操控。由于公司治理制度关系到公司各参与方所能享有的剩余收益，因而各参与方都有激励为自己争取收益。随着机构投资者、投资银行及其各类型金融机构的兴起，金融机构逐渐成为各公司的主要持股者，都希望公司的股价在资本市场上有良好表现。由于金融机构数量较少并且有着共同的利益，因而极易形成有较强游说

① 美国新经济繁荣是否为股东价值论提供了经验证据？奥沙利文（O'sullivan）对此提出了质疑。详见《公司治理百年——美国和德国公司治理演变》第 6 章。

力的小型利益集团（本文称之为金融利益集团）。金融利益集团为了维护其利益，必然有足够的激励游说政府制定维护股东价值的公司治理制度，打着维护广大股东价值的“幌子”，金融利益集团实则成为股东价值论的最大受益者，出现如奥尔森所指小集团往往能战胜大型潜在集团的现象。因而，公司治理制度若要实现向提高公司真实生产能力的回归，如何有效防止金融利益集团操控公司治理制度，是亟待我们首先从理论上进行深层次探讨的问题。

第三，我们在进行公司治理理论探索时，除了考虑公司治理制度对经济绩效的影响外，应结合考虑公司治理制度有可能带来的社会问题。公司在股东价值论的指引下，通过对公司管理层的股票期权激励，力图使管理层与股东的利益保持一致，这样做的结果是高管薪酬增速惊人，与公司的广大员工收入形成了极大反差，社会的收入分配差距也随之扩大。为了维持其股票市价的良好表现，不惜以牺牲员工利益为代价，进行大规模的裁员，这必然促成了收入分配与就业状况的恶化。① 与此同时，随着人口的老龄化，居民金融资产的多样化，股价与人们的财富息息相关，一旦虚拟经济“疯狂”的泡沫破灭，人们财富急剧缩水时，将直接威胁到整个社会的稳定。因而，我们在努力探索公司治理理论时，绝对不能忽视公司治理制度有可能带来的社会问题。

参考文献

[1]［美］奥沙利文（O'sullivan）：《公司治理百年——美国和德国公司治理演变》，人民邮电出版社 2007 年版。

[2]［美］布莱尔（Blair）：《所有权与控制：面向 21 世纪的公司治理探索》，中国社会科学出版社 1999 年版。

[3]［美］伯利（Berle）、米恩斯（Means）：《现代公司与私有财产》，商务印书馆 2005 年版。

[4]［美］奥尔森（Olson）：《集体行动的逻辑》，上海三联书店、上海人民出版社 1995 年版。

[5] 杨瑞龙：《企业共同治理的经济学分析》，经济科学出版社 2001 年版。

[6] 剧锦文：《公司治理理论的比较分析——兼析三个公司治理理论的异同》，载《宏观经济研究》2008 年第 6 期。

[7] 冯根福：《双重委托代理理论：上市公司治理的另一种分析框架——兼论进一步完善中国上市公司治理的新思路》，载《经济研究》2004 年第 12 期。

[8] 郑海航、熊小彤：《基于不同理论框架下的公司治理——兼论我国国有企业治理》，载《中国工业经济》2005 年第 6 期。

[9] 姚伟、黄卓、郭磊：《公司治理理论前沿综述》，载《经济研究》2003 年第5 期。

[10] 郑志刚：《公司治理机制理论研究文献综述》，载《南开经济研究》2004 年第

① 20 世纪最后 20 年美国公司在股东价值论指引下，实行“裁员加分红”战略后，美国社会收入分配与就业状况恶化，详见《公司治理百年——美国和德国公司治理演变》第 200、208 页。

5 期。

［11］冯根福:《中国公司治理基本理论研究的回顾与反思》，载《经济学家》2006 年第 3 期。

［12］Jensen, Meckling, 1976, Theory of the Firm: Managerial Behavior, Agency Costs and Ownership Structure, *The Journal of Financial Economics*, (3): 305 - 360.

［13］Fama, E., 1980, Agency Problems and the Theory of the Firm, *Journal of Political Economy*, (88): 287 - 307.

Corporate Governance Theory: Origin of Similarities and Differences, Review and Comparison

——Theoretical Research on Corporate Governance Gets Inspiration from Financial Crisis

Wang Gui

Abstract: Different corporate governance theories are great different, and even completely opposite. When we bring different theories of corporate governance into their corresponding framework of economic analysis, the source of similarities and differences and the distinctive personal and common traits are clearly visible. In this paper, according to different framework of economic analysis, we explore different sources of corporate governance theories, review personal and common traits, and compare these theories. Combining the historical background of financial crisis, we further reflect the inspiration which theoretical research on corporate governance gets from financial crisis.

Key Words: Allocation of Resources　Corporate Governance　Financial Crisis　Interest Groups

基于公共压力动机的我国上市公司环境信息披露的实证研究

孙　烨　张　硕*

【摘要】随着我国经济的高速发展，由企业经营活动造成的环境污染问题也日趋恶化，企业履行环保责任和披露环境信息的问题受到社会公众的广泛关注。2005 年末发生的“松花江污染”事件和“北江镉污染”事件使相关重污染行业上市公司承受着很大的公共压力。本文采用经验分析法，以石油化工业和钢铁冶金业上市公司为样本，从环境信息披露与盈余管理关联性这一独特的视角出发，检验我国重污染行业上市公司管理当局在年报中的环境信息披露是否存在降低公共压力的动机。研究表明，在两起污染事件发生后，相关重污染行业上市公司存在调减利润和增加环境信息披露程度的行为，其环境信息披露存在公共压力动机，钢铁冶金业公司甚至把增加环境信息披露的决策纳入到应对公共压力的整体战略决策之中。

【关键词】环境信息披露　盈余管理　公共压力　动机

一、引　言

改革开放 30 年以来，我国经济得到快速发展。但同时，由企业经营活动造成的环境污染问题也日趋恶化。2005 年 11 月 13 日，中石油吉林石化分公司（000618. SZ）双苯厂发生爆炸，继而引发火灾和后续爆炸。由于没有及时拦截泄漏物，致使含有约 100 吨硝基苯成分的消防灭火排水流入松花江，给沿岸的群众日常生产生活带来了极大的困难，甚至造成了一定的国际影响。① 仅仅时隔 1 个月之后，上市公司中金岭南（000060. SZ）下属企业韶关冶炼厂在设备检修期间超标排放含镉废水，导致粤北北江流域镉超标，威胁

* 本文得到吉林省教育厅项目“环境信息披露的国际比较研究”的资助。

孙烨（1963 ~ ），女，辽宁沈阳人，吉林大学商学院财务管理系主任、教授、博士生导师。研究方向：公司治理、财务与会计。

张硕（1978 ~ ），女，吉林长春人，东北师范大学人文学院会计系讲师。研究方向：公司治理、财务与会计。

① http://news.xinhuanet.com/world/2005 - 11/26/content_ 3839672.htm，“李肇星约见俄驻华大使通报松花江水质污染情况”。

到下游韶关、清远和英德 3 个城市十余万居民的饮用水安全。

这些突发的环境污染事件引起了社会公众和新闻媒体的极大关注，社会公众要求作为污染事件始作俑者的企业披露更多的环境保护信息以满足其信息需求，舆论对某些重污染行业的高盈利状况的批评和谴责也会对肇事企业的声誉造成巨大的负面影响。同时，政府部门也会对企业所在的重污染行业实施更加严格的监督与管制措施。2006 年年初，国家环保总局向吉林石化开出 100 万元的罚单。吉林化工也耗费巨资建立了三级防污体系。而在"北江镉污染"事件发生后，韶关冶炼厂及其上级单位深圳市中金岭南股份有限公司的相关责任人员已受到相应处理。可见，灾难性的突发环境事件不仅造成人员伤亡和严重的生态破坏，还会导致肇事企业承担不菲的环境成本。社会、市场和法律环境的变化会使企业和其所在的重污染行业承受很大的公共压力。

在企业面临因突发污染事件而引发的公共压力下，根据琼斯（Jones，1991）和卡罕（Cahan，1992）等学者研究的结论，企业可能会通过盈余管理的手段减轻承受到的公共压力，此外，也有实证研究表明在财务报告中增加环境信息的披露也是管理当局减轻企业承受的公共压力的一种手段。帕顿和川普特（Patten & Trompeter，2003）以 1984 年美国联碳公司的博帕尔（Union Carbide's Bhopal）"化学物质泄漏"事件为背景，发现事前环境披露程度较高的公司，其盈余管理程度会较低。

因此，在 2005 年"松花江污染"事件和"北江镉污染"事件发生之后，我国石油化工和钢铁冶金这两类重污染行业上市公司是否会通过盈余管理调低利润？是否会增加环境信息的披露？是否存在减轻公共压力的环境信息披露动机？本文以盈余管理的政治成本假说和环境信息披露动机的相关理论为基础对此问题进行深入研究。国内学者对环境信息披露问题的研究主要集中在对环境信息披露的现状、内容、方式与实务操作等方面的规范性研究上。还没有学者从环境信息披露与盈余管理之间的关联性这一角度进行相关的实证研究。本文的理论意义在于从两者关联性这一独特的研究视角，检验我国重污染行业上市公司管理当局的环境信息披露是否存在降低公共压力的动机。在实践意义上，本文可以为环保部门等监管机构制定更加详细的环境信息披露规范提供一些理论依据。

二、文献综述

1. 环境信息披露的影响因素

伴随着企业环境信息披露实践的展开，国外学者对环境信息披露的影响因素展开了进一步的实证研究。鲍曼（Bowman，1978）通过实证研究发现，企业绩效与环境信息披露水平呈正相关关系。特罗特曼和布拉德利（Trotman

& Bradley，1981）发现公司规模与环境信息披露水平呈正相关关系。其他国外学者的实证研究结果也表明，行业类型、负债程度、所有权和治理结构等因素都会影响到上市公司的环境信息披露。

我国学者对上市公司环境信息披露影响因素的研究以规范研究为主，实证研究起步较晚。汤亚莉等（2006）选取沪深两市全部A股上市公司中，在2001年和2002年度董事会报告中披露环境信息的60家来自冶金、化工等11个重污染行业的上市公司为研究样本，选择60家在董事会报告中没有披露环境信息的上市公司作为对照样本，研究公司规模和绩效对环境信息披露的影响。通过环境信息披露指数来测定信息披露水平，运用均值比较、T检验和多元回归分析等方法，证明了样本公司和对照组公司在规模和绩效方面存在显著性差异，规模和绩效均与环境信息披露水平正相关。该文是国内最早对环境信息披露的影响因素进行实证研究的文献，但是存在一些局限性，比如回归模型的 R^2 较小，没有考虑到可能影响环境信息披露水平的外部因素等。

李晚金等（2008）以沪市201家来自重污染行业的上市公司为样本，研究了2004～2006年上市公司环境信息披露的影响因素。研究发现，我国上市公司环境信息披露的总体状况很差，但是披露水平在不断提高。此外，公司规模和公司绩效是影响我国上市公司环境信息披露的重要因素，而财务杠杆和股权性质等公司治理指标对环境信息披露没有显著影响。这篇文章仍然只是把影响环境信息披露的因素局限在公司特征上，没有考虑其他可能的影响因素。

2. 盈余管理的政治成本动机

从20世纪80年代中后期以来，盈余管理逐渐成为公司治理领域最活跃的研究热点之一。一般认为，盈余管理是在不违反相关政策法规及会计原则的情况下，企业管理当局利用会计或非会计手段，凭借一定的职业判断，对财务报告中有关盈余信息披露或与其相关辅助信息进行管理的过程。

国外学者对企业管理当局盈余管理的动机进行了深入的研究。沃茨和齐默曼（Watts和Zimmerman，1978）在《实证会计理论》一书中最早提出了盈余管理动机的政治成本假设，他们认为，政治成本是指某些企业面临的与会计数据明显正相关的严格管制和监控，一旦企业盈余高于或低于一定的界限，就会招致严厉的政策限制，从而影响正常的生产经营和增加运营成本。琼斯（Jones，1991）研究了在美国国际贸易委员会对进口救济进行调查期间相关企业的盈余管理行为，发现被调查公司在调查期间存在显著的故意调低收益的盈余管理行为以获得进口救济。卡罕、夏维兹和埃尔门多夫（Cahan，Chavis & Elmendorf，1994）对美国化学类公司面对可能的环保法规出台是否存在盈余管理行为进行了研究。实证结果发现，化学类公司在环境立法呼声最高的1979年，存在显著的通过应计项目降低利润的行为，但是这种现象在

1978年或1980年却表现的并不明显，支持了政治成本假说。

在西方发达国家，政治成本主要表现为行业监管和反托拉斯法起诉威胁。在我国，同样存在着一些为了回避行业监管，减少政治成本而发生盈余管理的行为，这种现象在连续亏损的上市公司中表现最为明显。如陆建桥（1999）选取了1993~1997年上海证券交易所的22家亏损公司作为研究样本，发现上市公司为避免出现连续三年亏损而受到证券监管部门的管制，在首次出现亏损年份，存在明显的调减利润的操纵性应计会计处理，在首次出现亏损前一年度和扭亏为盈年度，又存在明显的调增利润的盈余管理行为。

从以上对相关文献的回顾中可以看出：第一，在国外学者的研究中，盈余管理的政治成本假设，即通过盈余管理调低利润以降低政治成本这一假设已经得到实证研究上的支持，但是正如帕顿和川普特（Patten & Trompeter，2003）所指出的，以上研究没有考虑到在财务报告中的环境信息披露同样也可以作为管理当局降低政治成本的一项工具。我国学者对盈余管理政治成本动因的研究表明，在行业监管的压力下，一些亏损上市公司存在盈余管理的动机，但是在其他事件引发的公共压力下，上市公司是否存在盈余管理行为还没有得出一个明确的结论。第二，虽然在理论上企业环境信息披露存在公共压力动机，但是在我国特有的制度背景下，这种动机需要得到实证上的验证。

三、理论分析与研究假设

1. 环境信息披露动因的理论分析

在国外环境信息披露文献中，主要运用正当性理论和公共压力论来解释公司的环境信息披露行为及其变化。

正当性理论来源于政治经济学理论，该理论认为，公司和社会之间存在一个“社会契约”。社会赋予公司正当性，如合法的法律地位、使用自然资源和雇佣劳动力的权利，而公司通过利用这些社会资源，向社会生产商品或提供服务以作为回报。根据正当性理论，一旦发生环境污染事件使管理当局认为公司的生存受到威胁时，他们将会采取各种措施以维持和保护公司的正当性，其中就包括在年度财务报告中披露更多的环境信息以表明其履行了环保责任。帕顿（Patten，1992）运用正当性理论检验了北美的石油公司在“埃克森原油泄漏”事件发生后，其年度报告中环境信息披露的变化，发现石油公司的信息披露呈现显著增加的趋势，证明了其管理当局通过增加环境信息披露来重新获得能够维持公司正常运行的正当性。

公共压力论从另一个角度解释了企业环境信息披露的动因，企业在环境信息披露方面所受到的压力可以来自法律环境和文化环境两个方面：即一方面法律环境是指政府直接施加的压力，主要通过某种法规的形式来实现（如对企业违规可能实施的惩罚），另一方面是一种直接的约束；而文化环境是指社会公众施加的压力，主要通过舆论的形式或市场行为实现，是一种间接的压力。国外学者的研究表明，公司可能会通过在年度财务报告中增加社会责任或环境信息的披露，以对其因社会或环境责任方面产生的公共压力作出回应。瓦尔登和施瓦兹（Walden & Schwarz，1997）以 1989 年“阿拉斯加石油泄漏”事件中相关重污染行业的 53 家公司为研究样本，比较事件前一年、当年与后一年环境信息披露内容的差异。结果显示，1989 年的环境信息披露水平相对于 1988 年和 1990 年呈现显著增加的趋势，证明了企业增加环境信息的披露是由于受到公共压力而带来的结果。

国内学者主要用规范研究的方法对披露动因进行了理论分析，孟凡利（1999）认为，从总体上看，我国企业环境信息的披露主要还是依赖于公司的主动性和自愿性。公司自愿对外披露环境信息的主要原因可能包括：较高水准的公司文化；表明管理当局社会责任的履行情况；保持和社会公众的良好社会关系，建立良好的公司形象；有助于投资者的风险评估决策；等等。

王锐、于志鹏（2004）从信息的需求与供给两个方面的角度，对公司环境信息披露的动因进行了分析。信息需求动因包括受托责任论和决策有用论，信息供给动因包括外部压力论和公司自愿披露论。依照外部压力论的解释，企业进行环境会计信息披露，是由于其所受到的外部压力带来的结果。企业在环境信息披露方面受到的压力来自两个方面：一种是政府直接施加的压力；另一种来自社会公众间接施加的压力。

蒋麟凤（2009）通过对中、日两国企业环境信息披露的外部动因（包括政府制定的环境保护法规、国家制定的环境会计准则，以及公众的环保意识及舆论宣传等）进行比较得出结论，在我国目前的法律环境下，企业缺乏披露环境会计信息的主动性、自觉性，法律并不能形成推动企业公布环境信息的强大动力。公共压力是企业公布环境信息的重要动因之一。

从国内外学者对环境信息披露动因的理论分析中可以看出，最具有代表性的两种观点是公共压力论和公司自愿披露论。随着环境污染的不断加剧，社会公众环境保护意识的加强，上市公司将要或者正在面临越来越多的来自投资者、债权人、社会公众和政府监管部门要求披露环保信息的压力，这种压力会促使公司披露更多的环境信息。但是，公司基于提高企业形象和降低筹资成本等方面的考虑，也具有动机自愿披露强制性要求之外的环境信息。哪种披露动机占主导作用还需要通过进一步的实证研究来进行验证。

2. 研究假设的提出

国内外学者的研究都证实了面临庞大公共压力的企业倾向通过盈余管理调低盈余来降低政治敏感度，表明企业管理当局将盈余管理视为降低政治成本的有效工具。因此，在 2005 年年末发生的两起突发环保事件的背景下，重污染行业企业尤其是石油化工和钢铁冶金业的高盈利状况必然会引起新闻媒体和社会公众的强烈不满，环境保护部门为避免此类事件再次发生，也会加强对企业环保工作的管制力度。在这些压力下，企业可能通过调低盈余的手段以降低政治成本。因此，提出本文的研究假设一：

H1a　“松花江污染”事件发生当年，石油化工业上市公司会通过调整应计项目降低盈余；

H1b　“北江镉污染”事件发生当年，钢铁冶金业上市公司会通过调整应计项目降低盈余。

根据环境信息披露动因的相关理论分析，在发生两起污染事件的当年，重污染行业上市公司可能在财务报告中披露更多的环境信息以应对公共压力。瓦尔登和施瓦兹（Walden & Schwartz，1994）的研究表明，在“阿拉斯加石油泄漏”事件当年，化工类公司的环境信息披露水平呈现显著增加的趋势。因此，提出本文的研究假设二：

H2a　“松花江污染”事件发生当年，石油化工业上市公司会增加环境信息披露的程度；

H2b　“北江镉污染事件”发生当年，钢铁冶金业上市公司会增加环境信息披露的程度。

如果假设二得以证实，那么根据环境信息披露动机的公共压力论，这种环境信息披露的增加可能是由于两次污染事件给相关重污染行业带来的公共压力引发的。帕顿和川普特（Patten & Trompeter，2003）及肖华和张国清（2008）发现环境信息披露与公共压力之间存在正相关关系。因此，提出本文的研究假设三：

H3a　“松花江污染事件”发生当年，石油化工业上市公司承受的公共压力越大，其披露的环境信息会越多；

H3b　“北江镉污染事件”发生当年，钢铁冶金业上市公司承受的公共压力越大，其披露的环境信息会越多。

企业在面临政治压力时，有动机通过盈余管理来降低利润，但是正如帕顿和川普特（2003）所指出的，以往的研究没有考虑到环境信息披露也可能影响到企业感知到的公共压力水平，以前的财务报告中披露的信息越多，企业感觉到的压力越小，从而盈余管理的水平也就越低。因此可以推断，在发生“松花江污染”事件和“北江镉污染”事件之后，如果石化业和钢铁业上市公司管理当局认为财务报告中的环境信息披露是可以降低公共压力的一项有效工具，他们将会披露更加详尽的环境信息，相对而言通过盈余管理调低利润的程度就会少一些，即管理当局在有意识地增加环境信息披露的同时会减少对利润的操纵。提出本文的研究假设四：

H4a　松花江污染事件发生当年，石油化工业上市公司盈余管理的程度越低，其披露的环境信息越多；

H4b 北江镉污染事件发生当年，钢铁冶金业上市公司盈余管理的程度越低，其披露的环境信息越多。

四、研究设计

1. 样本选取与数据来源

在2005年年末“松花江污染”事件和“北江镉污染”事件发生之后，包括肇事企业吉林石化和中金岭南在内的石油化工业和钢铁冶金业上市公司会承受较大的公共压力。因此本文将研究期间和研究对象确定为2004～2006年沪深两市石化业和钢铁业上市公司。

根据中国证券监督管理委员会于2001年制定并发布的《上市公司行业分类指引》，并考虑到国家环保总局对重污染行业的分类，本文将CSRC行业分类编码为C4（石油、化学、塑胶、塑料）且与吉林石化主营业务类似的公司定义为石油化工业上市公司，将CSRC行业分类编码为C6（金属、非金属），且与中金岭南主营业务类似的公司定义为钢铁冶金业上市公司。考虑到ST类公司在财务报告中披露信息的特殊性和样本公司需要在研究期间保持信息披露的连续性，本文剔除了两类行业中的ST类上市公司和2004年度之前上市的公司，最终选取了75家石油化工业上市公司和40家钢铁冶金业上市公司作为研究样本。

本文所用的财务数据来自深圳国泰安信息技术有限公司开发的CSMAR数据库，环境信息披露数据来自样本公司的年度报告（主要为财务报表附注及董事会报告）。本文的数据分析工具为专业统计分析软件SPSS 14.0。

2. 变量设计及说明

（1）环境信息披露评分（IND）。对样本公司年报中披露的环境信息进行量化评分，首先必须解决的问题是区分公司所披露环境信息的性质是属于自愿性披露还是强制性披露，以及研究期间有无新的法律法规出台。经过查找相关的法律法规，发现在2003年之前出台法规对披露内容的规范较为笼统，而且只是针对申请上市和排放污染物超标等特定企业。在本文的研究期间内也没有针对上市公司环境信息披露的具体法规出台。因此，本文将全部披露的环境信息性质定位为自愿性披露。

本文使用内容分析法对环境信息披露进行量化评分。帕顿和川普特（2003）将年报中的环境信息披露内容分为3项，以评分方式来计算，每披露1项内容给1分，最低0分，最高3分。肖华和张国清（2008）把环境信息披露分为七大类共36项，并采用0、1、2、3四级评分的方式评估环境信息披露水平。本文参考以上学者的评分方式，考虑本文的研究目标是关注环境信息披露的数量变化而非性质，因此依据样本公司环境信息披露的详细程度给予相应的分数：当以定量和定性结合的方式披露公司自身环境信息时，每项给予5分；当仅以定量或定性的方式披露公司自身环保信息时，每项给予3分；当只是定性地披露一般公司环保活动（如获得环境认证）或宏观环境政策时，每项给予1分；在年度报告中没有披露任何环境信息时，给予0分。需要特别注意的是，对于在当年年报中虽然多次提及但是实质上属于同一环保活动的信息，本文只按披露一次给分。最后，将所有评分相加，即得到样本公司当年的环境信息披露评分值。预期环境信息披露评分与盈余管理水平呈负相关关系。

（2）操纵性应计项目（DA）。考虑到我国上市公司存续时间较短，缺乏足够的时间序列数据来保证参数估计的有效性，并且修正的琼斯（Jones）模型在国内外关于盈余管理的实证研究中得到最广泛的应用，因此本文使用横截面数据和修正的琼斯模型来计算样本公司的盈余管理程度。

（3）年度变量（T_{05}）。卡罕（Cahan，1992）及帕顿和川普特（Patten & Trompeter，2003）在使用修正琼斯模型时加入事件年度虚拟变量，以检验样本公司在该期间内是否存在调减利润的盈余管理行为。因此，本文定义虚拟变量T_{05}，在两起污染事件发生的2005年取值为1，否则取值为0，探讨在污染事件发生当年，相关重污染行业上市公司是否会通过调整应计项目降低盈余以及在年报中显著增加环境信息的披露。

（4）污染类业务收入比例（SEG）。在两起污染事件发生之后，许多监管部门的管制措施都会针对石油化工业和钢铁冶金业，因此一家公司的石化类或钢铁类业务比例越高，其承受的管制成本也就越大，本文借鉴帕顿和川普特（2003）及肖华和张国清（2008）的做法，将石化类或钢铁类业务收入比例作为公共压力的替代变量，定义其为石化或钢铁类收入占全体营业收入的比例，预期污染类业务比例越高，公司披露的环境信息会越多。

（5）公司规模（SIZE）。公司的规模越大，就越有可能受到政府管制机构、环保团体、新闻媒体和其他社会公众的关注，也就越有可能披露环保责任方面的信息，以表明自己承担了相应的社会责任。本文把公司规模作为控制变量，并把公司规模定义为公司期末总资产的自然对数，预期公司规模越大，其披露的环境信息也就越多。

（6）公司绩效（ROE）。根据环境信息动机的自愿披露理论，盈利能力强的公司拥有更多的财务资源投入到环保活动中，也更有动机披露自身的环境保护信息以将自己与其他环保绩效较差的公司区分开来。汤亚莉等（2006）、李晚金等（2008）和阳静等（2008）通过实证研究证明了我国上市公司的绩效与环境信息披露水平呈正相关关系。因此，本文将净资产收益率作为公司绩效的替代变量，预期其与环境信息披露呈正相关关系。

（7）财务杠杆（LEV）。财务风险高的公司更倾向于披露更多的信息以减少和股东及债权人之间的信息不对称程度，即降低代理成本和财务风险。因此本文用资产负债率作为财务杠杆的替代变量，以控制财务风险对环境信息披露水平的影响，预期财务风险越高，企业披露的环境信息就越多。

（8）法人股比例（CSH）。国内学者如李晚金等（2008）和阳静等（2008）用实证的方法研究了公司治理变量如流通股比例、独立董事比例、法人股比例等对环境信息披露的影响程度。研究结果表明，公司法人股的比例越高，其环境信息披露的水平越低。因此，本文选用法人股比例作为控制变量。预期其与环境信息披露呈负相关关系。

本文的研究变量定义与说明如表1所示。

表1　　研究变量定义与描述

符号	名称	计量方法	参考文献
被解释变量			
IND	环境信息披露评分	利用内容分析法按照披露程度进行评分	（Blacconiere & Patten，2003）
解释变量			
DA	操纵性应计项目	利用修正Jones模型推导	（Dechow，1995）
T_{05}	年份	虚拟变量，当年份为2005年时，其值为1，否则为0	本文自设
SEG	污染类业务收入比例	石化类或钢铁类业务收入比总营业收入	（Blacconiere & Patten，2003）
控制变量			
SIZE	公司规模	期末总资产的自然对数	汤亚莉等（2006）、李晚金等（2008）
ROE	公司绩效	净资产收益率	（Frost，2000）
LEV	资产负债率	负债/总资产	汤亚莉等（2006）、李晚金等（2008）
CSH	法人股比例	法人持股数/总股本	李晚金等（2008）、阳静等（2008）

3. 研究方法与实证模型

本文采用描述性统计、相关性分析、均值检验和回归分析等统计方法研究盈余管理的变化以及公共压力对环境信息披露的影响程度，并根据研究假设建立如下实证模型：

模型1：

$$TAC_{i,t}/A_{i,t-1} = \beta_0 + \beta_1[(\Delta REV_{i,t} - \Delta REC_{i,t})/A_{i,t-1}] + \beta_2(PPE_{i,t}/A_{i,t-1}) + \beta_3 T_{05} + \varepsilon_{i,t}$$

模型2：

$$\begin{aligned}\mathrm{IND}_{i,t} = \beta_0 + \beta_1 \mathrm{SEG}_{i,t} + \beta_2 \mathrm{DA}_{i,t} + \beta_3 \mathrm{SIZE}_{i,t} + \beta_4 \mathrm{ROE}_{i,t} \\ + \beta_5 \mathrm{LEV}_{i,t} + \beta_6 \mathrm{CSH}_{i,t} + \beta_7 T_{05} + \varepsilon_{i,t}\end{aligned}$$

4. 实证结果分析

（1）描述性统计分析。表2是样本公司环境信息披露评分变量（IND）的分年度描述性统计结果，从表中可以看出，石油化工业的环境信息披露评分呈现出逐年增加的趋势。石油化工业的环境信息披露在2005年突然增长了1.28倍，显示出石化行业的环境信息披露在2005年的年报中出现了异常的增长情况。相类似的是，钢铁冶金业的环境信息披露在2005年增长了45.24%。因此，在2005年没有规范环境信息披露的相关法规出台的背景下，需要进一步的研究来解释样本公司在2005年年报中环境信息披露的异常增长。

表2　**环境信息披露评分（IND）描述性统计**

年度	行业	样本数	平均数	标准差	最小值	最大值
2004	石油化工	75	3.3404	3.7433	0	18
	钢铁冶金	40	7.6364	8.6770	0	30
2005	石油化工	75	7.6383	5.9798	0	21
	钢铁冶金	40	11.0909	9.7975	0	32
2006	石油化工	75	8.2766	6.0494	0	21
	钢铁冶金	40	10.9091	9.4158	0	40

表3是2004~2006年度石油化工业和钢铁冶金业盈余管理测度变量（DA）的描述性统计结果，从操纵性应计项目来看，石化业2004年的平均值要明显小于2005年，钢铁业甚至从正值变为了负值，表明样本公司在2005年存在明显的调低账面盈余的行为。对比2005年和2006年的平均值可以看出，石油化工业和钢铁冶炼业的盈余管理程度在2006年虽然仍为负值，但是对比2005年出现了一定程度的下降。

表3　**盈余管理水平（DA）描述性统计**

年度	行业	样本数	平均值	标准差	最小值	最大值
2004	石油化工	75	-0.1093	0.4073	-1.5631	2.8563
	钢铁冶金	40	0.0961	0.7809	-1.0832	0.8731
2005	石油化工	75	-0.2155	0.4570	-1.5229	1.1823
	钢铁冶金	40	-0.2820	0.5899	-1.3870	0.0883
2006	石油化工	75	-0.1740	0.4195	-1.4063	0.5995
	钢铁冶金	40	-0.2721	0.4476	-0.9497	0.6703

（2）均值差异分析。为了检验“松花江污染”事件和“北江镉污染”事

件之后，我国相关重污染行业上市公司是否因承受公共压力的增大而存在显著提高环境信息披露和通过盈余管理调低利润的行为，本文对污染事件发生前后年度，石化业公司和钢铁业公司的环境信息披露和盈余管理水平进行了均值差异分析，结果如表4所示。

表4 环境信息披露评分和盈余管理水平的年度均值差异分析

年度	变量	石油化工业		钢铁冶金业	
		均值差	P值	均值差	P值
2004vs. 2005	IND	-4.298	0.000	-3.455	0.008
2005vs. 2006		-0.638	0.608	-0.182	0.950
2004vs. 2006		-4.936	0.000	-3.273	0.023
2004vs. 2005	DA	0.1052	0.000	0.3781	0.078
2005vs. 2006		-0.0404	0.656	-0.0099	0.950
2004vs. 2006		0.0647	0.045	0.3682	0.062

从表4中可以看出，在环境信息披露评分方面，石油化工业和钢铁冶炼业样本公司的披露水平在2004年和2005年之间均在0.01的水平上存在显著性差异，但是两种行业的披露水平在2005年和2006年之间均不存在显著性差异，与从描述性统计结果得到的直观印象相符，说明石化业和钢铁业上市公司在2005年显著地提高了环境信息披露的水平，但是在2006年的年报中这种环境信息的提高程度却并不明显。在盈余管理水平方面，石油化工业和钢铁冶炼业样本公司的盈余管理程度2004年和2005年、2006年均存在显著性差异，而2005年和2006年的差异没有通过显著性检验，说明了与2004年相比，石化业和钢铁业上市公司在2005年和2006年均存在显著调低盈余的行为，但是2005年和2006年之间盈余管理水平不存在显著性差异。

（3）相关性分析。

自变量存在高度相关性会影响回归模型的实证结果，本文采用皮尔森（Pearson）相关系数法检验各变量间是否存在多重共线性。如表5和表6所示，环境信息披露评分与主营业务比例之间存在正相关关系，与预期相符。就公司规模与环境信息披露而言，石化业公司中两者之间存在正相关关系，但是并不显著，而钢铁业公司中两者之间存在显著的正相关关系，与已有文献研究的结果一致，结果符合预期，表明公司规模越大，钢铁业公司在环境信息方面的披露也会更详细，可能由于规模越大的公司面临的政治成本越高，有更多的动因增加环境信息的披露。公司绩效、财务杠杆与环境信息披露的关系均不显著。石化业公司中法人股与信息披露评分显著负相关，说明法人股比例越高越会抑制环境信息的披露。此外，其他各研究变量之间没有呈现出高度的相关关系。整体而言，各自变量之间不存在高度的相关性。

表5　研究变量相关系数表（石化业）

	IND	SEG	DA	SIZE	ROE	LEV	CSH	T_{05}
IND	1.0000	0.0875**	0.0215	0.0804	0.1505	-0.0087	-0.2860***	0.1502
SEG		1.0000	0.0034	-0.0551	-0.0920	0.0989	-0.0576	0.0056
DA			1.0000	-0.2557	-0.0846	-0.0695	-0.1318	-0.0806
SIZE				1.0000	0.1981*	0.2219***	-0.1748**	0.0326
ROE					1.0000	-0.2557	-0.0173***	0.0475
LEV						1.0000	-0.0277	0.0532
CSH							1.0000	0.0124
T_{05}								1.0000

注：***、**、*分别表示系数在1%、5%和10%的水平上显著。

表6　研究变量相关系数表（钢铁业）

	IND	SEG	DA	SIZE	ROE	LEV	CSH	T_{05}
IND	1.0000	0.1771	-0.4383***	0.3174***	0.0474	-0.0751	-0.0232	0.0928
SEG		1.0000	-0.3283***	0.3793***	0.0496	-0.3224***	-0.3269***	-0.0020
DA			1.0000	0.1135	0.2802**	0.0181	-0.1467	-0.1447
SIZE				1.0000	0.3031**	-0.1647	-0.5885**	0.0025
ROE					1.0000	-0.3596***	-0.1517	-0.1874
LEV						1.0000	0.1311	0.0478
CSH							1.0000	0.0349
T_{05}								1.0000

注：***、**、*分别表示系数在1%、5%和10%的水平上显著。

（4）多元回归分析。表7和表8分别是实证模型1（石化业）和（钢铁业）的多元回归分析结果。从整体上看，各组回归模型的F值均在0.01的水平下显著，说明整体回归效果较好。在计算了各组模型的方差膨胀因子（VIF）之后，发现不存在多重共线性问题。T_{05}的系数在2004～2005年以及2004～2006年期间均显著为负，因此研究假设H1a和假设H1b得到证明，即“松花江污染”事件和“北江镉污染”事件发生当年，石化业和钢铁业上市公司会通过调整应计项目降低盈余。

表7　模型1回归结果（石化业）

变量	预期符号	2004～2005年		2005～2006年		2004～2006年	
		系数	T值	系数	T值	系数	T值
常数项	?	-0.680	-8.334***	-0.681	-7.870***	-0.675	-10.340***
$\Delta REV_{i,t}-\Delta REC_{i,t}$	+	-1.145	-7.826***	-1.055	-5.976***	-1.074	-8.683***
$PPE_{i,t}$	-	0.033	0.322	-0.098	-0.969	-0.617	0.538
T_{05}	-	-0.128	-2.184**	-0.039	-0.637	-0.079	-2.554**

续表

变量	预期符号	2004~2005 年		2005~2006 年		2004~2006 年	
		系数	T 值	系数	T 值	系数	T 值
n		150		150		225	
R^2		0.257		0.178		0.225	
Adj - R^2		0.244		0.165		0.217	
F		20.952		13.152		26.652	
P 值		0.000		0.000		0.000	

注：***、**、*分别表示系数在 1%、5% 和 10% 的水平上显著。

表 8　　　　　　　　　模型 1 回归结果（钢铁业）

变量	预期符号	2004~2005 年		2005~2006 年		2004~2006 年	
		系数	T 值	系数	T 值	系数	T 值
常数项	?	-0.948	-7.267***	-0.867	-6.711***	-0.904	-9.416***
$\Delta REV_{i,t}-\Delta REC_{i,t}$	+	-1.245	-5.813***	-1.027	-6.722***	-1.081	-8.184***
$PPE_{i,t}$	-	0.113	0.774	-0.304	-2.478**	-0.137	-1.674*
T_{05}	-	-0.242	-2.068**	-0.039	-0.355	-0.122	-1.742*
n		80		80		120	
R^2		0.386		0.507		0.483	
Adj - R^2		0.362		0.487		0.469	
F		15.923		26.025		36.092	
P 值		0.000		0.000		0.000	

注：***、**、*分别表示系数在 1%、5% 和 10% 的水平上显著。

表 9 是实证模型 2（石化业）的多元回归分析结果，三组回归模型的 F 值均显著，说明整体回归效果较好。在计算了各组模型的方差膨胀因子（VIF）之后，发现不存在多重共线性问题。T_{05}的系数在 2004~2005 年期间为正，且通过了 0.01 水平的显著性检验，证明了研究假设 H2a：即“松花江污染”事件发生当年，石油化工业上市公司会增加环境信息的披露。SEG 的系数显著为正，说明上市公司石化类业务收入比例越高，其在年报中披露的环境信息也就越多，证明了研究假设 H3a：“松花江污染”事件发生当年，石油化工业上市公司承受的公共压力越大，其披露的环境信息会越多。从 DA 的系数来看，虽然在三组模型中均为正值，但是都没有通过显著性检验，假设 H4a 没有得到证明，说明石化业上市公司主要运用盈余管理的手段应对公共压力，其增加环境信息披露的行为只是在公共压力下的一种“应激反应”。从其他控制变量的系数中可以看出，公司绩效与环境信息披露呈正相关关系，说明绩效越好的公司越倾向于披露更多的环境信息，与汤亚莉（2006）的研究结论相符。而 CSH 的系数在 2004~2006 年期间显著为负，说明在股权分置改革之前，发行法人股的比例越低，流通股的比例就相对越高，对改善公司治理的压力也就越大，所要求的公司透明度越高，因而其环境信

息披露也会越多。

表9　　模型2回归结果（石化业）

变量	预期符号	2004～2005年		2005～2006年		2004～2006年	
		系数	T值	系数	T值	系数	T值
常数项	?	1.663	0.100	5.453	0.298	4.485	0.308
SEG	+	2.921	2.388**	1.330	2.436**	1.725	2.600**
DA	+	0.661	0.501	0.611	0.404	0.056	0.046
SIZE	+	0.001	0.002	0.046	0.055	0.094	0.139
ROE	+	9.965	1.918*	5.412	1.950*	3.948	1.687*
LEV	+	-0.052	-0.015	-0.559	-0.144	-0.571	-0.185
CSH	-	0.020	0.495	-0.028	-0.682	-0.072	-2.074**
T_{05}	+	4.904	4.681***	-0.681	-0.529	2.009	2.098**
n		150		150		225	
R^2		0.304		0.140		0.138	
Adj-R^2		0.223		0.043		0.075	
F		3.737		1.444		2.183	
P值		0.001		0.018		0.028	

注：***、**、*分别表示系数在1%、5%和10%的水平上显著。

表10是实证模型2（钢铁业）的多元回归分析结果，整体模型的F值都达到了1%的显著性水平，调整R^2分别为30.7%、30%和32.9%，说明拟合效果较好。同样，在分别计算了3个模型的方差膨胀因子（VIF）之后，发现不存在多重共线性问题。与石化组一样，T_{05}的系数在2004～2005年期间为正，且通过了0.01水平的显著性检验，证明了研究假设H2b：即“北江镉污染”事件发生当年，钢铁冶金业上市公司会增加环境信息的披露。SEG的系数均显著为正，证明了研究假设H3b：“北江镉污染事件”发生当年，钢铁冶金业上市公司承受的公共压力越大，其披露的环境信息会越多。但是，与石化组不同的是，操纵性应计项目DA的系数均在0.01的水平下显著为正，研究假设H4b得到了证明。这说明钢铁冶金业上市公司管理当局在通过盈余管理调低账面盈余以应对因北江镉污染事件引发的公共压力时，不仅同时通过增加环境信息披露应对公共压力，而且意识到环境信息披露与盈余管理之间存在一定的替代性，其管理当局在2005年有意识地提高环境信息披露的水平而相应减少盈余管理的程度。从其他控制变量的系数上来看，公司规模与环境信息披露呈现出显著的正相关关系，与汤亚莉（2006）、李晚金等（2008）的研究结果一致，说明公司规模越大的企业越倾向于披露更多的环境信息。但是，公司绩效、财务杠杆和法人股比例的系数均不稳定且没有通过显著性检验。

表10 模型2回归结果（钢铁业）

变量	预期符号	2004~2005年		2005~2006年		2004~2006年	
		系数	T值	系数	T值	系数	T值
常数项	?	-86.391	-1.958	8.507	0.211	-21.359	-0.661
SEG	+	11.141	1.765*	13.918	1.857*	11.167	1.751*
DA	+	7.092	3.349***	11.565	3.811***	8.564	4.799***
SIZE	+	4.741	2.121**	0.600	2.298**	1.160	2.370**
ROE	+	-6.280	-0.322	12.429	0.991	8.207	0.757
LEV	+	-7.678	-0.640	7.671	0.707	0.827	0.095
CSH	-	0.089	1.459	-0.043	-0.616	0.015	0.289
T_{05}	+	0.581	2.832***	2.255	0.633	0.770	0.363
n		80		80		120	
R^2		0.452		0.447		0.422	
$Adj-R^2$		0.307		0.300		0.329	
F		3.121		3.052		4.539	
P值		0.008		0.009		0.000	

注：***、**、*分别表示系数在1%、5%和10%的水平上显著。

五、结论与建议

1. 结论

本文以“松花江污染”事件和“北江镉污染”事件引发的公共压力为切入点，以石油化工业和钢铁冶金业这两类最可能受到公共压力影响的重污染行业上市公司为研究对象，以盈余管理的政治成本理论和环境信息披露的公共压力论为理论基础，探讨在公共压力下重污染行业上市公司环境信息披露和盈余管理的变化以及关联性。在对样本公司的环境信息披露评分和盈余管理水平进行实证分析的基础上，得出以下结论：在吉化“松花江污染”事件和“北江镉污染”事件发生的当年即2005年，我国石油化工业和钢铁冶金业上市公司面对公共压力，存在显著的通过应计项目调低账面利润的行为；存在显著的提高环境信息披露水平的行为；我国石油化工业和钢铁冶金业上市公司的环境信息披露存在公共压力动机，其承受的公共压力越大，披露的环境信息也就越多；通过进一步对环境信息披露与盈余管理关联性的实证分析表明，在不同重污染行业，两者的关联性存在差异。就石化业公司而言，没有证据表明在年报中的环境信息披露越高的公司，越不会通过操纵性应计项目调低盈余，说明其管理当局在2005年的年报中显著提高环境信息披露的行为只是一种面对公共压力的“应激反应”。而就钢铁业公司而言，环境信息披露与盈余管理之间存在显著的正相关关系，说明管理当局在公共压力下通过应计项目调低盈余的同时，已经意识到提高环境信息披露不仅可以降低公共压力，还与盈余管理之间存在一定的替代性，所以钢铁业上市公司管理当局在污染事件发生当年调低的利润越少，其在年报中披露的环境信息就会越多。此时，提高信息披露的行为已经不仅仅是一种公共压力下的“应激反应”，而反映出管理当局在应对公共压力时的一种全面的战略决策。

本文采用内容分析法对年报中的环境信息进行评分，难免存在一些主观因素，造成环境信息披露评分与实际有偏差，此外，本文的研究样本和研究期间只局限于 2004 ~ 2006 年石油化工和钢铁冶金两类重污染行业的上市公司，研究期间中也可能存在其他的环保事件，这些因素虽然不影响本文的根本性结论，但是都可能对本文的实证结果造成一定的干扰。

因此，在后续研究中，对我国上市公司环境信息披露的评价应该扩大信息来源，可以从公司临时公告和环境保护部门获取更加充分的资料。同时，可以设计一个更加客观完善的信息披露评价体系，在此基础上重新对其环境信息进行评分，还可以扩大样本选取的时间和范围，以得出更有说服力的研究结论。

2. 政策建议

根据对我国石化业和钢铁业上市公司环境信息披露的公共压力动因的实证分析结果，本文提出以下完善我国上市公司环境信息披露体系的政策性建议。

（1）在环境信息披露的相关法规制定层面，建议国家环保部和证券监管部门制定并完善指导我国上市公司进行环境信息披露的相关法规和指引，构建强制性披露与自愿性披露相结合的上市公司环境信息披露体系，促使上市公司更好地履行社会责任，满足社会公众的信息需求。

（2）在环境信息披露的监管层面，建议国家环保部和证券监管部门制定鼓励上市公司自愿披露环境信息的具体措施，建立公众参与评选制度，评选和奖励优秀的企业环境信息报告，既提高了社会公众参与监督企业履行环保责任的积极性，又树立了企业履行社会责任的正面形象，具有良好的示范效应。

（3）在环境信息披露的评价层面，建议监管部门和投资评价机构建立完善的上市公司环境业绩评价体系。对上市公司的业绩评价不应该局限在传统的财务信息方面，国家环保部和证监会应联合研究将环境信息披露质量和业绩评价的内容引入企业业绩评价指标体系。

参考文献

[1] 蒋麟凤：《中日企业环境会计信息披露的外部动因比较及启示》，载《中国乡镇企业会计》2009 年第 1 期。

[2] 李晚金、匡小兰、龚光明：《环境信息披露的影响因素研究——基于沪市 201 家上市公司的实证检验》，载《财经理论与实践》2008 年第 5 期。

[3] 陆建桥：《中国亏损上市公司盈余管理实证研究》，载《会计研究》1999 年第 9 期。

[4] 孟凡利：《论环境会计信息披露及其相关的理论问题》，载《会计研究》1999 年

第4期。

[5] 郭川、孙烨、廉洁:《中日企业环境信息披露的差异分析》,载《经济纵横》2007年第10期。

[6] 汤亚莉、陈自力、刘星、李文红:《我国上市公司环境信息披露状况及影响因素的实证研究》,载《管理世界》2006年第1期。

[7] 王锐、于志鹏:《环境会计信息披露的动因》,载《经贸财会》2004年第3期。

[8] 肖华、张国清:《公共压力与公司环境信息披露——基于"松花江事件"的经验研究》,载《会计研究》2008年第5期。

[9] 阳静、张彦:《上市公司环境影响因素实证研究》,载《会计之友》2008年第11期。

[10] Blacconiere, W., D. M. Patten, Environmental Disclosures, Regulatory Costs, and Changes in Firm Value. *Journal of Accounting and Economics*, 1994, 18: 357 - 377.

[11] Bowman, E., Strategy, Annual Reports and Alchemy. *California Management Review*, 1978, 20: 64 - 71.

[12] Cahan, S. F., The Effect of Antitrust Investigations on Discretionary Accruals: A Refined Test of the Political-Cost Hypothesis. *The Accounting Review*, 1992, January: 77 - 95.

[13] Cahan, S. F., B. M. Chavis, R. G. Elmendorf, Earnings Management of Chemical Firms in Response to Political Costs from Environmental Legislation. *Journal of Accounting, Auditing and Finance*, 1994, Winter: 37 - 65.

[14] Dechow, Accounting Earnings and Cash Flows as Measure of Firm Performance: The Role of Accounting Accruals. *The Accounting Review*, 1994, 70: 193 - 225.

[15] Frost, G. R., Wilmshurst, T. D., Corporate Environmental Reporting: A Test of Legitimacy Theory. *Accounting, Auditing & Accountability Journal*, 2000, (13): 10 - 26.

[16] Jones, J., Earnings Management During Import Relief Investigations. *Journal of Accounting Research*, 1991, 29 (2): 193 - 228.

[17] Patten, D. M., Intra-industry Environmental Disclosures in Response to the Alaskan Oil Spill: Anode on Legitimacy Theory. *Accounting, Organizations and Society*, 1992, (17): 471 - 475.

[18] Patten, D., G. Trompeter, Corporate Responses to Political Cost: An Examination of the Relation between Environmental Disclosure and Earnings management. *Journal of Accounting and Public Policy*, 2003, 17: 83 - 94.

[19] Trotman, K., Bradley, G., Associations between Social Responsibility Disclosure and Characteristics. *Accounting, Organization and Society*, 1981, 6: 355 - 362.

[20] Walden, W., B. Schwartz, Environmental Disclosures and Public Policy Presuure. *Journal of Accounting and Public Policy*, 1997, 16 (2): 125 - 154.

[21] Watts, L., J. L. Zimmerman, Towards a Positive Theory of the Determination of Standards. *Accounting Review*, 1978: 112 - 134.

Environmental Disclosure of Chinese Listed Companies: An Empirical Research based on Public Pressure Incentive

Sun Ye　Zhang Shuo

Abstract: With the rapid development of the economy, the environmental pollution induced by enterprise operation is becoming worse, and the environmental responsibility and disclosure carried out by the enterprises have attracted much public attention. Songhua River pollution event and Bei River cadmium pollution event that happened in the end of 2005 have impacted great pressure on related listed companies with heavy pollution. In this paper, by using experience analysis, we test whether the environmental disclosure in annual report by the administering authority of Chinese companies in industries with heavy pollution has the incentive to reduce public pressure with the sample of petrochemical and steel metallurgy industries, from the unique aspect of relevance between environmental disclosure and earning management. Our results show that after the above two pollution events, related listed companies in industries with heavy pollution take actions to reduce profit and increase environmental disclosure which has public pressure incentive, while companies in steel metallurgy industry have even included increasing environmental disclosure in the overall strategy decision-making responding to the public pressure.

Key Words: Environmental Disclosure　Earnings Management　Public Pressure　Incentive

闭环供应链回收渠道治理模式研究

计国君*

【摘要】 本文分析了闭环供应链治理相关理论；针对闭环供应链的回收渠道的交易特征提出闭环供应链回收渠道的双边治理结构和“三位一体”治理系统，讨论了闭环供应链中各种回收渠道模式下的零售价、批发价、回收价、各方利润的最优值，并对不同模式进行比较，得出各种模式下的较优的选择，并分析各种模式可能存在脆弱性因素，提出治理策略，最后通过国美电器案例，提出分销渠道契约治理和回收渠道中形成战略联盟的治理策略。

【关键词】闭环供应链　渠道冲突　治理

一、前　言

渠道是闭环供应链中各结点递送商品的通道，闭环供应链通过分销渠道使得产品从供应商递送到最终消费者手中，再由逆向渠道将 EOL（End of Life）的产品进行回收。闭环供应链是一个十分复杂系统，大量存在的不确定性使系统脆弱性增加，除了通常的供需不确定性，还表现为复杂性程度高、渠道不确定性增大、优化目标放大、内在供求失衡、外部性影响增大等。特别地，因渠道中各成员属于不同经济体，各渠道成员利益取向有所不同，必产生渠道冲突。各不同类型的渠道冲突会引起供应链脆弱性，从而将会引起供应链断裂，并影响其有效运作。渠道治理的目的是化解渠道冲突，降低脆弱性因素，使闭环供应链运作更加顺畅。因此对闭环供应链中的渠道治理进行研究具有重要理论与现实意义。

渠道是指产品或服务转移所经路径，由参与产品或服务转移活动以使产品或服务便于使用或消费的所有组织构成。渠道治理是供应链管理的一项关键内容，关系到企业能否快速进行商品递送、成功占领市场、满足目标市场需求、扩大产品销售额等要求。而逆向渠道治理则可使企业获得可持续发展

---

* 本文得到国家自然科学基金项目“基于产品供应链的不连续创新的能级研究”和 2009 年福建省自然科学基金项目“福建省物流安全及应急管理机制研究”的资助。

计国君（1964～　），男，安徽合肥人，厦门大学管理学院教授、博士生导师。研究方向：供应链管理、系统工程、信息技术及管理。

的竞争优势。随着市场竞争加剧，市场份额长期占有率通常难以控制、分销商权利日益强大及互联网的普及，环境保护和社会可持续发展等要求，渠道治理在供应链管理的地位也日趋重要，显现出“得渠道者得天下”的局面。闭环供应链是为重新获取价值或者争取处理废弃物而对从消费点到生产点的原材料再制品、产成品以及相关信息进行高效率、低成本的计划、实施和控制的过程，是由正逆向供应链组成的闭合系统，它将商品从生产地流通到消费者，又将消费者退回的商品运回到生产地，形成一个封闭供应链，是正逆向供应链有机结合形成的一个环状链条，这两个链条并非相互独立，呈现出“从源到汇，再由汇到源”的闭环特征，且实现双向价值：正向生产产品和提供服务的传统价值以及逆向发掘和利用废旧品的潜在价值，因此实现了物流和信息流在供应链中双向流动。供应链各结点间合作是获得竞争优势的必要条件，但渠道间合作和冲突是企业面临的“双刃剑”，二者均源自渠道成员间功能专业化所带来的“功能型相互依赖”。对供应链系统来说，渠道间冲突是脆弱性根源，也是导致其断裂的一个重要因素。

基于此，本文以闭环供应链中渠道治理为主线，基于下列视角进行研究：（1）剖析闭环供应链中的分销渠道及回收渠道存在的脆弱性因素，分析产生的原因及形成机理；（2）针对分销渠道的脆弱性因素，对分销商的行为进行博弈分析；（3）针对逆向回收渠道的脆弱性因素，对不同回收模式下的利润等指标进行分析，寻求治理的方向；（4）提出可行的渠道治理策略。

二、闭环供应链渠道治理理论

1. 渠道治理

治理机制是用来确立和构建交易关系的工具，交易成本理论认为，治理可通过市场治理、混合治理和科层治理三种机制来实现，但不同治理机制治理不同渠道投机行为的成效存在明显差异。为防止渠道投机行为造成交易风险和渠道关系中断风险，渠道经理人员会选择与设计不同治理机制，甚至采取一体化所有权控制形式，在渠道关系确立前先选择合作意愿强的渠道伙伴，设计多种激励机制来促使渠道成员自我约束，订立严格契约来进行责任约定并规定渠道伙伴违反约定的惩罚措施，或通过规范关系来营造信任机制和氛围以防范渠道投机并保持长期、和谐、稳定的渠道关系。通常有以下五种治理机制：（1）所有权控制。是投机治理的经典范式，包括完全所有权控制和部分所有权控制两种形式，表现为完全纵向一体化和部分纵向一体化。纵向一体化能更好地保护投资不受投机行为的冲击，所有权控制可抑制投机倾向。在渠道共同体内，任一方投机行为都会侵害共同利益；而慑于受到完善的控制手段的惩罚，渠道成员会减弱投机动机。事实上，所有权控制通过对成员行为或结果进行内部化，能较好地抑制信息不对称导致的投机动机；一旦渠道环境因技术等因素突然发生变化，所有权控制就无法降低投机发生概率，调整不及时及专用性投资锁定会导致控制失效。因此，在环境发生变化和信息不对称有所改善时，须采用新的治理方式来防范渠道投机。（2）渠道伙伴选择。一般而言，渠道伙伴改换会导致重大损失，尤其在进行专用性投资时，因此选择合适渠道伙伴非常重要。事先选择合作意愿强、投机倾向小的渠道伙伴是控制投机行为最直接的方式。首先，应对渠道成员进行资格认证，考察渠道伙伴履约动机和可靠性，分析渠道伙伴经营理念、以往经营行为和渠道关系投资意愿，通过缔约前审计来筛选具相应技能、特质和动机的合适渠道伙伴；其次，设计规则机制，指导渠道成员自我选择，从而在渠道关系确定前有效防止逆向选择（事前投机）和道德风险（事后投机）。若渠道伙伴选择得当，且愿意为渠道关系进行专门投资，则即使环境发生变化，不但合作意愿强的渠道成员主观上仍有维持渠道关系意愿，且既成事实的专门关系投资也能确保渠道关系稳定性。（3）激励机制设计。设计合理激励机制有利于事先遴选履约可靠性强的渠道伙伴。且若能保证渠道内信息传递畅通，则可通过自执行契约来改变渠道成员收益格局，使得渠道伙伴维持长期交易关系的收益大于投机所能获取的短期收益，从而抑制渠道成员的投机行为。自执行契约形式多样，抵押投资和价格溢价或边际收益是其主要表现形式。价格溢价或边际收益能激励渠道成员降低主动采取投机行为的内在冲动，按照协议规定履约。若渠道成员具潜在讨价还价实力，就能迫使其他成员投资于专用性设备、工具，或者迫使他们将其他专用性关系投资作为抵押品。若有渠道成员提前终止交易关系，则必会遭受无法收回投资损失。此外，渠道成员间一旦形成相互依存关系，则他们的投机冲动就会得到抑制。即使环境发生变化，只要抵押品价值未耗损，价格溢价大于环境变化后能获得收益，激励机制就能有效地防止各种投机行为，且保持稳定长期渠道交易关系。（4）正式契约。通过详细规定渠道成员期望、责任及角色要求，正式契约可有效地规避渠道投机行为。虽新古典契约在古典契约基础上，针对特定交易类型增加了相应调整条款，但还是无法达到实际交易所要求的灵活性，因而其有效性一直受到关系学者诟病。当渠道依靠正式契约来规范商业交易时，因渠道环境总是变动并难以准确预知，所以特定条款就显得过分呆板。因而，该方式只适用于信息完备、交易成本为零、环境能以零成本准确预见的新古典乌托邦。（5）社会规范。理论界将社会规范或关系规范定义为与行为相关联共同愿景。社会规范可反映渠道成员态度与行为期望，渠道成员通过分享共同价值观和认可的共同目标来形成特定交易标准和行为范式，从而促使目标趋同，且实现渠道成员个体目标及渠道集体目标。社会规范主要包括角色完整性和一致性、双边信息交互、和谐解决冲突、灵活性、权力限制、互惠互利和长期导向。处于社会、政治和经济环境中渠道成员一旦认同社会规范，社会压力会抑制逃避责任行为和投机行为，即使是在信息不对称和面临锁定威胁情况下，社会规范也能有效防范投机行为。

2. 供应链的渠道治理

治理内涵和协调及管理是有所不同的，不但强调资源配置合理化，供应链结点间关系紧密性，还考虑到政府作用及在治理方面存在惩罚机制和激励机制两个方面。各渠道治理机制都能在一定程度上防范渠道投机，并保证渠道正常运行，但因基于不同理论，因此它们的渠道投机治理效应、适用条件及对其他机制影响等存在一定差异。渠道关系构建、运行治理受到渠道主体间信息传递状态和环境变迁影响，要想使嵌入于不同营销环境的治理机制发挥作用，渠道主体则须根据渠道运行的制度环境和任务环境选择适当机制来治理渠道投机行为，构建和谐渠道关系，以确保渠道关系健康发展。渠道成员须在权衡成本收益的前提下，准确分析不同机制的治理特点，组合使用不同机制，这样才能更有效地防止和控制渠道投机行为。

治理在不同领域有不同的内涵，在不同产业中也有不同的理论运用。治理常用于与国家公共事务有关的管理和政治活动中，其虽是一种管理活动，但与一般管理活动相比，治理更强调政治上控制、引导和运作，更多地与权力、利益、责任、义务等相关联，强调在一个既定领域内利益相关者权责配置结构及其互动关系。但在闭环供应链下治理，更强调针对链中各环节脆弱性因素的控制，将脆弱性变强壮，使整条链能够更加有效稳定地运作。若针对链中单个企业治理，其目的主要是提高企业柔性，使其更能适应现代市场环境；若针对整条供应链治理，则要考虑多方面因素，不仅要提高闭环供应链柔性，还要考虑如何解决链中各节点、各环节间协调问题，如何降低整条链中库存，实现协同管理，降低库存成本；如何提高整个链响应速度，使其能够实现完美递送；如何提高闭环供应链竞争力，尤其是应对基于时间竞争；针对链中各脆弱性因素提出相应治理策略，最终使得被治理供应链能够适应市场环境变化，成为具强竞争力供应链系统，这是闭环供应链治理根本。在实际闭环供应链运作中，因协作会产生超额利润，这种有风险的利润作为供应链剩余也是链中企业共同追求的目标。但要在获取该利润同时规避风险，则要对闭环供应链进行治理，从而实现利益相关者的利益最大化。因各企业都进行了相关的专有资产投资，承担了一定风险，必然要共同分享利润。鉴于此，闭环供应链治理任务之一是规划供应链剩余。

因供应链是市场治理与科层治理间的第三种协调机制，是“半结合”组织。其虽能避免市场治理和科层治理的某些缺陷，但供应链治理本身存在一些难点，包括：无法在契约签订前明确将来由供应链合作所带来利润，所以传统合同、市场治理等不完全适合供应链治理；各节点企业关键信息，尤其是财务信息无法共享，所以一般无法求出超额利润；超额利润分配原则和计算方法较为复杂。因渠道复杂性及供应链渠道中冲突普遍性，所以渠道治理成为供应链治理中重要环节之一。通过构建渠道成员间的相互承诺和信任机制，以减少或者消除渠道成员间的机会主义行为，最终达到渠道治理的目标。总之，供应链渠道治理目标是协调链中各个渠道成员间利益关系，建立合理的二次利润分配模式；维持与激励成员企业的协同行为，通过改善渠道中脆弱环节，并进一步增强协同效应从而增强整体竞争优势。

如何才能真正化解渠道冲突，达到渠道的协调，这是闭环供应链渠道治理的难点所在。格里·斯托克尔（Stoker Gerry，1998）提出治理整合性内涵，从五个方面力图建构治理的整体架构。应用到供应链渠道治理中，则包括：（1）治理涉及一套由政府或非政府制度及行动者所形成的复杂组合。治理所释放出的首要信息，就是对传统制度提出挑战。在供应链环境中，不同类型供应链是以不同企业为核心的。治理结构也从原来的“纵向一体化”转向了企业联盟，且联盟间是一种动态关系，具很强的网络性和复杂性。由此看来，在供应链渠道中治理的概念主要是企图改变原有渠道中制造业的“霸主地位”，强调供应链中制造商并非单一的权力核心与思考焦点，特别要关注利益相关者利益，化解各渠道成员角色间冲突。（2）治理认识到在解决社会与经济争议过程中，界限与责任的模糊。治理的内涵不仅承认现实环境越来越复杂的事实，还应注意权力转移。企业间交叉和边界能力的共享对供应链实施具重要意义，但边界能力共享后，所创造超额利润分享的公平性影响到共享可达性。因此，治理除强调渠道中企业间边界划分，更注意到企业间利益再分配公平性。（3）治理内涵需明确供应链中各结点企业权力依赖关系。所谓权力依赖，包含致力于集体行动的组织须依靠其他组织；为达到目标，各组织需交换与共享资源、协调共同目标；交换与共享的结果不仅取决于各节点企业资源，且也取决于所采用游戏规则、交换与共享环境。在此关系中，有的组织可能在某特定交换共享过程中处于主导地位，但通常难以居于垄断地位。且一旦某组织试图主导一切，一定会遭到抵抗。因此，治理是一种互动过程，也是资源再分配过程。（4）治理意味着行动者间网络的自主自治，根据治理的策略去执行行动，则相关行动者将形成自主自治的网络。在自我管理的网络中，行动者根据一定期望机制将相关机构资源、技术及目标整合成一个联盟。该联盟建立后，链中企业将主动履行契约，并达成相互制约环境。（5）治理本质上要求能搭建一个协调框架，在渠道中化解利益相关者间矛盾和冲突。

闭环渠道治理大体可分为三部分：一则需研究分销渠道中存在问题，有针对性地提出解决方案；二则需研究逆向回收渠道中共性问题，对各种回收模式分别进行分析；三则需针对正向分销渠道与逆向回收渠道双向整合过程中存在的渠道脆弱性进行剖析，通过渠道治理达到正向与逆向有效集成，形成具有较强鲁棒性闭环供应链系统。已有供应链治理研究大多针对治理模式进行探讨，阐述供应链共性特征，提出宏观治理机制，大多局限于分析销售环节存在的一些问题，缺少在闭环供应链背景下的探讨。而当今以供应链竞争为主导经济环境中，因强调正向供应链的无缝连接和完美递送，使得正向供应链中分销渠道产生更多脆弱性。在目前生态概念不断强化背景下，使逆向回收研究的现实意义日趋重要。已经显现出整合供应链正逆向两方面趋势，尤其是针对闭环供应链研究。但目前闭环供应链渠道治理研究尚未形成完整体系，还未出现具显著性意义的理论与实践成果。

三、闭环供应链回收渠道治理模式

闭环供应链包括正向和逆向两个维度，回收渠道是治理重点。很多案例证明了再利用要比直接废弃的经济效用高。能源消耗、资源枯竭等问题使供应链中的回收渠道成为研究热点。最早设计提出的是集成供应链模型，定义为包括正向链中消费者返回的产品经历产品修复运作等活动，即强调逆向活动被集成到“正向”供应链中，强调链中企业社会责任。逆向供应链主要针对现实中产品回收等问题而产生，不同类型产品在返回的数量、质量、时间、返回渠道、再利用形式、再利用后二次分配等各不相同，因此供应链具体模式和渠道设计也因各因素不同而有所不同。在供应链环境中，企业间和企业内及兼顾社会环境都要通过完善的协同方式来达到供应链整体优化。渠道选择是闭环供应链回收流管理中最重要环节之一，而回收流不确定性和收敛性给管理带来了很大难度。回收渠道可通过三种方式：传统正向渠道、开辟新逆向渠道和整合正逆向渠道。相关研究包括：逆向渠道形式取决于渠道成员的功能和执行能力；废物管理渠道包括收集、运输、焚化、堆制肥料、再循环和处置；需求点和回收流不确定性问题；德国钢铁业回收渠道问题；决策支持系统 REVLOG 支持逆向网络是外包给第三方或由自身来承担；电子商务环境下闭环供应链回收渠道模型；生产企业选择合适回收模式；逆向物流模式选择流程等。

1. 渠道治理结构分类

闭环供应链回收渠道治理结构应与交易特征相匹配才能实现较高交易效率。闭环供应链渠道中任何交易都需通过契约关系进行和完成。契约包含规范交易如何实现的治理条款，规定着交易双方行为方式、利益格局和环境变化时的决策程序或再谈判规则，从而形成一系列不同治理结构。威廉姆森从契约关系研究了经济领域治理结构与交易特征的关系，对治理结构进行了分类：（1）一体化治理：即单边治理。随交易越来越特异化，不同企业间交易动机弱化。这是因当交易专用性程度非常高时，规模经济效益对买方和外部供应商影响相同，这样对交易组织模式选择完全依赖于哪种模式有更好的适应性。(2) 双边治理：对重复发生混合型和高度专用型交易，常设计专门治理结构。交易非标准化特征和根本性转换适用于这种情况。交易双方仍保持各自独立地位，但相互间出现了某些旨在维持双方长期合作关系机制。交易关系持久性在该情况中具一定价值。交易重复进行特征使专用性治理结构成本能收回。(3) 三边治理：通常有两种交易，即偶尔进行的混合型和高度专用型交易，需三边治理结构。这类交易一旦缔结了契约，契约各方则有强烈激励去将契约履行到底。因发生了专用性资产投资，交易主体维持交易关系动机特别强烈。对偶尔进行的专用性交易，建立一个交易专用性治理结构常无法回收成本，而市场治理又无力维持这类交易，因此，需一种介于两者间的制度形式。(4) 市场治理：也称多边治理或古典契约治理。对偶尔发生和重复发生的非专用性交易，市场治理是主要治理结构。尤其是重复的非专用性交易，市场治理最有效，因双方在决定是维持买卖关系还是以极小转换成本另寻交易伙伴时，只需根据自身经验做出选择。在偶尔进行的非专用性交易中，买方（或卖方）可参考购买过同一物品的他人评价或经验，以促使对方负责行事。当然该治理模式是在法律框架内进行的，并受益于法律框架，但对法律依赖性并非很大。当以上四种治理模式运用到闭环供应链回收渠道时，须根据其交易特征与渠道交易成本等来进行匹配。

2. 回收渠道交易特征及交易成本

闭环供应链回收渠道交易特征包括：(1) 逆向回收渠道资产专用性：逆向回收渠道专用性资产就是为使逆向物流能够顺利进行，企业所进行的耐久性投资。逆向回收中存在多环节，各环节对于专用性资产要求不同。逆向物流回收处理具较高资产专用性，如在地点专用性方面，逆向物流需为完成逆向物流活动而设立业务网点等；在有形资产专用性方面，需为逆向物流专门设计各种处理设备；在运作方面，逆向物流需专门管理人才。(2) 逆向回收渠道不确定性：逆向回收渠道中不确定性非常明显，因回收产品数量、质量以及产生时间等都难以事先确定，加之人的有限理性限制，很难在事前对将来可能出现所有情况做预测，因此逆向回收渠道具较高不确定性。(3) 逆向回收渠道的交易频率逐渐提高：随着环保要求提高，逆向物流交易频率也逐步提高。逆向回收渠道交易成本是为了使逆向回收能够顺利进行而产生的成本，包括信息成本、谈判成本、拟定和实施契约的成本、界定和控制产权成本、监督管理成本和制度结构变化成本。比如，消费者寻找回收点所产生的成本，回收者与消费者就产品回收价谈判所发生的成本，政府为管制逆向物流而发生的成本等。逆向回收渠道交易主体存在着有限理性及机会主义倾向，具较高资产专用性、较大不确定性、较高交易频率，因此，逆向回收渠道具有较高交易成本。

交易采取双边治理结构要满足：(1) 交易应是重复发生的。非一次性行为，进行专门投资也能收回成本，这就为专门对这项交易进行商业投资提供了经济规模基础。（2）交易所需资产须是高度专用。（3）交易是非标准化。对照这些适用条件，逆向回收处理环节符合双边治理结构。即闭环供应链回收处理可采取双边治理结构。

分工是专业化收益与交易成本进行比较的结果。若某种流程中的各业务具专业化技能优势，交易就可能从原有经济结构中脱颖而出，成为一个独立行业。将逆向物流从制造业中分离出来则具其专业化优势。分工产生的专业化优势完全可抵消因从原结构中分离而增加的交易成本。回收渠道的运作尤其需利用专业化来降低运作成本，通过企业间合作来实现。例如，华星集团环保产业发展有限公司与苏宁电器有限公司签订《废旧家电回收战略合作框架协议》，双方约定：从 2007 年 1 月份起，北京苏宁电器有限公司按月将“以旧换新”所收回的废旧家电交与华星公司来处理。

3. 闭环供应链回收渠道模式选择模型

在闭环供应链渠道中参与回收主体包括：制造商、分销商、最终消费者、第三方物流企业。常见闭环供应链渠道模式有以下五种：（1）MDCDM 模式：制造商通过分销商把产品递送到消费者手中，再通过分销商进行产品回收，最后把回收的产品交给制造商处理，如图 1 所示。（2）MDCTM 模式：制造商通过分销商进行产品销售，在商品进入生命周期末端或者产品从客户端退回的时候，由第三方负责产品的回收并交给制造商处理，如图 2 所示。（3）MD-CM 模式：由制造商通过分销商销售产品，制造商直接负责回收客户端返回的产品并进行处理，如图 3 所示。（4）MCTM 模式：制造商通过直销模式将产品递送到顾客手中，由第三方物流企业负责进行产品的回收并交给制造商处理，如图 4 所示。（5）MCM 模式：销售和回收环节都由制造商负责，如图 5 所示。

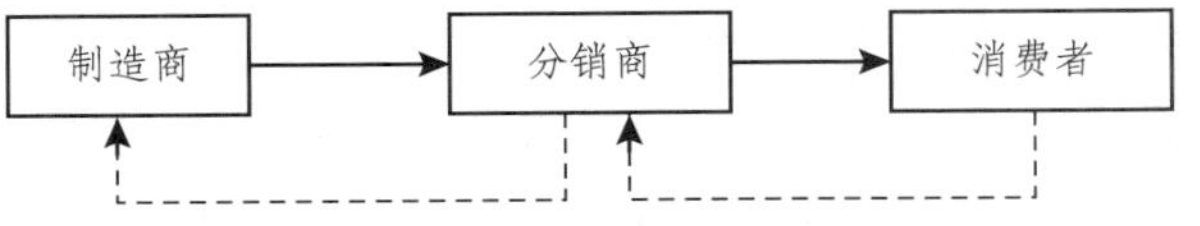

图 1　MDCDM 回收模式

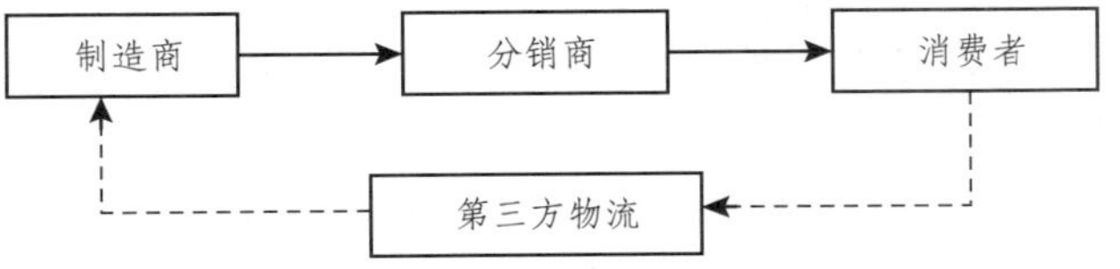

图 2　MDCTM 回收模式

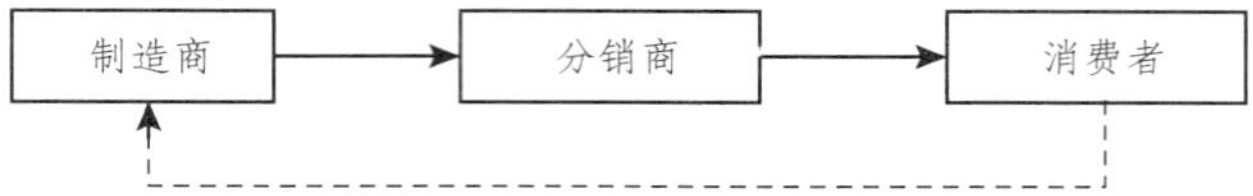

图3 MDCM回收模式

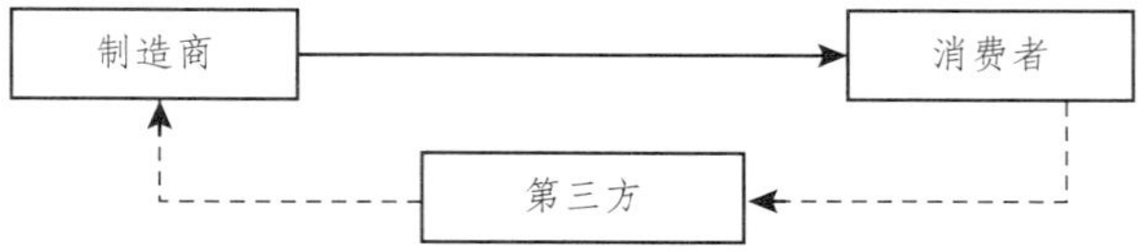

图4 MCTM回收模式

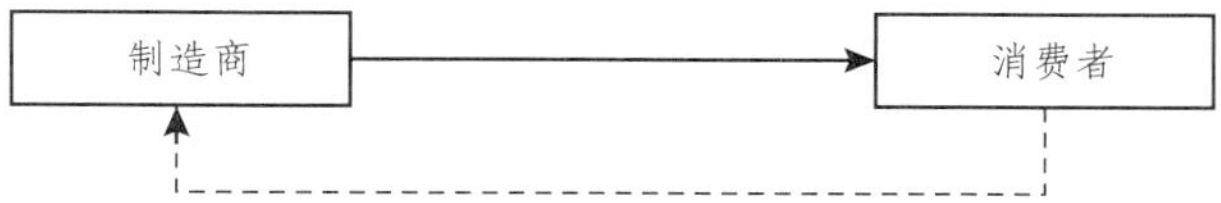

图5 MCM回收模式

这五种闭环供应链渠道模式根据双向集成方式不同而有不同运作模式，企业可据其特点选择回收渠道具体方式，但这五种模式在集成过程中都存在脆弱性因素，具体如下所述：

（1）MDCDM模式中分销商须负责产品销售及回收过程，闭环供应链渠道回收工作直接经济效益较低，需耗费大量人力、物力。在闭环供应链中，分销商从经济最优角度考虑，不愿意承担回收工作。因此，直接利用正向渠道进行回收，可节省额外的渠道建设费用。但就渠道利用率而言，逆向渠道要比正向渠道利用率低。当产品递送到终端客户后，只有确保消费者能将使用过产品返回到分销商处，才可实现回收，即在双向渠道集成过程中，终端客户是关键节点，可能直接导致闭环供应链渠道无法连接，这是闭环供应链渠道中重要脆弱性因素之一。实际渠道运作中，终端客户大多不愿意将产品使用后返回到分销商处，尤其当分销商所在地离终端客户所在地距离较远时，产品回收更加无法实现。在闭环供应链渠道中，若能通过适当策略使得消费者须将使用过产品主动返回到分销商处，才能有效实现双向渠道集成。例如，柯达一次性照相机利用分销商销售给消费者，消费者在冲洗相片时须将一次性相机返回给分销商，利用分销商的技术取出底片，这样就能有效保证产品回收。但并非所有产品都能通过设置技术壁垒来实现双向渠道集成，这需根据闭环供应链中产品特性进行设计。

（2）MDCTM模式和MCTM模式都是利用第三方物流来构建闭环供应链渠道。第三方物流通过规模经济和范围经济降低整条链渠道总成本，通过整合链中资源保证回收产品价值。第三方物流介入可保证闭环供应链渠道能有效运转，但也具脆弱性。闭环供应链中制造商利用第三方物流来进行产品回收必然要支付一定成本和费用，这部分回收渠道成本必须能实现更大价值才可保证渠道鲁棒性。在这两种模式中，制造商对渠道成本控制能力、对链中信息掌握程度成为影响闭环供应链渠道脆弱性的关键因素。在闭环供应链渠道构建中，制造商通过与第三方物流构建战略联盟的混合治理模式，加强对渠道管控能力。同时第三方物流企业通过建立区域回收中心，搭建产品回收平台，降低渠道运作成本。例如，索尼、东芝、松下、日立及 NEC 等大公司通过协同成立联合经营的产品逆向物流公司来运作。目前国内的产品回收普及率不高，还未建立完善法律对产品回收进行规范，第三方回收企业还不够成熟。因此，只有保证第三方企业建立的回收渠道达到一定规模，并可实现盈利，同时整合链中相关资源，才能提高闭环供应链渠道鲁棒性。

（3）MDCM 模式和 MCM 模式中制造商直接负责产品回收，一些著名制造商，如 IBM、DELL、NOKIA、MOTOROLA、INTEL 等公司都已建立了自身逆向物流回收体系。该模式只适用于闭环供应链中制造商是核心企业，具强大渠道实力企业。该模式对制造商造成了较大经济压力，因此须保证制造商直接回收产品能产生巨大价值（如汽车零配件回收能直接进行产品再制造，回收零部件具较大经济价值）。该模式可能会因制造商投机行为等造成渠道不协调发展。

4. 模型

假设产品需求函数为 $D(p)=\alpha p^{-\beta}$，α，β 为大于 0 的待定参数，p 为零售价；w 为制造商给分销商的批发价；t 为制造商给执行回收方的价格；ε 为产品回收率；C_k 为负责回收方 k 支出的单位回收成本，$k=\mathrm{D}$，M，TP，其中：M 表示制造商，D 表示分销商，TP 表示第三方物流企业；产品损耗率为 λ；制造商负责回收处置时耗费的单位产品处置费用 $d=ae^{b\lambda}$，a，b 为大于 0 的待定参数；r 为回收产品的再利用率；c_a 为完全使用原材料生产新产品的单位成本；c_r 为部分零部件使用了回收产品的生产单位成本；π 为因使用回收部件进行生产而节约的成本，则 $\pi=c_a-c_r$；Π_i^j 表示在第 j 种回收模式下 i 获得的利润，其中 $i=\mathrm{M}$，D，TP；　$j=$ MDCDM，MDCTM，MDCM，MCTM，MCM。

（1）MDCDM 模型。在该模式中，分销商 D 负责销售产品和回收消费者返回产品，因此分销商 D 和制造商利润函数分别为：

$$\Pi_{\mathrm{D}}^{\mathrm{MDCDM}}=D(p)(p-w)+\varepsilon D(p)t-C_D\varepsilon D(p) \tag{1}$$

等式（1）对 p 求一阶偏导并令 $\frac{\partial \Pi_{\mathrm{D}}^{\mathrm{MDCDM}}}{\partial p}=0$，得在 MDCDM 模式下零售价最优值：$p^{*\mathrm{MDCDM}}=\frac{\beta(w-\varepsilon t+C_{\mathrm{D}}\varepsilon)}{\beta-1}$，制造商利润为：

$$\Pi_{\mathrm{M}}^{\mathrm{MDCDM}}=D(p)(w-C_a+r\varepsilon\pi)-\varepsilon D(p)t-ae^{b\lambda}\varepsilon D(p) \tag{2}$$

等式（2）对 w 求一阶偏导并令 $\frac{\partial \Pi_{\mathrm{M}}^{\mathrm{MDCDM}}}{\partial w}=0$，得在 MDCDM 模式下制造商

给予零售商批发价最优值：$w^{*\mathrm{MDCDM}}=\frac{\beta(c_a-r\varepsilon\pi+ae^{b\lambda}\varepsilon+t\varepsilon)-t\varepsilon+C_D\varepsilon}{\beta-1}$，因闭环供应链中是由批发价决定零售价，所以先对分销商利润函数进行求导，再将 $w^{*\mathrm{MDCDM}}$ 代入 $p^{*\mathrm{MDCDM}}$ 得：$p^{*\mathrm{MDCDM}}=\frac{\beta^2(c_a-r\varepsilon\pi+ae^{b\lambda}\varepsilon+C_D\varepsilon)}{(\beta-1)^2}$。将 $w^{*\mathrm{MDCDM}}$ 和 $p^{*\mathrm{MDCDM}}$ 分别代入制造商和分销商的利润函数，可得 MDCDM 模式下制造商最优利润满足：$\Pi_M^{\mathrm{MDCDM}}=\alpha\left[\frac{\beta^2(c_a-r\varepsilon\pi+ae^{b\lambda}\varepsilon+C_D\varepsilon)}{(\beta-1)^2}\right]^{-\beta}\frac{c_a-r\varepsilon\pi+ae^{b\lambda}\varepsilon+C_D\varepsilon}{\beta-1}$；分销商最优利润满足：$\Pi_D^{\mathrm{MDCDM}}=\alpha\left[\frac{\beta^2(c_a-r\varepsilon\pi+ae^{b\lambda}\varepsilon+C_D\varepsilon)}{(\beta-1)^2}\right]^{-\beta}\frac{\beta(c_a-r\varepsilon\pi+ae^{b\lambda}\varepsilon+C_D\varepsilon)}{(\beta-1)^2}$。

（2）MDCTM 模型。

在该模式中分销商只负责销售，回收由第三方物流来运作，并交给制造商来处理。分销商、第三方物流和制造商的利润函数如下：

$$\Pi_D^{\mathrm{MDCTM}}=D(p)(p-w) \tag{3}$$

$$\Pi_{TP}^{\mathrm{MDCTM}}=\varepsilon D(p)t-C_{TP}\varepsilon D(p) \tag{4}$$

$$\Pi_M^{\mathrm{MDCTM}}=D(p)(w-c_a+r\varepsilon\pi)-ae^{b\lambda}\varepsilon D(p)-\varepsilon D(p)t \tag{5}$$

同理可求出 $w^{*\mathrm{MDCTM}}$、$p^{*\mathrm{MDCTM}}$ 见表 1，Π_M^{MDCTM}、Π_D^{MDCTM} 和 $\Pi_{TP}^{\mathrm{MDCTM}}$ 见表 2。

表 1　　各模式下 p*、w* 的最优值

最优模式	p^*	w^*
MDCDM	$\frac{\beta^2(c_a-r\varepsilon\pi+ae^{b\lambda}\varepsilon+C_D\varepsilon)}{(\beta-1)^2}$	$\frac{\beta(c_a-r\varepsilon\pi+ae^{b\lambda}\varepsilon+t\varepsilon)-t\varepsilon+C_D\varepsilon}{\beta-1}$
MDCTM	$\frac{\beta^2(c_a-r\varepsilon\pi+ae^{b\lambda}\varepsilon+t\varepsilon)}{(\beta-1)^2}$	$\frac{\beta(c_a-r\varepsilon\pi+ae^{b\lambda}\varepsilon+t\varepsilon)}{\beta-1}$
MDCM	$\frac{\beta^2(c_a-r\varepsilon\pi+ae^{b\lambda}\varepsilon+C_M\varepsilon)}{(\beta-1)^2}$	$\frac{\beta(c_a-r\varepsilon\pi+ae^{b\lambda}\varepsilon+C_M\varepsilon)}{\beta-1}$
MCTM	$\frac{\beta(c_a-r\varepsilon\pi+ae^{b\lambda}\varepsilon+t\varepsilon)}{\beta-1}$	—
MCM	$\frac{\beta(c_a-r\varepsilon\pi+ae^{b\lambda}\varepsilon+C_M\varepsilon)}{\beta-1}$	—

表 2　　各模式下不同主体的利润最优值

模式	利润	最优值
MDCDM	Π_M	$\alpha\left[\frac{\beta^2(c_a-r\varepsilon\pi+ae^{b\lambda}\varepsilon+C_D\varepsilon)}{(\beta-1)^2}\right]^{-\beta}\frac{c_a-r\varepsilon\pi+ae^{b\lambda}\varepsilon+C_D\varepsilon}{\beta-1}$
	Π_D	$\alpha\left[\frac{\beta^2(c_a-r\varepsilon\pi+ae^{b\lambda}\varepsilon+C_D\varepsilon)}{(\beta-1)^2}\right]^{-\beta}\frac{\beta(c_a-r\varepsilon\pi+ae^{b\lambda}\varepsilon+C_D\varepsilon)}{(\beta-1)^2}$

续表

模式	利润	最优值
MDCTM	Π_{M}	$\alpha\left[\frac{\beta^2(c_a-r\varepsilon\pi+ae^{b\lambda}\varepsilon+t\varepsilon)}{(\beta-1)^2}\right]^{-\beta}\frac{c_a-r\varepsilon\pi+ae^{b\lambda}\varepsilon+t\varepsilon}{\beta-1}$
	Π_{D}	$\alpha\left[\frac{\beta^2(c_a-r\varepsilon\pi+ae^{b\lambda}\varepsilon+t\varepsilon)}{(\beta-1)^2}\right]^{-\beta}\frac{\beta(c_a-r\varepsilon\pi+ae^{b\lambda}\varepsilon+t\varepsilon)}{(\beta-1)^2}$
	Π_{TP}	$\alpha\left[\frac{\beta^2(c_a-r\varepsilon\pi+ae^{b\lambda}\varepsilon+t\varepsilon)}{(\beta-1)^2}\right]^{-\beta}\varepsilon(t-C_{\mathrm{TP}})$
MDCM	Π_{M}	$\alpha\left[\frac{\beta^2(c_a-r\varepsilon\pi+ae^{b\lambda}\varepsilon+C_{\mathrm{M}}\varepsilon)}{(\beta-1)^2}\right]^{-\beta}\frac{c_a-r\varepsilon\pi+ae^{b\lambda}\varepsilon+C_{\mathrm{M}}\varepsilon}{\beta-1}$
	Π_{D}	$\alpha\left[\frac{\beta^2(c_a-r\varepsilon\pi+ae^{b\lambda}\varepsilon+C_{\mathrm{M}}\varepsilon)}{(\beta-1)^2}\right]^{-\beta}\frac{\beta(c_a-r\varepsilon\pi+ae^{b\lambda}\varepsilon+C_{\mathrm{M}}\varepsilon)}{(\beta-1)^2}$
MCTM	Π_{M}	$\alpha\left[\frac{\beta(c_a-r\varepsilon\pi+ae^{b\lambda}\varepsilon+t\varepsilon)}{(\beta-1)}\right]^{-\beta}\frac{c_a-r\varepsilon\pi+ae^{b\lambda}\varepsilon+t\varepsilon}{\beta-1}$
	Π_{TP}	$\alpha\left[\frac{\beta(c_a-r\varepsilon\pi+ae^{b\lambda}\varepsilon+t\varepsilon)}{(\beta-1)}\right]^{-\beta}\varepsilon(t-C_{\mathrm{TP}})$
MCM	Π_{M}	$\alpha\left[\frac{\beta(c_a-r\varepsilon\pi+ae^{b\lambda}\varepsilon+C_{\mathrm{M}}\varepsilon)}{(\beta-1)}\right]^{-\beta}\frac{c_a-r\varepsilon\pi+ae^{b\lambda}\varepsilon+C_{\mathrm{M}}\varepsilon}{\beta-1}$

（3）MDCM模型。在该模式中分销商只负责产品销售，而由制造商进行产品生产和回收处理。分销商和制造商利润函数分别如下：

$$\Pi_{\mathrm{D}}^{\mathrm{MDCM}}=D(p)(p-w) \tag{6}$$

$$\Pi_{\mathrm{M}}^{\mathrm{MDCM}}=D(p)(w-C_m+r\varepsilon\pi)-C_{\mathrm{M}}\varepsilon D(p)-ae^{b\lambda}\varepsilon D(p) \tag{7}$$

同理可求出 $w^{*\mathrm{MDCM}}$、$p^{*\mathrm{MDCM}}$ 见表1，$\Pi_{\mathrm{M}}^{\mathrm{MDCM}}$ 和 $\Pi_{\mathrm{D}}^{\mathrm{MDCM}}$ 见表2。

（4）MCTM模型。在该模式中制造商负责销售，回收由第三方物流企业完成，并交给制造商处理。第三方物流和制造商的利润函数分别满足：

$$\Pi_{\mathrm{TP}}^{\mathrm{MCTM}}=\varepsilon D(p)t-C_{\mathrm{TP}}\varepsilon D(p) \tag{8}$$

$$\Pi_{\mathrm{M}}^{\mathrm{MCTM}}=D(p)(p-C_{\mathrm{M}}+r\varepsilon\pi)-\varepsilon D(p)t-ae^{b\lambda}\varepsilon D(p) \tag{9}$$

同理可求出 $w^{*\mathrm{MCTM}}$、$p^{*\mathrm{MCTM}}$ 见表1，$\Pi_{\mathrm{M}}^{\mathrm{MCTM}}$ 和 $\Pi_{\mathrm{TP}}^{\mathrm{MCTM}}$ 见表2。

（5）MCM模型。该模式为一种直销模式，由制造商自己负责生产、销售和回收处理的全过程，制造商的利润函数如下：

$$\Pi_{\mathrm{M}}^{\mathrm{MCM}}=D(p)(p-C_{\mathrm{M}}+r\varepsilon\pi)-C_{\mathrm{M}}\varepsilon D(p)-ae^{b\lambda}\varepsilon D(p) \tag{10}$$

该式对 p 求偏导，即可得 $p^{*\mathrm{MCM}}$ 见表1，$\Pi_{\mathrm{M}}^{\mathrm{MCM}}$ 见表2。

针对上述结论，比较分析如下：

①零售价格比较。因制造商回收成本 C_{M} 须大于转包给执行方的价格，制造商才有可能将回收进行外包。分销商回收成本须小于转包的价格，否则将无利可图，即 $C_{\mathrm{D}}<t<C_{\mathrm{M}}$。

则 $\frac{\beta^2(c_a-r\varepsilon\pi+ae^{b\lambda}\varepsilon+C_{\mathrm{D}}\varepsilon)}{(\beta-1)^2} < \frac{\beta^2(c_a-r\varepsilon\pi+ae^{b\lambda}\varepsilon+t\varepsilon)}{(\beta-1)^2} <$

$\frac{\beta^2(c_a - r\varepsilon\pi + ae^{b\lambda}\varepsilon + C_M\varepsilon)}{(\beta-1)^2}$。这样得到零售价比较结果：$p^{*MDCDM} < p^{*MDCTM} < p^{*MDCM}$。

零售价的高低能决定商品市场占有率，关系到企业生存，较低价格能使得商品更具竞争能力，尤其是价格敏感性商品。所以在五种模式中，MDCDM 模式的价格优势最为显著。

在直销模式下，因 $t < C_M$，所以 $\frac{\beta(c_a - r\varepsilon\pi + ae^{b\lambda}\varepsilon + t\varepsilon)}{\beta-1} < \frac{\beta(c_a - r\varepsilon\pi + ae^{b\lambda}\varepsilon + C_M\varepsilon)}{\beta-1}$，即 $p^{*MCTM} < p^{*MCM}$。发挥了第三方的规模经济和范围经济优势，使得 MCTM 模式更具价格优势。

②利润比较。在制造商负责回收模式中，因 $p^{*MCM} < p^{*MDCM}$，且需求函数为递减函数，所以 $D(p^{*MCM}) > D(p^{*MDCM})$，即 $\Pi_M^{MCM} > \Pi_M^{MDCM}$。

第三方负责的回收模式中，因 $\alpha\left[\frac{\beta^2(c_a - r\varepsilon\pi + ae^{b\lambda}\varepsilon + t\varepsilon)}{(\beta-1)^2}\right] < \alpha\left[\frac{\beta(c_a - r\varepsilon\pi + ae^{b\lambda}\varepsilon + t\varepsilon)}{(\beta-1)}\right]^{-\beta}$，所以 $\Pi_M^{MDCTM} < \Pi_M^{MCTM}$。可见无论是制造商负责回收还是第三方负责回收，直销模式利润都较大，较短的渠道其利润较大。

分销商参与销售的回收模式，设 $Z = \alpha\left[\frac{\beta^2 x}{(\beta-1)^2}\right]\frac{x}{\beta-1}$，将该式对 x 求导，可得 Z 是关于 x 的递减函数。因 $C_D < t < C_M$，所以 $Z(c_a - \varepsilon\pi + ae^{b\lambda} + C_M\varepsilon) < Z(c_a - \varepsilon\pi + ae^{b\lambda} + t\varepsilon) < Z(c_a - \varepsilon\pi + ae^{b\lambda} + C_D\varepsilon)$，即 $\Pi_M^{MDCM} < \Pi_M^{MDCTM} < \Pi_M^{MDCDM}$。在 MDCDM 模式下制造商利润最大，即整合正向渠道和逆向渠道，说明构成闭环供应链的必要性。

③损耗率同定价的关系。从表 1 可见，损耗率 λ 和零售价 p 是正相关，逆向回收中每件商品的处置成本不同，且处置成本和损耗率的关系是非线性的，当损耗达到一定程度时可能会使维修成本增大。即增加了产品成本，必然引起零售价格增加。所以回收产品须事先进行一定筛选，如损耗程度过大，应直接淘汰，以免增加过多修复成本。

5. 案例分析

假设需求函数满足 $D(p) = p^{-2}(\alpha = 1, \beta = 2)$，某制造商制造新产品成本 $c_a = 30$，使用了回收产品的生产成本 $c_r = 10$，制造商回收单位成本 $C_M = 10$，回收的转让价格 $t = 8$，分销商回收单位成本 $C_D = 6$，单位处置费用 $d = ae^{b\lambda} = 0.5e^{\ln 2} = 1$（$a = 0.5$，$b = 1$，$\lambda = \ln 2$），回收率 $\varepsilon = 0.5$，再利用率 $r = 0.6$。这样可得不同模式下零售价格 p 和制造商利润 Π_M^i。从表 3 可见，在分销模式下，MDCDM 模式下零售价格较低，具较强竞争力，制造商利润也较高；在直销模式下，因第三方存在的回收模式 MCTM 更具价格优势，且制造商利润较高。直销模式可由渠道减少而引发成本降低，所以直销模式下具较低零售价格，且制造商也可获得较多利润。但直销模式需制造商初期建立成熟完善的销售渠道及有效的渠道控制，对制造商综合能力要求较高。分销模式下制造商可集中其核心能力来组织生产，对分销商进行渠道激励，而渠道建设及渠道客户端管理由分销商来完成。

直销模式下渠道脆弱性表现在面对最终顾客不确定性及直销网络中断或独占。分销模式下渠道脆弱性表现在制造商和分销商间利益冲突及供应链中各节点间信息屏蔽。具体模式选择需据产品特性、细分市场特征以及核心企业实力来进行选择，对不同模式下渠道脆弱性都需采取一定策略进行治理。

表 3　　各模式下零售价格 p 和制造商利润 Π_M^j

	p	Π_M^j
MDCDM	131.6	0.00190
MDCTM	135.6	0.00183
MDCM	139.6	0.00179
MCTM	67.8	0.00737
MCM	69.8	0.00716

6. “三位一体”治理系统

制造商作为闭环供应链核心企业，应承担逆向回收主要责任，但只凭借企业力量是很难完全推动逆向回收工作的，须依托多方力量来实现逆向回收渠道运作。作为产品使用者的广大消费者，也需承担起一定义务。同时，政府有义务推动逆向物流发展并保障逆向物流市场良好运行，即需建立起政府、企业、消费者共同努力的“三位一体”逆向回收治理系统。通过克服闭环供应链中脆弱性因素，建立起完善回收渠道：（1）首先，制造商应树立逆向物流意识。实施逆向物流在短期内可能会增加企业物流成本，但随着社会发展、人们环保意识增强，对产品进行回收管理即实施逆向物流将成为不可逆转潮流。这不仅能使企业满足立法需要，还能大幅提高企业在公众中品牌形象，良好的逆向物流管理还能给企业带来一定经济利益。所以实施逆向物流能带给企业经济利益和社会效益的完美结合。其次，将逆向物流提升到战略高度，从企业发展战略眼光去思考逆向物流、设计逆向物流网络及管理逆向物流。企业要在全组织内灌输逆向物流思想，将逆向物流变成一种理念，渗透到企业日常生产经营活动中去。在逆向物流具体实施层面上，企业在设计产品开始就应考虑其部件的可回收性、回收可利用价值等，利用产品模块化设计、延长产品生命周期等方法降低逆向物流成本，该控制源头的方法将更有利于企业逆向物流实施。最后，考虑到我国中小企业实际情况，无充足资金、技术和人员去管理逆向物流，对这些难以获取规模效益制造企业而言，单凭自身实力进行逆行物流管理难度较大，可通过两种途径来实施逆向物流：一是采取联营方式，即与其他企业组成战略联盟，将双方共同管理逆向物流，形成规模效益；二是采取外包方式，将其逆向物流业务外包给有实力第三方物流公司，利用它们的资金、技术、管理以及物流专业化优势来有效实施逆向物流。（2）政府在逆向物流管理中所承担职责。首先，政府应通过立法等手段，规范完善产品回收法规，从法律角度督促企业实施逆向物流，做到废旧产品回收有法可依。其次，应加大环保宣传力度，引导企业及消费者树立环保意识，在全社会建立起环保氛围。最后，政府应采取积极措施，鼓励制造商实施逆向物流，推动逆向物流发展。鉴于我国制造企业实际情况，政府应采取一些优惠措施以激励制造商实施逆向物流，如对实施逆向物流的企业进行一定补贴，或给予一定减免税等优惠政策。（3）消费者在逆向物流系统中应发挥作用。首先，消费者应树立环保意识，对需进行回收处理产品，主动配合厂商，按其要求让产品进入逆向物流管理渠道。其次，主动选购那些实施逆向物流的企业产品。实施逆向物流管理势必会增加企业成本，其产品价格也许会稍高于“非绿色”产品，消费者应认购那些进行良好逆向回收渠道管理的企业产品。

四、闭环供应链双向渠道治理模式

1. 双向渠道集成策略性原则

闭环供应链双向渠道集成管理主要解决供应链系统的效率以及闭环供应链的响应性这两个问题，以实现分销与回收渠道的双向整合与协同。建立和实现一个有效而敏捷的闭环供应链渠道，需遵循如下几条原则：（1）渠道设计顾客化。渠道战略是双向渠道集成管理的一项重要内容。以下方式能使渠道设计反映顾客化特征和要求：①通过逆向回收渠道及技术结合实时跟踪和监控顾客需求变化，使正向分销渠道能据顾客需求的不确定性，提供柔性和敏捷性的定制化服务。②渠道设计需考虑顾客利益及群体特征，根据需求特征和利益偏好进行渠道定位分析，提供分销到回收的一体化服务渠道，提高顾客满意度。③与顾客建立有效协商沟通渠道和反馈机制，让顾客参与并监督渠道活动，体现“顾客是上帝”的经营理念。（2）渠道响应敏捷化。“顾客化”、“个性化”是闭环供应链满足顾客需求的重要措施。在产品差别化中，要把差别的时间和位置尽可能地靠近用户需求位置，目的是要减少库存投资和运输费用，且使闭环供应链获得更快市场响应速度和敏捷性。（3）渠道间协作精益化。闭环供应链管理的一个核心内容是企业间战略性合作问题。通过协调企业间合作与共享资源，建立互信的良好合作关系，达到降低整个链整体运行成本和化解风险的目的。战略性处理与供应商和回收商关系，重点如供应商、回收商选择、评价与考核问题。实际中，选择少而精的几个供应商、回收商并与之建立良好合作关系，有利于整个链条稳定和建立快速的市场反应机制和及时回收机制。（4）生产运作同步化。同步、并行化策略能使闭环供应链运作效率大大增强，获得更快的市场响应速度。市场变化使闭环供应链不确定性增加，无论是来自正向分销渠道的变化，还是逆向回收渠道的变化，企业必须都从整个链流程去考虑，以获得整体优化的效果。（5）信息交流网络化。实现整个链上信息共享是改善和加强闭环供应链管理的行之有效办法。能使企业快速捕捉市场信息、产品质量信息、库存量信息及在整个链范围内进行信息反馈，从而消除信息失真。同时只有在整个链范围内利用先进信息通讯技术，才能有效地进行闭环供应链的协调性管理，使成员企业运作达到同步化并确保一致性。如利用 Internet/Intranet 技术建立分布、异构的即插即用式的敏捷化企业集成信息系统和利用 EDI 技术实现快速的信息交换以及实现资金快速支付的 EFT 技术。（6）保持渠道长期灵活性。闭环供应链双向渠道集成后需保持较高的长期灵活性。集成模式也应适合市场竞争而不断改进，同时注重目标顾客偏好，根据目标群体进行渠道动态调整。闭环供应链渠道密切关系着链中各节点企业效率、成本和价格等竞争敏感因素。因此，集成后渠道失去灵活性，企业就无竞争优势可言。灵活性还体现在企业在渠道整合时需分析所有目标顾客购买偏好与所需服务，根据不同目标顾客所需产品和服务组合，以此来决定用何种渠道集成模式进行服务。

2. 闭环供应链双向渠道集成模式

闭环供应链中正向和逆向渠道并非简单加总，而是一个完整集成系统。双向渠道集成是使得闭环供应链产生复杂性的重要因素之一，也是渠道治理重点。闭环供应链双向渠道设计需考虑三方面：首先是产品特征，产品结构复杂性和产品技术普及程度等方面；其次是市场特征，市场需求量，以及市场饱和度等；最后是顾客对产品偏好，该因素与产品质量、技术升级速度以及消费者购买行为有关。闭环供应链双向渠道集成可设计以下五种模式：（1）全集成渠道模式。制造商作为链中核心企业，负责产品从制造、分销、维修到回收的全过程，即单边治理模式。在闭环供应链全集成模式中，分销渠道可采用电子和传统分销等多种正向渠道，潜在购买者通过传统方式或电子商务网站订购相应产品，制造商通过配送网络将产品递送给终端客户。全集成模式中对终端客户待修品，制造商派专业人员负责维修；产品涉及技术问题或产品升级换代等问题，则通知制造商直接进行回收。制造商对回收再造产品处理方式存在多种方式，可通过二级市场进行直接销售，也可通过拆卸、分解、清洗、再制造，与新品同时进行销售。完全集成渠道，对大批量产品，需进行大规模定制并需制造商派出专业维修人员。该渠道模式适于产品客户群体相对集中，产品价值较高，服务相对专业化。（2）全离散渠道模式。该模式的渠道中各方均是独立的。制造商通过电子和传统分销商实现产品分销，当终端客户使用产品过程中出现质量或技术问题，由传统分销商进行维修，当出现产品需回收情况，则由客户直接联系制造商进行逆向回收。全离散渠道模式中各独立主体均需面临来自外界风险的干扰。该模式满足了闭环供应链渠道中各利润主体对自身利润最大化追求，符合市场治理原则，但该模式易产生因系统协同不完善而带来渠道运作问题。（3）分销商独立的渠道模式，是一种垂直协作模式，属混合治理结构。在该模式中，制造商与分销商作为闭环供应链中联合体共同负责产品销售与回收，该联合体共同承担外界风险。而传统分销商则作为一个相对独立体，负责产品分销与维修。制造商通过把传统分销和维修服务进行外包，有利于集中主要精力，进行产品研发和挖掘生产制造方面的核心价值。（4）制造商独立的渠道模式，是一种水平协作模式。在此渠道模式中，体现了专业化分工，制造商作为闭环供应链中独立体，只负责产品生产和回收品再造。而传统和电子分销商结成联盟，在联盟中进行职能细分，即传统分销保有维修服务，电子分销商则以分销为主，并体现低价渠道优势。该联合体针对不同渠道目标群体进行差别化定价，形成价格歧视。（5）基于第三方物流企业渠道模式。上述五种渠道模式，闭环供应链渠道中只涉及制造商、分销商和终端客户。现实闭环供应链运作中，存在着制造商和分销商的实力不足以承担回收职能，须借助第三方物流对产品进行回收，利用第三方物流的规模经济和范围经济，降低产品回收成本。分销商进行产品分销，由第三方物流企业建立区域回收中心，介入不同闭环供应链的回收渠道。

总之，闭环供应链正向与逆向渠道双向集成，可归纳为以下三种形式：（1）闭环供应链中正向与逆向渠道完全重合，即制造商利用正向分销渠道直接进行逆向回收；（2）闭环供应链中正向与逆向渠道部分重合，即制造商利用其他制造商的分销商的渠道进行产品的回收；（3）重新开辟新的逆向渠道，即利用第三方物流企业建立闭环供应链回收渠道。

3. 闭环供应链双向渠道集成治理模式

闭环供应链中正向与逆向渠道集成，意味着从产品开发设计开始直到产品寿命终结的处理或再利用的整个“密闭”链中的物流、信息流、资金流进行合理计划、协调、调度与控制。正向供应链与逆向供应链中有很多相似环节，这为企业正向与逆向渠道整合组成闭环供应链带来了很多方便，如逆向与正向渠道中都存在运输与库存问题。但双向集成并非简单渠道连接，集成难处具体体现在生产运作和物流管理方面：一是因逆向渠道的高不确定性造成系统内部协同较困难；各种再处理方式选择使得产品从正向渠道进入逆向渠道拐点处，存在多渠道选择路径问题；每个返回产品需不同修复过程，使生产运作变得极其复杂。二是废旧品的返回，使制造商面临双源库存补充方式，面临更大库存压力。在原材料选择时也会出现双向库存导致冲突，即考虑向供应商外购还是利用再处理产品。双向渠道集成时需在外部订单和再处理品间进行协调，因再处理产品对库存水平影响，导致库存决策复杂化。三是闭环供应链中渠道合作伙伴的确定需考虑更多因素，回收渠道相关设施选址、产品全生命周期考虑、双向流运输及仓储等增加了供应链网络规划困难。

在闭环供应链双向渠道集成中具体脆弱性因素表现如以下四种：（1）回收渠道设计具较高不确定性，使得正向渠道的终端向逆向渠道对接过程中可能出现渠道中断。因废旧品返回具高度不确定性，其回收成本十分高昂，回收渠道设计将直接影响闭环供应链整体运作成本，回收渠道不同选择方式决定着闭环供应链复杂程度，也影响着整个链路径长短，因此，若该关键因素不能有效进行控制，将导致闭环供应链整体绩效低下。（2）闭环供应链渠道集成中双向库存协同需考虑诸多因素，给制造商造成较大压力。在闭环供应链中，生产商面临双向库存补充方式。供应源包含来自供应商原材料，还包括来自客户端回收废旧品。当双向渠道集成后，逆向回收渠道中的库存也汇集到制造商处，但回收品数量、质量及回收时间等信息具高度不确定性，对库存控制造成了较大压力。还存在因无法确定产品回收原因而导致回流品库存处理循环时间过长，闭环供应链总库存成本无法确定。（3）双向运输流在渠道双向集成过程中是协调的难点，若不能有效协同也会引起整条链渠道脆弱性。在闭环供应链中，因双向流运输增加了闭环供应链网络规划困难。因最终端客户在地域上分散性及拥有产品少量性，使企业需对大量低货流量的废旧品进行运输，这常常导致高昂废旧品回收成本。（4）闭环供应链的信息共享程度不高，是导致双向渠道集成脆弱性的另一重要因素。正向与逆向渠道的信息若无法进行有效共享，处于闭环供应链核心位置的制造商就无法快速地捕捉市场、产品质量、库存、废旧产品等信息并在整个链范围内进行信息反馈，从而导致信息失真、增加闭环供应链中不确定性因素，成员企业运作难以形成同步化和一致性程度较低。

综上可见，闭环供应链具多层次、多节点、多交叉的网链状内部结构，正向和逆向渠道不仅各自有一系列复杂物流和信息流活动，两者间也有十分密切和复杂的联系。闭环供应链不仅受市场需求、宏观政策和法规等外部环境影响，且内部噪声和不确定性因素也直接影响着闭环供应链渠道效率。在双向渠道集成过程中，在原有渠道脆弱性基础上会产生新的脆弱性因素。在渠道整合过程中，若只针对正向或逆向渠道脆弱性进行治理，而不考虑正向与逆向渠道协同是无法达到闭环供应链渠道整体有效治理目的。针对闭环供应链双向渠道信息不畅，可借助各种 IT 技术以及第三方物流的力量，形成闭环供应链信息治理机制。在闭环供应链中收集从客户需求，到产品生产、配送、销售以及回收等信息，提高闭环供应链中所有企业提供信息共享权限，并可随时获得关于整条链上详细信息，以便各企业从整体上分析计划、平衡闭环供应链上企业活动，实现信息集成。通过发展和提供基于Internet的Web服务，构建松散的信息系统连接，实现跨平台、跨语音系统功能，使闭环供应链信息共享系统实现跨企业运作。信息共享是闭环供应链渠道治理方式之一，在信息不对称情况下，闭环供应链可通过建立激励机制来进行治理。该激励机制与生产决策联系起来从而制订出最佳生产计划，通过激励机制治理手段克服供应链系统中信息不对称。在激励机制中还可引入第三方物流企业，利用第三方专业性整合链中信息，若制造商能获取相关信息并加以利用，就能对闭环供应链流程进行优化。运用委托代理理论，分别对制造商能获得回收市场真实信息和无法获得真实信息两种情况，设计第三方激励机制。针对渠道中双向库存压力可采用双源库存治理方式来解决。尽管企业实施闭环供应链双源库存管理存在着很大困难和障碍，但一些有远见企业，如柯达、施乐、惠普等已经成功将废弃品纳入闭环供应链库存管理的一部分，并从中积极探索双源库存治理解决方案。这些成功实践证实闭环供应链模式下双源库存治理存在着巨大商机和经济价值。因闭环供应链需考虑到企业的可持续发展，所以在渠道设计时要考虑诸多因素，根据不同企业特性和产品特点来进行渠道设计，并有别于传统供应链渠道设计方式。有效集成双向渠道，尤其是在终端消费者节点处的连接设计，是闭环供应链渠道治理焦点之一。

五、案例分析——国美电器

国美电器有限公司（以下简称国美电器）成立于1987年1月1日，是目前中国最大的以电器及消费电子产品零售为主的全国性连锁企业。本着“商者无域，相融共生”的企业发展理念和“薄利多销，服务当先”的经营理念，在经营模式和服务内容上不断创新，经过22年的持续发展，树立了中国家电零售业第一品牌，成为全球众多知名家电制造企业在中国最大的分销商。2003年11月，国美电器在香港开设分公司，2004年7月，国美电器在香港成功上市，是国内首家上市的家电零售企业，继国美在香港设店之后，2006年3月，国美电器澳门分公司成立。截止到2006年6月，国美电器已在全国90多个城市开设门店530多个。国美拥有可覆盖全国的家电零售渠道网络。正是高密度的渠道覆盖使国美在消费者与制造商间信息传递的价值得到了最大限度发挥，也吸引了国内外众多制造商品牌争相与国美合作。同时，国美在流通渠道中权力也逐渐增强。国美采用世界上先进的“专营”、“连锁”、“超市”经营模式，利用自有资金大批量、低价格买断厂家产品，然后再以低于市面的零售价迅速卖出，通过低价获利模式依赖的是国美的渠道优势。

国美电器从2005年8月份开始在上海所有门店设置回收点回收废旧电器，不久扩充旗下所有门店，将其强大的零售终端整合成为一张覆盖全国的废旧家电回收网络。国美电器通过以下方式进行废旧家电回收利用：第一，在国美电器旗下所有门店进行回收；第二，通过新闻发布会推广“废旧电器”回收；第三，尝试联合家电生产厂家合作推广、与各地废旧电器回收中心共建回收项目、建立废旧电器特许回收网络及资助特许回收网点升级等计划。2005年8月24日，杭州大地环保有限公司和国美电器签署了长期合作协议，双方将共建废旧电器回收产业链，拓宽废旧家电回收网络。大地环保与国美电器的合作是建立有序回收模式的一个探索，国美电器利用巨大的销售网络在各地设立回收点，然后交给“大地环保”进行检测、无害化处理，从而形成一条相对集成的闭环供应链。且家电连锁店还可利用自身渠道影响力，联合各家电厂商参与。国美电器在浙江的所有门店都设有废旧家电回收区。消费者把废旧家电送到回收点后就能获得从几十元至上百元补贴，加上商家联合厂家开展一些“以旧换新”活动，促进回收职能实现。其他行业，如TCL电器上海办事处有关人士也对国美该做法表示认同，与国美电器达成协议，并按照一定比例承担TCL废旧家电的费用。虽回收增加生产成本，但销售价格不会上涨，这部分费用最终将从销售利润中扣除，非消费者承担。国美电器此举在于建立废旧电器回收处理的产业链，虽国美电器要向消费者支付费用，但品牌家电厂家也承担一部分费用，且专业环保处理公司会给国美电器补贴。若废旧家电处理由制造商负责，制造商在生产时就会将回收费用核算在成本之内，若所有厂家都增加了成本，就不会引发价格竞争。可见国美电器利用自身强大的渠道网络覆盖，建立回收网点，并联合第三方结成战略联盟，其回收渠道模式如图6所示。

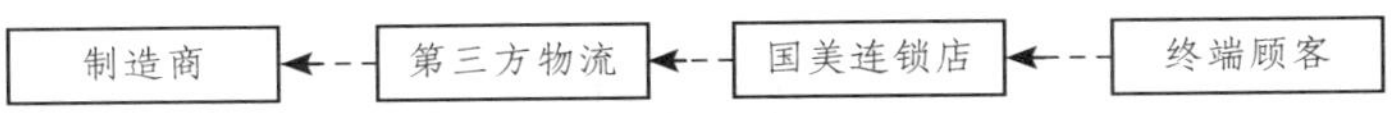

图6　国美电器回收渠道模式

从上述式可见，国美电器闭环供应链双向渠道集成模式是：正向与逆向渠道重合的模式，并引入第三方物流——大地公司来实现产品检测及处理，形成国美电器闭环供应链系统。国美电器与杭州大地环保公司合作采用的是双边治理结构中的企业战略联盟形式。根据交易成本理论，家电逆向回收处理采取战略联盟的治理模式，有利于各企业在交易中减少交易费用，增加企业间沟通与合作，进一步增加企业间信任，降低各方在交易过程中产生机会主义可能性，减少交易风险。此外，还能实现渠道资源互补，减少国美在逆向回收中投资，最终实现回收规模经济。

国美电器的逆向回收渠道并未在全国普及，证明其回收渠道网络并不成熟，仍处在初步探索阶段。对国美而言，逆向回收并未真正成为盈利来源之一。尤其逆向回收不确定性和双向渠道整合过程的冲突是国美电器逆向回收渠道需治理的脆弱性因素。针对回收不确定性，国美电器可与制造商、供应商构建统一的信息中心平台，进行信息收集、分析、处理，实时沟通，通过客户、分销商或第三方物流企业等在闭环供应链中通过信息集成进行回收渠道设计与运作，通过信息共享，降低由回收不确定性而引发的风险逐级放大效应。如可在目前国美电器所使用的金力供应链系统“JL SCM”基础上增加回收模块，实现逆向渠道信息集成。同时国美电器应在各大城市寻找合适第三方物流合作商，构建国美电器第三方物流企业选择指标体系，将回收成本进行上下游的转移，实现逆向回收渠道的规范化和规模化。

六、总　结

本文研究了闭环供应链回收渠道治理问题，得到以下结论：适当的冲突对行业发展是有助的，但渠道冲突须控制在一定范围之内；分析了影响跨链治理因素；构建回收渠道双边治理结构和“三位一体”治理系统；建立数学模型讨论了闭环供应链回收渠道中五种不同回收模式，建立利润函数，分析比较了零售价格和利润值，为企业选择合适渠道模式提供了初步理论依据；将闭环供应链的正向与逆向渠道进行双向集成，分析集成后系统脆弱性，并构建双向渠道集成模式；通过国美电器案例分析，针对其连锁分销与回收渠道模式，提出了契约治理和战略联盟治理策略。进一步值得探讨问题包括：渠道冲突程度和渠道终端的反应间的关系如何？哪种返点方式和哪种分销渠道类型更匹配？渠道冲突协调治理策略的进一步优化组合，并针对不同行业进行渠道治理？渠道冲突治理后，其绩效及顾客满意度的定性与定量评价方法？闭环供应链双源库存渠道控制模型的构建等。

参考文献

[1] 计国君：《闭环供应链下的配送和库存理论及应用》，中国物资出版社 2007 年版。

[2] 计国君、张巧虹：《汽车供应链中的分销渠道治理》，载《山西财经大学学报》2007 年第 9 期。

[3] 姚卫新：《再制造条件下逆向物流回收模式的研究》，载《管理科学》2004 年第 1 期。

[4] 魏洁：《EPR 下的逆向物流回收模式选择研究》，载《中国管理科学》2005 年第 6 期。

[5] 徐剑、张云里、金玉然：《废旧电子产品逆向物流模式的选择》，载《权威论坛》2006 年第 3 期。

[6] 姚卫新、陈梅梅：《闭环供应链渠道模式的比较研究》，载《商业研究》2005 年第 1 期。

[7] 史广宇：《“大地”联手国美共建废旧家电回收网络》，http：//info. homea. hc360. com/2005/08/241035274979. shtml. 2005 - 8 - 24。

[8] Williamson, Oliver E.,《资本主义经济制度》，商务印书馆 2004 年版。

[9] Fleischmann, M., Van. 2003, Integrating Closed-Loop Supply Chains and Spare – Parts Management at IBM, *Harvard Business*, (6): 44 – 56.

[10] Heide, Jan B., 2003, Plural Governance in Industrial Purchasing, *Journal of Marketing*, 67 (10): 18 – 29.

[11] Brown, James, R., Chekitan, S. 2000, Managing Marketing Channel Opportunism: the Efficacy of Alternative Governance Mechanisms, *Journal of Marketing*, 64 (4): 51 – 65.

[12] Wathne, Kennet H., Heide, Jan, B., 2000, Opportunism Inter Firm Relationships: Firms, Outcomes and Solutions, *Journal of Marketing*, 64 (10): 36 – 51.

[13] Stump, Rodney, L., Jan, B., 1996, Controlling Supplier Opportunism in Industrial Relationships, *Journal of Marketing Research*, 33 (11): 431 – 441.

[14] Dutta, S., Mark, B., George, J., 1994, The Governance of Exclusive Territories when Dealers can Bootleg, *Marketing Science*, 13 (1): 83 – 99.

[15] Cannon, Joseph, P., Ravi, S. Achrol, Gregory, T., 2000, Contracts, Norms and Plural Form Governance, *Journal of the Academy of Marketing Science*, 28 (2): 180 – 194.

[16] Williamson, Oliver. E., 1999, Comparative Economic Organization: The Analysis of Discrete Structural Alternatives, *Administrative Science Quarterly*, 36 (2): 269 – 296.

[17] Heide, Jan B., George, J., 1992, Do Norms Matter in Marketing Relationships, *Journal of Marketing*, 56 (4): 32 – 44.

[18] Stoker, G., 1998, Governance as Theory: Five Propositions, *International Social Science Journal*, 155 (3): 17 – 28.

[19] Thierry, M., et al., 1995, Strategic Issue in Product Recovery Management, *California Management Review*, 37 (2): 114 – 137.

[20] Monique, L., 2006, Closed-Loop Supply Chains in Process Industries: An Empirical Study of Producer Re-use issues, *Journal of Operations Management*, 24 (3): 271 – 286.

[21] Ginter, P. M., Starling, J. M., 1978, Reverse Distribution Channels for Recycling, *California Management Review*, 20 (3): 73 – 82.

[22] Caruso, C., Colorni, A., Paruccini, M., 1993, The Regional Urban Solid Waste Management: A Modeling Approach, *European Journal of Operational Research*, 70: 16 – 30.

[23] Kroon, L., 1995, Returnable Containers: An Example of Reverse Logistics, *International Journal of Physical Distribution & Logistics Management*, 25 (2): 56 – 68.

[24] Spengler, T., Puckert, H., Penkuhn, T., Rentz, O., 1997, Environment Integrated Production and Recycling Management, *European Journal of Operational Research*, 97: 206 – 308.

[25] Salomon, M., Thierry, M., Van Hillegersberg, J., Van Wassenhove, L., 1996, Distribution Logistics and Return Flow Optimization, *Management Report Series* 254, Erasmus University Rotterdam, The Netherlands, 23 – 27.

Study on Channel Governance in Closed-loop Supply Chains

Ji Guojun

Abstract: Because each channel members in closed-loop supply chain belong to different economies, the channels interests are different, and then the channel conflict will come out. All kinds of channel conflicts will lead to the frangibility of the closed-loop supply chains, and channel frangibility will cause the chain fracture. The purpose of channel governance is to resolve channel conflict, reducing the frangible factors of the closed-loop supply chain, making the operation more smoothly. The channel conflict connotation, channel conflict coordination and the supply chain governance theories are analyzed in this paper, the closed-loop supply chains channel conflict reasonable conflict territory is analyzed; the global supply chain characteristics, the global supply chain distribution channels contract model is built. According to the closed-loop supply chains tack-back channels transaction characteristic, the bilateral governance structure of closed-loop supply chain tack-back channel and the "Three-dimensional integrated" governance system are proposed. Finally, the case of GOME Electrical Appliances closed-loop supply chains is illustrated our conclusions.

Key Words: Closed-loop Supply Chain Channel Conflict Governance

信息环境、审计治理与投资者保护

陈小林 孔东民*

【摘要】本文研究了会计准则、审计准则改革导致的信息环境变化、审计师特征以及二者的交互效应对投资者保护的影响。研究结果发现，信息环境的变革改善了上市公司的信息披露质量，信息分布更加对称，知情交易概率下降，投资者利益得到更好保护。审计师出具的非标准意见具有信息传递效应，审计师对投资者的保护作用与其特征有关，不同审计任期的审计师在信息环境变革后的治理效应变化不同。

【关键词】信息环境 审计治理 审计师特征 投资者利益保护

一、引 言

投资者利益保护状况不仅影响资本市场的健康发展，而且与吸引国际投资相关（Cyrus et al.，2006），对促进经济增长也具有重要的积极意义（Castro，Clementi & MacDonald，2004）。保护投资者利益，尤其是中小投资者利益已经成为各国政府监管部门的重要目标。由于公司信息在内部人（控股股东、管理层等）和外部人（中小投资者）之间的分布不对称，导致了内部人可以利用信息进行自利交易和市场操纵。我国资本市场出现了三九药业、猴王集团等资金侵占案件，也出现了杭萧钢构等内幕交易案件，控股股东采用资金占用、担保、披露虚假财务报告、内幕交易等方式损害中小股东利益的行为屡见不鲜，获得的控制权私利高于其他国家（李增泉、孙铮和任强，2004；唐宗明、蒋位，2002；唐清泉、罗党论和王莉，2005），严重损害了中小投资者利益。

一直以来我国监管部门就把维护中小股东利益作为监管的主要目标。上海证券交易所在 2002 年 6 月专门召开了投资者保护国际会议，时任证监会主

* 本文得到教育部人文社会科学研究青年基金项目“信息环境、审计治理与投资者利益保护”（项目编号：09YJC790130）、国家自然科学基金面上项目“盈余管理属性、风险标识与审计意见”（项目编号：70972139）以及国家自然科学基金青年项目“投资者行为与资本市场稳定性研究”（项目编号：70803013）的资助。

陈小林（1972～ ），男，江西石城人，九江学院会计学院副院长、副教授、中南财经政法大学硕士生导师。研究方向：会计、审计与公司治理。

孔东民（1978～ ），男，山东泰安人，华中科技大学经济学院金融系讲师、硕士生导师。研究方向：金融与财务。

席的周小川在会上指出，投资者保护关系到整个资本市场和经济的发展，投资者保护做得好，投资者就有信心，参与资本市场的人数和资金量就多，资本市场就发展得好，抵抗风险的能力也强。为了重拳打击自利交易、内幕交易、操纵市场等侵害中小投资者利益的行为，证监会和国资委在2003年出台了《关于规范上市公司与关联方资金往来及上市公司对外担保若干问题的通知》，证监会和银监会在2005年11月出台了《关于规范上市公司对外担保行为担保行为的通知》。证监会在2007年又出台了《内幕交易行为认定指引》和《操纵市场行为认定指引》。自2008年至2009年3月，根据2007年出台的两个指引的相关规定，证监会已向公安机关移送内幕交易案8起，操纵市场案2起。可见，我国资本市场利用证券交易侵害投资者利益的现象甚为严重。因此，研究如何保护投资者利益，保持资本市场的健康稳定发展在我国显得尤为重要。

信息环境是影响内幕交易、市场操纵行为的重要因素。一个良好的信息环境，有利于抑制自利交易、内幕交易和市场操纵行为。自2007年始，我国资本市场的信息环境发生了重大变化，一方面开始实施新的会计准则体系，新会计准则体系与国际财务报告准则接轨；另一方面实施新的审计准则体系，要求注册会计师以风险导向为基础开展审计工作，强化对上市公司财务报表的审计。新会计准则和新审计准则的实施，极大地改变了信息环境，将可能对我国资本市场的投资者利益保护产生重大影响。

外部审计是公司治理的重要一环，是解决信息不对称和代理问题的重要机制（Jensen & Meckling，1976）。审计师对财务报告进行审计后，一方面通过审计调整纠正公司存在的不当披露行为，以保证信息披露符合监管部门的要求；另一方面对于不按照要求进行审计调整的公司，通过出具非标准意见向投资者揭示信息披露存在的问题，从而保护投资者利益。

可见，信息环境与审计治理对投资者利益保护具有重要影响。然则，对投资者利益保护的研究，大部分集中于探讨公司治理机制与投资者利益保护的关系（DeFond & Hung，2003；Chirinko et al.，2004；陈小悦、徐晓东，2001；余述胜，2006等）。而本文利用我国信息环境发生重大变化的契机，研究信息环境、审计治理及其交互效应对投资者利益保护的影响。本文的研究发现，2007年实施新准则后，上市公司利用私有信息进行交易的概率显著下降，投资者利益得到更好保护，审计师出具的非标准意见与知情交易概率呈正相关，发挥了对投资者利益的保护作用，而且审计师的治理效应与其特征有关。本文的研究进一步拓展了投资者利益保护的研究领域，并检验了新会计准则和新审计准则实施所取得的政策效果。

二、相关文献回顾

1. 国外相关文献

投资者利益保护主要是指保护外部投资者的利益（Shleifer & Wolfenzon，2002），国外已有不少文献对投资者利益保护进行了研究，尤其是自2001年“安然”事件爆发后，投资者利益保护事件引起了广泛的关注。第一类研究是分析法律环境、公司治理机制对投资者利益保护的影响。拉·波塔等的研究（La Porta et al.，1997，1998，2000）是研究法律制度与投资者保护的奠基性文献（Meek & Thoma，2004；Boonlert-u-Thai，2005）。他们发现不同国家的投资者保护不同，普通法国家能为投资者提供更好的法律保护，拉·波塔等（2002）进一步发现，为小股东提供更好利益保护的国家，公司价值更大，控股股东拥有更高的现金流权。近期的研究中，德丰和洪（DeFond & Hung，2004）通过分析33个不同法律背景下21483个公司CEO更换与公司业绩之间的关系，他们发现法律执行制度能显著改进CEO更换与公司业绩的关系，法律执行制度好的国家，业绩差的公司的CEO更可能被更换。迟伦科等（Chirinko et al.，2004）分析了所有权集中度与投资者利益保护的关系，他们没有发现所有权集中度对公司业绩有系统影响，他们认为这可能是所有权集中度导致的降低的管理层代理成本与提高的大股东掠夺成本之间的抵消关系。

第二类研究是分析具体的盈余质量与投资者利益保护的关系。内部人往往有动机向外部人隐瞒公司信息，防止受到更多约束或谋取私利（Shleifer & Vishny，1997），从而影响投资者利益保护。故洛兹、南达和维色基（Leuz，Nanda & Wysocki，2003）系统考察了31个国家的盈余管理现象，探讨了内部人利用盈余管理谋取控制权私利的情况，外部投资者法律保护强的国家，盈余管理发生的频率更低，而对外部投资者法律保护弱的国家，盈余管理发生的频率更高，盈余管理减少了投资者的保护程度。纳帕和布勒特·尤·泰（Nabar & Boolert-u-Thai，2007）考察了30个国家的样本公司，也发现了盈余管理与外部投资者保护负相关，而且他们还发现不确定性规避得分高的国家盈余管理程度更高，主要语言为英语的国家盈余管理程度更低，这表明投资者保护还与一个国家的文化特征有关。卡罕、刘和孙（Cahan，Liu & Sun，2008）进一步发现投资者保护弱的国家，管理层更可能进行机会主义的盈余管理，而投资者保护强的国家，管理层更可能进行传递与未来盈余信息相关的盈余管理。德丰等（DeFound et al.，2007）研究了26个国家的53197个年度盈余公告，探索不同制度环境下盈余公告的信息含量，他们的研究发现，盈余质量和内部交易法执行力度可以提高市场对盈余公告的反应，也就是说投资者法律保护好的公司，盈余公告的信息含量更高。

第三类研究是从信息不对称角度研究投资者利益保护。布洛克曼和钟（Brockman & Chung，2003）分析了投资者保护与市场流动性的关系，他们比较了投资者利益保护环境不同下的市场流动性差别，发现投资者利益保护的外部环境与市场流动性密切相关，投资者保护能减少买卖价差，提高市场深度，增强流动性，降低与信息不对称相关的流动性成本。王、李和邓（Wang，Li & Deng，2003）则直接分析了投资者保护环境与信息不对称的关系，他们比较了香港联交所上市的 108 个香港公司和 76 个中国内地公司的信息不对称程度，他们发现大陆公司的信息摩擦成本要比香港公司高出 20%，这说明投资者法律保护将引发信息不对称程度。

2. 国内相关文献

国内的研究文献中，较早研究这一话题的是陈小悦、徐晓东（2001），他们研究了股权结构、企业绩效与投资者利益保护的关系，他们选取了深交所 1996 ~ 1999 年除金融行业外的上市公司作为样本，研究股权结构可能对投资者利益保护产生的影响，他们发现公司治理对外部投资者利益缺乏保护的情况下，流通股比例与企业绩效负相关，非保护性行业控股股东持股比例与企业绩效正相关。在近期文献中，刘浩然、宣国良（2007）借鉴产业组织理论关于市场进入问题的可竞争性研究思路，从理论上研究了董事会竞争结构对保护投资者利益的影响，姜付秀等（2007）利用 2003 ~ 2005 年我国上市公司的数据，对上市模式与投资者利益保护的关系进行了研究，他们发现公司整体上市较分拆上市等其他模式在投资者利益保护的诸方面存在显著差异。周县华、吕长江（2008）通过对驰宏锌锗股权分置改革中高股利分派的案例分析发现，公司有利用股票分派侵占中小投资者利益的可能性。余述胜（2006）还发现股权结构与控制权私利有关，即与投资者保护程度相关。他的研究发现，控股股东通过隐瞒或发布虚假消息操纵股价，侵占中小投资者利益。此外，王晓梅、姜付秀（2007）还研究了投资者利益保护效果的评价，姜付秀等（2008）研究了投资者利益保护与股权融资成本之间的关系，他们通过问卷调查发现，我国上市公司的股权融资成本与投资者利益保护显著负相关，与国外的研究结论一致。

三、理论分析与研究问题

1. 信息环境与投资者保护

信息环境对投资者保护至关重要。管理层或控股股东与外部投资者之间的信息不对称程度越大，管理层或控股股东利用信息优势进行自利性交易和内幕交易的可能性就越大，就越可能对外部投资者造成侵害。因此，优化信息环境，减少信息不对称程度，就能提高投资者保护程度。赖特和关（Wright & Guan，2004）发现，公司管理层在MBO前进行盈余操纵，达到降低股票价格从而低估公司价值的目的，实现MBO后，管理层就能获得低估价值的私利。但管理层要能达到这一目的，前提是外部投资者未能拥有真实的盈余信息，如果投资者洞察了盈余的真实情况，管理层盈余操纵的目的就难以达到。但事实上，投资者获取的信息基本上来自于公司。因此，信息环境的优化实质上是提高公司披露的信息质量，尤其是盈余质量。

盈余质量与投资者保护关系密切。提高盈余质量，有利于投资者作出正确决策，也能对管理层或控股股东实施有效约束，损害外部投资者利益的情形就会大大减少。盈余管理（Leuz et al.，2003）、盈余价值相关性（Ali & Hwang，2000；Hung，2001）、盈余的信息含量（Ball et al.，2000；DeFond et al.，2004）、盈余的可预测性和盈余的持续性（Boonlert-u-Thai，2005）是盈余质量的基本特征，在不同的信息环境下，盈余管理程度不同，盈余的价值相关性、盈余的信息含量以及盈余的可预测性和盈余的持续性也不同。美国是一个投资者法律保护比较好的国家，阿里和黄（Ali & Hwang，2000）发现美国的盈余价值相关性高于其他国家。富尔克森等（Fulkerson et al.，2004）还发现，普通法国家相比成文法国家来说，其盈余管理程度更低，盈余质量更高。此外，巴哈塔查亚等（Bhattacharya et al.，2003）发现，盈余的不透明度（盈余激进、损失避免和盈余平滑）会显著增加资本市场的权益成本和减少股票的交易量，这从另一方面说明盈余质量对投资者保护的重要意义。

2007年1月1日起，我国实施与国际趋同的会计准则和审计准则，公司的信息披露环境发生根本性变革。财政部会计司司长刘玉廷在中日韩会计准则制订机构会议上指出，新会计准则体系的财务报告的目标是满足投资人、债权人、政府及其有关部门和社会公众等决策的需要，着眼于切实保护投资者和公众的合法利益。建立了完整的财务报告体系，贯彻充分披露原则，有助于提高企业透明度和提升企业财务报告质量，方便企业与投资者、债权人等之间的沟通与交流，提高市场效率。引入公允价值，使会计信息更具相关性，实现了与国际财务报告准则的实质性趋同[①]。董秀琴、彭胜和李婷（2009）研究了2005~2007年同时发行A、B股和A、H股的公司双重披露差异，检验新信息环境是否缩小了双重披露净利润和净资产之间的差异，发现新信息环境下这一差异显著缩小，说明新会计准则确实与国际财务报告准则实现了趋同。张然、张会丽（2008）发现，新会计准则的实施使少数股东权益的价值相关性显著提高，且提高程度显著高于新准则对净资产其他组成部分的影响。少数股东损益在新会计准则下信息含量显著增加，且增加量显

① 具体内容参见：刘玉廷：《中国会计准则体系建设的发展》，http：//nmg. mof. gov. cn/kjs/zhengwuxinxi/lingdaojianghua/200807/t20080709_ 56580. html。

著高于盈余的其他组成部分由新会计准则影响带来的信息增加量。谭洪涛、蔡春（2008）发现，新准则实施后，我国上市公司的会计质量在收益平滑限制、巨额亏损确认及时性、价值相关性方面有了显著提高。而特殊目的盈余管理与实施前并没有显著差别，但与新准则同向变化。新准则会计质量的提高明显地体现在对巨额亏损的确认上和价值相关性上。资产负债表的信息价值相关性得到了明显的提高。以公允价值和资产负债表观为重要特征的新准则在实施一年后达到了目的。公允价值的系统引入确实有助于提供价值更相关的信息、更及时地确认损失。王玉涛、陈晓（2008）发现，在新准则下，管理层进行的利润调节行为，是在准则范围内管理层进行的减少盈利波动性的努力，而不是机会主义的盈余管理。

会计在防止公司内部人掠夺公司资源中扮演着重要角色（Bushman & Smith，2001），我国新准则体系的运行，根据上述实证研究结果，确实提高了盈余质量，有望提高投资者利益保护程度。因此，本文实证检验的第一个问题是：新信息环境是否如理论预期改进了投资者利益保护。

2. 审计治理与投资者保护

外部审计是公司治理的重要一环，其关键的作用在于发现和报告公司财务报告存在的缺陷，并对财务报告进行鉴证（Watts & Zimmerman，1981），减轻公司管理层或控股股东与外部投资者之间的信息不对称。[①] 由于公司管理层或控股股东与外部投资者之间的利益冲突，管理层或控股股东有隐瞒真实信息的动机。外部审计介入后，发挥其专业优势，对管理层或控股股东的财务报告披露过程和行为进行监督，鉴证财务报告是否按照会计准则的规定编制，对管理层或控股股东以牟取私利为目标的违规信息披露行为进行限制，或发表非标准意见向投资者予以揭示，减轻了信息不对称带来的投资者损失。大量的研究发现，外部审计在降低代理成本和信息不对称程度上发挥了显著作用（Davidson & Neu，1993；Nichols & Smith，1983）。

但外部审计的治理效应与审计师特征有关。事务所规模与审计任期是研究审计治理效应时常用的两个主要特征变量。迪安杰罗（DeAngelo，1981）认为规模大的事务所为了维持声誉，有更大的激励维持高独立性。尼克尔斯和史密斯（Nichols & Smith，1983）发现公司从小事务所变更到大事务所会有正的异常报酬。贝克尔等（Becker et al.，1998）发现经过六大事务所审计的公司有更低的主观应计额，更不可能允许公司选择会计政策进行盈余管理。戴维森和奈尤（Davidson & Neu，1993）发现大事务所与更大的财务预测误差相关，即更好地抑制了管理层对财务预测的盈余管理，比小事务所提供了

---

① 当控股股东控制的股份达到一定程度后，往往能够控制公司运作，成为公司的实际控制者，此时与管理层一样成为公司的内部人，能够直接参与公司运营，享有公司信息，无须通过公开渠道获得公司信息，其利益函数与其他投资者不同。

更高的审计质量。弗朗西斯等（Francis et al.，1999）发现尽管“六大”审计事务所的公司有更高的总应计额，但却保持了更低的估计的主观应计额，说明“六大”事务所更好地抑制了盈余管理行为。最近的研究弗朗西斯和王（Francis & Wang，2008）考察了盈余质量是否会受到投资者保护环境和审计师的联合效应的影响，他们的发现与路易兹等（Leuz et al.，2003）、波尔等（Ball et al.，2000）和洪（Hung，2000）不同，发现严格的投资者保护并没有形成高质量的盈余，但是他们发现由“四大”审计的公司，投资者保护变得更好时，盈余质量也得到提高，相反，“非四大”审计的公司，投资者保护的强弱对盈余质量没有影响。他们的研究说明两个问题，一是投资者法律保护是一个间接作用，是通过“四大”的高质量审计达到保护投资者利益的；二是“四大”并不能普遍的提供高质量审计，只有在投资者法律保护好的情况下才能提供高质量审计服务，投资者法律保护环境弱的情况下，“四大”和“非四大”的作用是没有显著差别的。

此外，审计任期对审计治理效应的影响也有不少文献涉及。曼西、麦克斯韦和米勒（Mansi，Maxwell & Miller，2004）分析审计师特征与债务融资成本的关系时发现，审计质量（六大）、审计任期与债务融资成本显著负相关，而且这种关系在没有投资评级的公司更加显著，事务所规模和审计任期对债务融资成本具有显著的经济意义。周冬华、周红和赵玉洁（2007）发现，审计师出具标准意见的概率随着审计任期的增加而增加。陈信元、夏立军（2006）发现，审计任期低于6年时，增加审计任期对审计质量有正面影响，而审计任期超过6年时，对审计质量有负面影响。董南雁、张俊瑞（2007）发现审计任期与盈余质量的关系呈现先逐渐上升后逐渐下降的倒“U”型趋势。夏立军、陈信元和方轶强（2005）及李爽、吴溪（2003）的研究也均发现，审计任期与审计独立性有关。

上述分析表明，外部审计的治理关乎盈余质量的高低和信息不对称，从而影响投资者利益保护，而外部审计的治理效应又与审计师特征有关。因此，本文的第二个想考察的问题是审计治理对投资者保护所产生的影响，以及不同特征的审计师其治理效应是否不同。

四、实证分析

1. 研究设计

本文对投资者利益保护的衡量，采用知情信息交易概率（Probability of Informed Trading，PIN）。PIN是伊斯利、基弗、奥哈拉和配普曼（Easley，Kiefer，O'Hara & Paperman，1996）根据伊斯利和奥哈拉（Easley & O'hara，1987，1992）提出的序贯交易模型发展而来，用于衡量利用私有信息进行交易的概率，目前在文献中已得到广泛运用（Easley，Kiefer & O'Hara，1996；Easley，O'Hara & Paperman，1998；Easley，Hvidjkaer & O'Hara，2002；Easley & O'Hara，2004；Veja，2006；Jayaraman，2008）。PIN是一个比内幕交易（insider trading）更好的综合性指标，它反映了各类利用私有信息进行的交易（Jayaraman，2008），PIN值越低，知情交易概率越低，信息对称程度就越好，表明投资者利益得到更好保护。

建立的两个检验模型如下：

$$PIN = \alpha + \beta_1 PACT + \beta_2 OP + \beta_3 BIG + \beta_4 TENRUE + \beta_5 LNTA + \beta_6 DIFFROE + \partial$$

$$PIN = \alpha + \beta_1 PACT + \beta_2 OP + \beta_3 BIG + \beta_4 TENURE + \beta_5 PACT \cdot OP + \beta_6 PACT \cdot BIG + \beta_7 PACT \cdot TENURE + \beta_8 BIG \cdot OP + \beta_9 TENURE \cdot OP + \beta_{10} LNTA + \beta_{11} DIFFROE + \partial$$

模型中：*PACT*为虚拟变量，用于度量信息环境的变化，如果样本是在信息环境发生变化之后的2007年等于1，其他为0。根据预期，*PACT*的系数应为负，表明信息环境的改进，信息不对称程度下降，投资者保护程度提高。*OP*为审计师出具的审计意见虚拟变量，当审计师出具的审计意见为非标准意见时为1，其他为0。当公司被出具非标准意见时，意味着公司信息披露存在不足，信息不对称程度更高，预期符号应为正。*BIG*为事务所规模的虚拟变量，当审计师为“四大”或国内“六大”时等于1，其他等于0。根据大规模事务所的审计质量更高，由其审计的公司的财务报告的盈余质量更高，信息不对称下降，预期符号为负。*TENURE*为审计任期，是事务所为该公司连续提供审计服务的年限。随着审计任期的延长，审计师对公司的了解越多，越能发现公司存在的盈余管理、隐瞒信息等问题，审计后的盈余质量更高，信息不对称程度下降，预期符号为负。*LNTA*和*DIFFROE*是控制变量，*LNTA*为公司资产总额的自然对数，*DIFFROE*为净资产收益率的变化，用于控制规模和业绩变动对*PIN*的影响。

模型1用于考察在其他情况不变时，信息环境对投资者保护的影响，以及审计治理对投资者保护的影响。模型2是在模型1的基础上加入了信息环境与审计师特征的交互项、审计师特征与审计意见的交互项，用于考察信息环境和审计治理对投资者保护的交互效应。

本文采用季度数据，PIN值是根据CSMAR提供的高频数据计算而来，审计意见、事务所规模、资产总额和净资产收益率根据CSMAR相关数据整理而得，审计任期通过阅读公司年度财务报告获得。

2. 知情交易概率测度的计算

知情交易概率测度最早是由伊斯利、基弗、奥哈拉和配普曼（1996）所提出，我们按照伊斯利、恩格尔、奥哈拉和吴（Easley，Engle，O'Hara & Wu，2008）的方法进行计算，该测度的基本原理是认为市场的交易是由知情交易引起的，并且服从泊松分布。在一系列假设下，可以根据订单的买卖方向和订单数量情况，从金融微观结构的角度来推测私人信息引致交易的发生概率问题。具体而言，PIN 一般是按照下面的步骤进行参数估计，首先确定单位时间的似然函数：

$$L(\theta \mid B, S) = (1-\alpha)e^{-\varepsilon_b}\frac{\varepsilon_b^{\ B}}{B!}e^{-\varepsilon_s}\frac{\varepsilon_s^{\ S}}{S!} + \alpha\delta e^{-\varepsilon_b}\frac{\varepsilon_b^{\ B}}{B!}e^{-(\mu+\varepsilon_s)}\frac{(\mu+\varepsilon_s)^S}{S!} + \alpha(1-\delta)e^{-(\mu+\varepsilon_b)}\frac{(\mu+\varepsilon_b)^B}{B!}e^{-\varepsilon_s}\frac{\varepsilon_s^{\ S}}{S!}$$

其中，B 和 S 分别表示单位时间内的买单和卖单数量，其余的 5 个参数均为待定变量，即 $\theta=(\alpha, \mu, \delta, \varepsilon_b, \varepsilon_s)$ 需要利用极大似然法进行估计。这里，α 是信息事件发生概率，δ 是坏消息的概率，μ 表示知情者提交订单的到达率，ε_b表示非知情者提交买单到达率，ε_s表示非知情者提交卖单到达率。在推断订单买卖方向的时候，我们采用李和瑞德（Lee & Ready，1991）的方法进行确定，即如果当前交易价格大于前一买卖报价的中位数，则认为属于买方发起的交易，否则，则认定为卖方发起的交易。如果再次准则下无法加以判断，则再往前追溯一笔交易直至可以加以判断为止。

在假设每个交易日的消息互相独立的情况下，我们可以很容易给出一段时期内（设为 I）的似然函数，如下：

$$L(\theta | M) = \prod_{i=1}^{I} L(\theta \mid B_i, S_i)$$

显然，对两边取对数，在不改变单调性的情况下，可以表达为求和的形式，在此基础上，我们根据优化程序很容易计算出（α，μ，δ，ε_b，ε_s）。然后求得 PIN 为：

$$\text{PIN} = \frac{\alpha\mu}{\alpha\mu + \varepsilon_b + \varepsilon_s}$$

需要指出的是，在计算中我们发现中国股市的单向订单数量大部分都是 700 ~ 1000 的水平。这样在最大似然估计的时候就有些样本存在数值溢出问题，而且随着不同的初始值，会有不同的估计结果，这导致结果不稳定，为了解决这一问题，我们将中国股市的订单数量同比缩减 10 倍，这对 PIN 的结果没有影响，但是计算的精度和计算拟合的稳定性得到了极大增强，我们在最大似然估计中，每一只股票都选了 27 对组合（即 α，ε_b和 ε_s分别用 [0.25，0.5，0.75] 两两交叉）作为初始值，结果发现结果极为稳定，基本上不受初始值的影响。

我们计算的 PIN 值在样本区间的变化情况如图 1 所示，从图 1 中可以看出，PIN 值在 2007 年度明显下降，说明信息不对称程度下降，投资者利益得到更好保护。样本区间 PIN 的均值为 0.104，这与张宗新（2008），张宗新、朱伟骅（2007）、陈、蒙克范尔德和杨（Chan，Menkveld & Yang，2008）、赖等学者（Lai，Ng & Zhang，2009）的结果有一些差别，表 1 列示了这些文献的 PIN 值。但这一差别可能是由样本差异导致的。张宗新（2008）和张宗新、朱伟骅（2007）的样本选取了发生特殊事件的公司，内幕交易存在的可能性高，故其计算的 PIN 值高于本文，分别为 0.178 和 0.199。而赖等学者（Lai，Ng & Zhang，2009）的样本区间是从 1996 年开始，前期中国资本市场的信息披露不规范情况更为严重，信息不对称程度更高，所以 PIN 值在 1996 ~2007 年间平均后，PIN 值为 0.174，高于本文的 PIN 值也是合理的。本文的结果与陈、蒙克范尔德和杨（2008）的结果最为接近，他们的 PIN 值为 0.13，样本选取的是 2000 年，也与本文的研究样本更为接近。从上述文献的 PIN 值与本文的 PIN 值比较恰好能够说明，近年来我国资本市场得到健康发展，信息披露质量得到了改善，信息不对称程度下降。

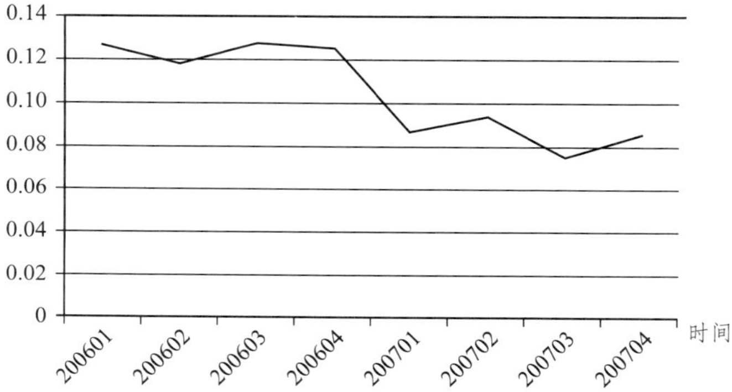

图 1 PIN 值的变化

表 1 相关文献 PIN 值的比较

文献	PIN 值	样本
张宗新（2008）	0.178	2005 ~2007 年业绩预增、高送转（high）、并购重组以及定向增发事件，分别为 38 个、36 个、19 个与 18 个样本
张宗新、朱伟骅（2007）	0.199	2005 ~2006 年高送转、业绩预告、并购重组以及信息披露违规公开谴责事件，一共选取了 174 个样本，其中业绩预告事件 59 个样本，高送转 46 个样本，并购重组 28 个样本，信息披露违规处罚 41 个样本
Chan，Menkveld 和 Yang（2008）	0.13	2000 年 A 股公司
Lai，Ng 和 Zhang（2009）	0.174	1996 ~2007 年 1322 个上市公司

3. 实证结果

表 2 列示了相关变量的描述性统计量。从表 2 可以看出，PACT 的均值为

0.516，说明2007年的样本占了51.6%。OP的均值为0.071，说明非标准意见的比例为7.1%。BIG4的均值为0.052，BIG6的均值为0108，说明国际“四大”和国内“六大”审计的上市公司分别占了5.2%和10.8%。TENURE的均值为6.206，说明大部分公司的审计任期在6~7年。控制变量中DIFFROE的均值为0.071，说明2007年公司的净资产收益率平均比2006年高7.1%。

表2　　样本描述性统计量

变量	样本量	均值	标准差	最小值	最大值
PIN	8743	0.104	0.046	0.004	0.427
PACT	8743	0.516	0.500	0	10
OP	8743	0.071	0.258	0	10
BIG4	8743	0.052	0.222	0	1
BIG6	8743	0.108	0.310	0	1
TENURE	8743	6.206	3.764	1	19
LNTA	8743	21.355	1.096	11.911	27.111
DIFFROE	8743	0.071	5.534	-52.206	502.279

表3列示了单变量分析。从表3中可以得知，当PACT为0时，均值为0.124，中位数为0.119，当PACT等于1时，均值为0.085，中位数为0.081，无论是均值的T检验还是中位数的Willcoxon检验，都在1%水平上存在显著差异，也就是说，在信息环境变化之后，PIN值无论是均值还是中位数都显著低于信息环境变化之前。OP取值等于0时的均值和中位数分别为0.102和0.098，OP取值为1时的均值和中位数分别为0.132和0.128，均值T检验和中位数Willxocon检验都表明二者之间存在显著差异，初步说明被审计师出具非标准意见公司的信息不对称程度更高，发生了更多的知情交易，投资者保护程度更低。此外，BIG4取值为0和1时的均值和中位数分别为0.104、0.096和0.101、0.094，二者也存在显著差异，初步表明由国际“四大”审计的公司的信息不对称程度更低，投资者利益能得到更好保护。但由国内“六大”审计的公司与其他国内事务所审计的公司的信息不对称程度没有显著差异。

表3　　单变量分析

变量	取值（样本）	PIN			
		均值	T值	中位数	Z值
PACT	0（4231）	0.124	44.03***	0.119	46.784***
	1（4517）	0.085		0.081	
OP	0（8123）	0.102	-14.62***	0.098	15.904***
	1（625）	0.132		0.128	

续表

变量	取值（样本）	PIN			
		均值	T 值	中位数	Z 值
BIG4	0（8292） 1（456）	0. 104 0. 096	4. 21***	0. 101 0. 094	-4. 030***
BIG6	0（7347） 1（945）	0. 105 0. 102	1. 63	0. 1007 0. 1009	-0. 534

表 4 列示的是变量之间的皮尔森（Pearson）相关系数，揭示了各变量之间的相关关系。从表 4 可以发现，PACT、OP、BIG4 和 BIG6 的相关系数的分析结果与表 3 单变量分组检验的结果一致。PIN 与 PACT 的相关系数为 -0. 425，在 1% 水平上显著，知情交易概率与信息环境呈负相关关系，信息环境得到改善，知情交易概率下降。PIN 与 OP 的相关系数为 0. 17，在 1% 水平上显著，说明知情交易概率与审计意见严重程度呈正相关。PIN 与 BIG4 的相关系数为 -0. 039，在 1% 水平上显著。同时表 4 还发现 PIN 与 TENURE 的相关系数为 -0. 058，在 1% 水平上显著异于 0，这初步说明随着审计任期的增加，被审计单位的知情交易概率下降，信息更加对称，投资者利益能得到更好保护。控制变量中，PIN 与 LNTA 的相关系数为 -0. 229，公司规模与知情交易概率呈负相关关系，规模大的公司的信息更加对称，更不会发生内幕交易。此外，我们发现各自变量之间也存在一定的相关关系。因此，无论是单变量分析还是皮尔森相关系数分析，其结果都是初步的，还需要进一步控制其他变量做多元回归分析。

表 4　　皮尔森相关系数分析

	PIN	PACT	OP	BIG4	BIG6	TENURE	LNTA	DIFFROE
PIN	1. 000							
PACT	-0. 425 (0. 000)***	1. 000						
OP	0. 170 (0. 000)***	-0. 064 (0. 000)***	1. 000					
BIG4	-0. 039 (0. 000)***	0. 002 (0. 882)	-0. 043 (0. 000)***	1. 000				
BIG6	-0. 013 (0. 225)	-0. 063 (0. 000)***	-0. 035 (0. 001)***	-0. 082 (0. 000)***	1. 000			
TENURE	-0. 058 (0. 000)***	0. 039 (0. 000)***	-0. 024 (0. 027)***	0. 014 (0. 196)	-0. 166 (0. 000)***	1. 000		
LNTA	-0. 229 (0. 000)***	0. 050 (0. 000)***	-0. 205 (0. 000)***	0. 386 (0. 000)	0. 043 (0. 000)***	0. 068 (0. 000)***	1. 000	
DIFFROE	0. 000 (0. 981)	-0. 008 (0. 456)	0. 040 (0. 000)***	-0. 003 (0. 776)	0. 030 (0. 006)***	-0. 011 (0. 285)	0. 005 (0. 667)	1. 000

表5列示了OLS和Robust回归结果。① 在Panel A中，无论是OLS回归还是Robust回归，在任何一个模型中，PACT的系数均显著为负，与前面表3、表4的分析结果一致，这说明我国会计准则和审计准则体系的推行改善了信息环境，信息环境的改善带来了信息披露质量的提高，知情交易概率显著下降，投资者利益得到更好保护。OP的系数在各个模型中也显著为正，表明被出具非标准意见的公司，信息披露存在更大问题，知情交易概率更高，投资者利益保护程度更低，这一结论也与表3、表4的分析结果一致。但是表5中Panel A显示，BIG4的系数显著为正，说明被国际“四大”审计的公司信息不对称程度更高，知情交易概率更大，这一结果与表3、表4不一致。这很可能是表5的回归控制了公司规模的影响，在我国国际“四大”审计的公司主要是大型国有控股公司，因此在表3、表4中分析结果可能是受公司规模的影响。另外我们看到，审计任期的系数在1%水平上显著为负，说明随着审计任期的延长，发生知情交易的概率下降，投资者保护增强。此外，表5的模型3还考察了审计意见与信息环境对知情交易概率的交互效应，OP与PACT交互项的系数在OLS回归和Robust回归中均在1%水平上显著为正，这表明信息环境改变后被出具非标准意见的公司，知情交易概率更高，也就是说实施风险导向审计后，被出具非标准意见的公司的信息风险更大。表5的Panel B的回归中主要是检验由国内“六大”审计的公司和国内其他小事务所审计的公司，知情交易概率是否不同。在Panel B中删除了由国际“四大”审计的公司。从Panel B中可以看出BIG6的系数在所有模型中都显著为负，这表明国内“六大”审计的公司信息不对称程度更低，为投资者提供了更好的保护。Panel B中其他变量的结果与Panel A中没有实质性变化。

表5　　信息环境与非标准意见对投资者保护的影响

Panel A：Big = Big4						
变量	OLS 回归			Robust 回归		
	(1)	(2)	(3)	(1)	(2)	(3)
INTERCEPT	0.326 (35.86)***	0.305 (32.90)***	0.304 (32.93)***	0.326 (34.67)***	0.305 (32.79)***	0.304 (32.83)***
PACT	−0.038 (−43.74)***	−0.037 (−43.40)***	−0.039 (−43.65)***	−0.038 (−43.57)***	−0.037 (−43.04)***	−0.039 (−44.25)***
OP		0.018 (10.79)***	0.010 (4.34)***		0.018 (9.13)***	0.010 (4.35)***
OP * PACT			0.022 (6.41)***			0.022 (5.14)***

① 我们对表6、表7也都进行了Robust的回归，研究结果与OLS没有实质性差异，为节约篇幅，在文中未列示回归结果。

续表

Panel A：Big = Big4						
变量	OLS 回归			Robust 回归		
	(1)	(2)	(3)	(1)	(2)	(3)
BIG	0.010 (4.80)***	0.009 (4.41)***	0.009 (4.47)***	0.010 (5.28)***	0.009 (4.85)***	0.009 (4.92)***
TENURE	-0.000 (-2.91)***	-0.000 (-2.86)***	-0.000 (-2.85)***	-0.000 (-2.94)***	-0.000 (-2.89)***	-0.000 (-2.88)***
LNTA	-0.009 (-21.96)***	-0.008 (-19.49)***	-0.008 (-19.40)***	-0.009 (-21.37)***	-0.008 (-19.52)***	-0.008 (-19.44)***
DIFFROE	-0.000 (-0.28)	-0.000 (-0.73)	-0.000 (-0.59)	-0.000 (-0.78)	-0.000 (-2.20)***	-0.000 (-2.41)***
Obs R^2	8743 0.226	8743 0.236	8743 0.240	8743 0.226	8743 0.236	8743 0.240
Adj R^2	0.226	0.236	0.239	—	—	—
Panel B：Big = Big6（删去了 big4 = 1 的公司）						
INTERCEPT	0.341 (35.39)***	0.318 (32.39)***	0.317 (32.41)***	0.341 (34.38)***	0.318 (32.41)***	0.317 (32.43)***
PACT	-0.038 (-42.50)***	-0.038 (-42.19)***	-0.039 (-42.41)***	-0.038 (-42.32)***	-0.038 (-41.85)***	-0.039 (-42.99)***
OP		0.018 (10.46)***	0.009 (4.10)***		0.018 (8.87)***	0.009 (4.09)***
OP * PACT			0.021 (6.25)***			0.021 (5.05)***
BIG	-0.004 (-3.11)***	-0.004 (-2.83)***	-0.004 (-2.94)***	-0.004 (-3.41)***	-0.004 (-3.13)***	-0.004 (-3.23)***
TENURE	-0.000 (-3.41)***	-0.000 (-3.29)***	-0.000 (-3.30)***	-0.000 (-3.41)	-0.000 (-3.29)***	-0.000 (-3.31)***
LNTA	-0.010 (-22.08)***	-0.009 (-19.56)***	-0.009 (-19.49)***	-0.010 (-21.56)***	-0.009 (-19.66)***	-0.009 (-19.56)***
DIFFROE	-0.000 (-0.26)	-0.000 (-0.71)	-0.000 (-0.56)	-0.000 (-0.82)	-0.000 (-2.49)***	-0.000 (-2.41)***
Obs R^2	8287 0.229	8287 0.239	8287 0.242	8287 0.229	8287 0.239	8287 0.242
Adj R^2	0.228	0.238	0.242	—	—	—

表6和表7是用于分析信息环境、审计师特征对投资者保护的交互效应。其中表6主要是检验了信息环境与审计质量（“四大”或“六大”）对投资者保护的交互影响。表6先对全样本进行分析，讨论国际“四大”和国内所在治理效应上是否存在差异，然后是删除国际“四大”审计的公司，

比较国内“六大”和国内非“六大”的治理效应，最后是删除了国内非“六大”审计的公司，比较国际“四大”和国内“六大”的治理效应。表 6 的回归分析主要有以下发现：一是 BIG 与 PACT 的交互项系数不显著，说明在信息环境变化前后，国际“四大”、国内“六大”与非“六大”的行为变化没有显著差异，也就是风险导向审计的制度安排对国际“四大”、国内“六大”和其他小型事务所的影响没有显著不同；二是比较国内“六大”和国内非“六大”的治理效应发现，BIG6 在模型 2 的系数为 -0.004，在 1% 水平上显著，说明国内“六大”比国内非“六大”发挥了更好的治理效应，由其审计的公司发生知情交易的概率更低，投资者得到了更好保护；三是我们注意到 BIG 与 OP 的交互项，BIG 为国际“四大”时显著为负，而 BIG 为国内“六大”时显著为正，这表明被国内“四大”、国内““六大””和国内非“六大”出具非标准意见公司的信息不对称程度不同，被国际“四大”出具非标准意见公司的发生知情交易概率相对较低，被国内“六大”出具非标准意见公司发生知情交易的概率较高。其他待检验变量的结果与表 5 一致。

表 6　　信息环境与大型事务所对投资者保护的影响

变量	国际“四大”与国内所 (Big = Big4)		国内“六大”与国内“非六大”(Big = Big6)		国际“四大”与国内“六大”(Big = 1，国际“四大”；Big = 0，国内“六大”)	
	(1)	(2)	(1)	(2)	(1)	(2)
INTERCEPT	0.305 (32.90)***	0.304 (32.89)***	0.319 (32.47)***	0.320 (32.51)***	0.232 (13.02)***	0.231 (13.01)***
PACT	-0.037 (-42.39)***	-0.037 (-43.45)***	-0.038 (-39.72)***	-0.038 (-42.43)***	-0.039 (-16.84)***	-0.039 (-20.08)***
OP	0.018 (10.79)***	0.019 (10.95)***	0.018 (10.47)***	0.017 (9.61)***	0.026 (5.07)***	0.033 (5.79)***
BIG	0.008 (2.80)***	0.010 (4.64)***	-0.003 (-1.49)	-0.004 (-2.78)***	0.005 (1.59)	0.008 (3.25)***
TENURE	-0.000 (-2.86)***	-0.000 (-2.83)***	-0.002 (-2.19)**	-0.002 (-2.23)**	-0.004 (-1.81)*	-0.003 (-1.67)*
BIG * PACT	0.002 (0.56)		-0.001 (-0.51)		0.004 (0.319)	
BIG * OP	-0.024 (-1.93)*		0.012 (1.88)*		-0.035 (-2.87)***	
LNTA	-0.008 (-19.49)***	-0.008 (-19.48)***	-0.009 (-19.93)***	-0.009 (-19.95)***	-0.005 (-6.30)***	-0.005 (-6.32)***
DIFFROE	-0.000 (-0.74)	-0.000 (-0.74)	-0.000 (-0.68)	-0.000 (-0.92)	-0.000 (-1.10)	-0.000 (-1.27)
Obs R^2	8743 0.236	8743 0.237	8292 0.239	8292 0.239	1041 0.265	1041 0.269
Adj R^2	0.236	0.236	0.238	0.239	0.261	0.265

表 7 信息环境与审计任期对投资者保护的影响

变量	全部样本		国际四大		国内六大		国内非六大	
	(1)	(2)	(1)	(2)	(1)	(2)	(1)	(2)
INTERCEPT	0.301	0.305	0.172	0.162	0.283	0.284	0.319	0.322
	(32.48)***	(32.91)***	(6.19)***	(5.18)***	(11.62)***	(11.63)***	(29.75)***	(30.19)***
PACT	-0.032	-0.037	-0.051	-0.037	-0.033	-0.038	-0.031	-0.037
	(-19.16)***	(-43.41)***	(-7.89)***	(-11.26)***	(-8.30)***	(-16.25)	(-16.09)	(-39.08)
OP	0.018	0.021	0.001	-0.021	0.030	0.037	0.017	0.018
	(10.80)***	(7.23)***	(0.07)	(-0.71)	(5.43)***	(4.20)***	(9.40)***	(5.87)***
BIG	0.009	0.009	—	—	—	—	—	—
	(4.40)***	(4.43)***						
TENURE	0.000	-0.000	-0.001	-0.000	0.000	-0.000	0.000	-0.000
	(1.02)	(-2.41)***	(-2.14)**	(-0.48)	(0.37)	(-1.12)	(1.18)	(-2.71)***
TENURE * PACT	-0.001		0.002		-0.001		-0.001	
	(-3.94)***		(0.014)**		(-1.85)*		(-4.22)***	
TENURE * OP	0.000		0.003		-0.003		-0.000	
	(-1.02)		(0.74)		(-1.03)		(-0.49)	
LNTA	-0.008	-0.008	-0.002	-0.002	-0.008	-0.008	-0.009	-0.009
	(-19.50)***	(-19.52)***	(-1.70)*	(-1.61)	(-6.77)***	(-6.69)	(-18.47)***	(-18.45)
DIFFROE	-0.000	-0.000	0.001	0.001	-0.000	-0.000	0.000	0.000
	(-0.69)	(-0.77)	(1.00)	(1.01)	(-1.29)	(-1.35)	(0.52)	(0.57)
Obs	8743	8743	456	456	945	945	7342	7342
R^2	0.238	0.236	0.244	0.234	0.291	0.289	0.236	0.234
Adj R^2	0.237	0.236	0.234	0.224	0.287	0.285	0.235	0.233

表7分析了信息环境与审计任期对投资者保护的交互效应。表7先进行全样本分析，然后分别是对国际“四大”、国内“六大”和国内“非六大”3个子样本进行分析。表7的结果显示，PACT与TENURE的交互项系数全样本、国内“六大”和国内“非六大”两个子样本中显著负，在说明总体上，信息环境对审计任期长的审计师产生了更大的作用，在信息环境改善后，随着审计任期的延长，被审计单位的知情交易概率下降，投资者保护程度上升，但这一特征主要体现在国内“六大”和“非六大”，即国内审计师的审计任期越长，此次会计准则、审计准则的改革对其的影响也就越大。但国际“四大”的表现恰好相反，其交互项的系数为0.002，在1%水平上显著，也就是说由国际“四大”审计的公司，审计任期的延长，反而受此次准则改革的正面作用反而更小。表7的结果同时表明TENURE和OP的交互项系数均不显著，也就是说，审计任期不同的审计师，被其出具非标准意见公司的知情交易概率没有显著不同。

4. 稳健性检验

在稳健性检验中，首先在模型中增加了总市值的自然对数、托宾Q、资产负债率等控制变量。[①] 对表5、表6、表7的结果进行稳健性检验，回归结果发现，除个别回归模型中的TENURE、PACT * OP系数不显著外，没有出现与前述结果相反的结论。新加入的控制变量总市值自然对数的系数显著为负，资产负债率的系数显著为正，托宾Q的系数显著为负。

其次，对PIN进行了1%、5%的截尾处理（winsorize），此时PIN的均值为0.102，所有待检验变量的研究结果没有发生实质性变化。

此外，因前述模型中所使用的数据为非平衡数据，在稳健性检验时，将数据整理为平行数据重新进行回归分析，整理后的样本规模涉及830个公司共6640个观察值，此时PIN的均值为0.102。回归结果发现，BIG4和OP交互项的系数在OLS回归时不显著，但进行Robust回归分析时，系数在5%水平上仍然显著为负。TENURE与PACT的交互项系数在对国内“六大”子样本回归时不显著，除此外，平衡数据的回归分析结果与前述非平衡数据的结果没有实质性差异。

五、研究结论与讨论

本文采用2006~2007年的季度数据研究了信息环境变化和审计师特征对投资者保护的影响。本文研究发现，新会计准则和审计准则实施后，2007年利用私有信息进行交易的知情交易概率显著下降，公司提供了更高的信息披

① 因总市值的自然对数与托宾Q存在多重共线性，回归时单独放入模型。

露质量，信息不对称程度下降，投资者利益得到更好保护。审计师在公司治理中发挥了作用，被审计师出具了非标准意见的公司，发生知情交易的概率显著更高，审计师利用非标准意见向投资者传递公司存在的信息披露缺陷。同时，研究结果还表明审计师的治理效应与审计师特征有关。总体上，国际“四大”审计的公司发生知情交易的概率更高，但经国内“六大”审计的公司发生知情交易的概率更低。审计任期提高了审计师的治理效应，审计任期长的公司发生知情交易的概率更低，信息对称程度更高。

此外，本文还考察了信息环境与审计治理对投资者保护的交互效应，研究结果发现，新会计准则、审计准则的实施对国际“四大”、国内“六大”和国内“非六大”的治理效应的影响没有显著差异，即我们没有发现信息环境与审计师规模对投资者保护的交互效应。但我们注意到，国际“四大”出具非标准意见的公司的信息不对称程度相对国内所出具非标准意见公司要低，而国内“六大”出具非标准意见的公司的信息不对称程度比国内“非六大”出具非标准意见的公司要高。这说明国际“四大”和国内“六大”在出具非标准意见的判断标准上存在差异。审计任期与信息环境对投资者保护的交互效应明显，国内所审计任期的延长提高了信息环境对改进信息质量的作用，经国内“六大”和“非六大”审计的公司，审计任期长的公司，在信息环境得到改进后，知情交易概率降低，投资者利益得到更好保护，但国际“四大”的审计任期的治理效应与此相反。

本文的研究结论从另一个侧面检验了会计准则、审计准则改革的政策效应，说明这次与国际接轨的会计准则、审计准则改革至少取得了短期效果，使得公司内部人与外部人的信息更加对称，知情交易概率下降，投资者保护得到加强。本文与以往文献不同的是，把前“十大”事务所，划分为国际“四大”和国内“六大”进行研究，结果得到一个有趣的结论，发现国际“四大”与国内“六大”的行为表现不同，总体上国际“四大”审计的公司的信息不对称程度高于国内所，但被其出具非标准意见的公司却比被国内所出具非标准意见公司的信息对称程度要好，而国内“六大”的结论恰好与此相反，这可能表明，国际“四大”和国内“六大”的审计理念有所差别。国际“四大”更关注要被出具非标准意见“问题”公司的信息风险，会要求这些被出具非标准意见公司的信息披露作出相对大的审计调整。而国内“六大”的理念可能与此不同，对于要被出具非标准意见的公司，更不可能要求管理层作出调整，还可能让这些公司在非标准意见出具年份处理完，诸如“洗大澡”之类的“问题”，导致这些公司的信息不对称程度更大。

由于本文采用的样本为2006～2007年两年共8个季度的数据，样本区间较短，研究结论只能表明会计准则、审计准则的改革在短期内取得了初步效果，至于准则改革的长期效果还需要做进一步的研究。

参考文献

[1] 陈国进、赵向琴、林辉：《上市公司违法违规处罚和投资者利益保护效果》，载《财经研究》2002年第8期。

[2] 陈小悦、徐晓东：《股权结构、企业绩效与投资者利益保护》，载《经济研究》2001年第11期。

[3] 陈信元、夏立军：《审计任期与审计质量：来自中国证券市场的经验证据》，载《会计研究》2006年第1期。

[4] 董秀琴、彭胜、李婷：《新会计准则缩小了双重披露差异了吗?》，载《证券市场导报》2009年第3期。

[5] 董南雁、张俊瑞：《中国证券市场的审计任期与盈余质量关系的实证检验》，载《南开管理评论》2007年第4期。

[6] 姜付秀、张继东、樊晓松：《公司整体上市有利于改善投资者利益保护吗?》，载《经济科学》2007年第5期。

[7] 姜付秀、支晓强、张敏：《投资者利益保护与股权融资成本》，载《管理世界》2008年第2期。

[8] 李增泉、孙铮、任强：《"掏空"与所有权安排——来自我国上市公司大股东资金占用的经验证据》，载《会计研究》2004年第12期。

[9] 李爽、吴溪：《中国证券市场中的审计报告行为：监管视角与经验证据》，中国财政经济出版社2003年版。

[10] 刘浩然、宣国良：《董事会控制权争夺与投资者利益保护——基于可竞争性角度的研究》，载《财经研究》2007年第5期。

[11] 谭洪涛、蔡春：《新会计准则实施会计信息质量的实证研究——来自A股上市公司的经验证据》，中国第七届实证会计国际研讨会论文集，2008年。

[12] 唐清泉、罗党论、王莉：《大股东隧道挖掘与制衡力量》，载《中国会计评论》2005年第6期。

[13] 唐宗明、蒋位：《中国上市公司大股东侵害度实证分析》，载《经济研究》2002年第4期。

[14] 王晓梅、姜付秀：《投资者利益保护效果评价研究》，载《会计研究》2007年第5期。

[15] 王玉涛、陈晓：《新会计准则下的管理层行为：利润平滑还是盈余管理?》，中国第七届实证会计国际研讨会论文集，2008年。

[16] 余述胜：《公众投资者利益保护——基于上市公司股权结构的研究》，厦门大学博士论文，2006年。

[17] 张然、张会丽：《新会计准则中合并报表理论变革的经济后果研究——基于少数股东权益、少数股东损益信息含量变化的研究》，中国第七届实证会计国际研讨会论文集，2008年。

[18] 张宗新，朱伟骅：《基于信息概率模型的内幕交易行为测定研究》，工作稿，2007年。

[19] 张宗新：《内幕交易行为测定：理论模型与实证分析》，载《管理世界》2008年第4期。

［20］周冬华、周红、赵玉结：《审计任期、审计质量与投资者反应》，载《审计研究》2007年第6期。

［21］周县华、吕长江：《股权分置改革、高股利分配与投资者利益保护》，载《会计研究》2008年第8期。

［22］Ali, A., and L.-S. Hwang, 2000, Country-Specific Factors Related to Financial Reporting and the Value Relevance of Accounting Data, *Journal of Accounting Research*, 38 (1): 1-21.

［23］Ball, R., S. P. Kothari, and A. Robin, 2000, The Effect of International Institutional Factors on Properties of Accounting Earnings, *Journal of Accounting and Economics*, 29 (1): 1-51.

［24］Beneish, M. D. and M. E. Vargus, 2002, Insider Trading, Earnings Quality, and Accrual Mispricing, *The Accounting Review*, 77 (4): 755.

［25］Becker, C., M. DeFond, J. Jiambalvo and K. Subramanyam, 1998, The Effect of Audit Quality on Earning Management, *Contemporary Accounting Research*, 15, 1-24.

［26］Bhattacharya, U., H. Daouk, and M. Welker, 2003, The World Price of Earnings Opacity, *The Accounting Review* 78 (3): 641-678.

［27］Boonlert-u-Thai, K, 2005, Earnings Attributes and Investor Protection: International Evidence, Doctoral Dissertation.

［28］Brockman, P. and D. Y. Chung, 2003, Investor Protection and Firm Liquidity, *Journal of Finance*, LVIII (2): 921-937.

［29］Bushman, R. M. and A. J. Smith, 2001, Financial Accounting Information and Corporate Governance, *Journal of Accounting and Economics*, 32 (1-3): 237-333.

［30］Cahan, S. E., G. Liu and J. Sun, 2008, Investor Protection, Income Smoothing, and Earnings Informativeness, *Journal of International Accounting Research*, 7 (1): 1-24.

［31］Castro, R., G. L. Clementi and G. MacDonald, 2004, Investor Protection, Optimal Incentives, and Economic Growth, *The Quarterly Journal of Economics* (August): 1131-1175.

［32］Chan, Kalok, Albert J. Menkveld, and Zhishu Yang, 2008, Information Asymmetry and Asset Prices: Evidence from the China Foreign Share Discount, *Journal of Finance* 63, 159-196.

［33］Chirinko, R., H. Ees, H. Garretsen and E. Sterken, 2004, Investor Protections and Concentrated Ownerships: Assessing Corporate Control Mechanisms in the Netherlands, *German economics Review*, 5 (2): 119-138.

［34］Cyrus, T. L., T. B. Iscan and S. Starky, 2006, Investor Protection and International Investment Positions: An Empirical Analysis, *International Finance*, 9 (2): 197-221.

［35］Davidson, R. A. and D. Neu, 1993, A Note on the Association between Audit Firm Size and Audit Quality, *Contemporary Accounting Research*, 6 (Spring): 479-488.

［36］DeAngelo, L., 1981, Auditor Size and Auditor Quality, *Journal of Accounting and Economics*, 3: 183-199.

［37］DeFond, M., M. Hung and R. Trezevant, 2007, Investor Protection and the Information Content of Annual Earnings Announcements: International Evidence, *Journal of Account-*

ing and Economics, 43 (Nov ember): 37 –67.

[38] DeFond, M. K. and M. Hung, 2004, Investor Protection and Corporate Governance: Evidence from Worldwide CEO Turnover, *Journal of Accounting Research*, 42 (2): 269 –312.

[39] Easley, D. and M. O' Hara, 1987, Price, Trade Size, and Information in Securities Markets, *Journal of Financial Economics*, 19, 69 –90.

[40] Easley, D. and M. O' Hara, 1992, Time and the Process of Security Price Adjustment. *Journal of Finance*, 47, 577 –605.

[41] Easley, D. and M. O' Hara, 2004, Information and the Cost of Capital, *Journal of Finance*, 59, 1553 –1583.

[42] Easley, D., Hvidkjaer, S. and M. O' Hara, 2002, Is Information Risk a Determinant of Asset Returns? *Journal of Finance*, 10, 2185 –2221.

[43] Easley, D., Kiefer, N. and M. O' Hara, 1996, Cream-Skimming or Profit-Sharing? The Curious Role of Purchased Order Flow, *Journal of Finance*, 51, 811 –833.

[44] Easley, D., Kiefer, N. and M. O' Hara, 1997, One Day in the Life of a very Common Stock, *Review of Financial Studies*, 10, 805 –835.

[45] Easley, D., Kiefer, N., O' Hara, M., and J. Paperman, 1996, Liquidity, Information and Infrequently Traded Stocks, *Journal of Finance*, 51, 1405 –1436.

[46] Francis, J. R., Maydew, E. L. and S H. C. parks, 1999, The Role of Auditors in the Credible Reporting of Accruals. *Auditing: A Journal of Practice & Theory*, 18 (Fall): 17 –34.

[47] Francis, J. R. and D. Wang, 2008, The Joint Effect of Investor Protection and Big4 Audits on Earnings Quality around the World, *Contemporary Accounting Research*, 25 (1): 157 –191.

[48] Fulkerson, C., S. Jackson, and G. Meek, 2004, The Consequences of International Accounting Diversity on Earnings Management and Earnings Quality. Working Paper, University of Texas at San Antonio and Oklahoma State University.

[49] Hung, M., 2001, Accounting Standards and Value Relevance of Financial Statements: An International Analysis, *Journal of Accounting and Economics*, 30 (3): 401 –420.

[50] Jayaraman, S., 2008, Earnings Volatility, Cash Flow Volatility, and Informed Trading, *Journal of Accounting Research*, 46 (4): 809 –851.

[51] La Porta, R., F. Lopez-de-Silanes, A. Shleifer, and R. Vishny, 1997, Legal Determinants of External Finance, *The Journal of Finance*, 52 (3): 1131 –1150.

[52] Lai, S., L. Ng and B. Zhang, 2009, Informed Trading around the World. Working paper.

[53] Leuz, C., D. Nanda, and P. D. Wysocki, 2003, Earnings Management and Investor Protection: An International Comparison. *Journal of Financial Economics* 69 (3): 505 –527.

[54] Mansi, S. A., W. F. Maxwell and D. P. Miller, 2004, Does Auditor Quality and Tenure Matter to Investor? Evidence from the Bond Market, *Journal of Accounting and Research*, 42 (4): 755 –793.

[55] Nabar, S. and K. K. Boonlert-u-Thai, 2007, Earnings Management, Investor Protection, and National Culture, *Journal of International Accounting Research*, 6 (2): 35 –54.

[56] Nichols, D. R. and Smith, D. B., 1983, Auditor Credibility and Auditor Change,

Journal of Accounting Research 21 (fall): 534 – 544.

[57] Shleifer, A. and D. Wolfenzon, 2002, Investor Protection and Equity Markets, *Journal of Financial Economics*, 66 (1): 3 – 27.

[58] Vega, C. 2006, Stock Price Reaction to Public and Private Information, *Journal of Financial Economics*, 82 (1): 103 – 133.

[59] Wang, Y., L. Liao and X. Deng, 2003, The Effect of Investor Protection on Information Asymmetry in a Stock Market. Working paper.

[60] Wright, C. and L. Guan, 2004, Corporate Control and Earnings Management: Evidence from MBOs, *Managerial Finance*, 30, 45 – 62.

[61] Wright, C. J., J. R. Shaw and Liming Guan, 2006, Corporate Governance and Investor Protection: Earnings Management in the U. K. and U. S., *Journal of International Accounting Research*, 5 (1): 25 – 40.

Information Environment, Audit Governance, and Investor Protection

Chen Xiaolin Kong Dongmin

Abstract: This paper investigates how information environment that changed by the accounting standards, auditing standards reformed, auditor characteristics and its' interaction affect investor protection. The empirical research results means that changes in the information environment to improve the quality of information disclosure, information distribution more symmetric, and the probability of informed trading declined, better protection of the interests of investors. Unclean audit opinions that issued by auditor has the information transmission effects, Auditor's role in the protection of investors depends on their characteristics, and different auditor tenure different the changes of governance effects post-information environment reform.

Key Words: Information Environment Auditor Governance Auditor Characteristics Investor Protection

董事会治理和公司绩效相关性研究

——基于安徽省上市公司的证据

刘银国　张　琛*

【摘要】董事会是公司治理的中心或核心，董事会的运作方式和效率直接决定了公司治理的质量和效率。本文以沪市安徽省上市公司为样本，选取 2004 ~ 2006 年相关数据，通过回归分析和比较研究，实证检验了董事会治理与公司绩效的相关性。在此基础上，提出了完善董事会治理的政策建议。

【关键词】董事会治理　公司绩效　相关性

一、研究背景

美国次贷危机引发的全球经济危机充分暴露了公司治理的重要性及目前存在的缺陷。公司治理关乎每个企业的生存，关乎一国或世界经济的安全。然而，即便有比较合理架构的大公司，仍然出现诸多治理问题，公司治理是一个永恒话题及世界难题。

对于近来公司治理出现的问题，经济学家认为主要来自两个方面，即外部监管不到位和董事会治理失效。从公司治理结构角度看，所有者将自己的资产交由公司董事会托管，董事会是公司的决策机构，拥有对高级管理人员的聘用、奖惩和解雇权，高层管理人员受雇于董事会，组成在董事会领导下的执行机构，在董事会的授权范围内经营企业。因此，在上市公司的治理结构中存在两个层次的委托代理关系：股东大会与董事会之间的委托代理关系和董事会与经理人之间的委托代理关系。由于董事会既是资本所有者的代言人，又是公司经营管理的决策者，双重身份和双重职责使董事会在公司治理结构中处于枢纽位置。而公司治理失效的问题主要就是出现在起到承上启下的这个环节。从某种意义上讲，董事会治理效率代表着上市公司的治理水平

* 本文得到教育部人文社科研究项目“基于公平正义视角的国有企业经营者薪酬制度研究”（批准号 09YJA630002）和安徽省教育厅自然科学基金重点项目“国有企业员工参与公司治理模式、度及有效性”（批准号 KJ2009A64）的资助。

刘银国（1964 ~　），男，安徽阜阳人，博士，教授，安徽财经大学商务学院院长，合肥工业大学管理学院兼职博士生导师，安徽省学术和技术带头人。研究方向：公司治理。

张琛（1987 ~　），男，安徽铜陵人，安徽财经大学会计学院硕士研究生。研究方向：公司治理。

和绩效，董事会能否有效地行使决策和监督职能是决定公司治理效率的关键环节。

目前，关于董事会治理效率的研究，国内外学者仍处于探索之中。有关影响董事会治理效率的主要因素，国内外学者观点并不统一。但总结起来，主要有以下因素：董事会规模、独立董事比例、两职状态、董事会内部专业委员会设置、董事会成员持股比例、董事会人员薪酬等因素。研究这些因素对董事会效率，进而对公司治理效率和企业绩效的影响，提出改进董事会治理的措施或建议，对于完善公司治理和提高上市公司业绩具有重要意义。

二、研究设计与研究假设

1. 样本的选取及数据来源

安徽上市公司与国内其他上市公司一样，基本都是由国有企业改制而来，承袭着国有企业的特征。同时，公司行业分布、股权结构、规模结构都与国内其他省份上市公司基本一致，因而，具有一定的代表性。本文以沪市安徽省上市公司涉及 27 家为样本，选取 2004 ~ 2006 年相关数据，首先利用 Excel 和计量经济应用软件 Eviews 3. 1 对 2006 年的数据做回归分析，然后对 2004 年、2005 年、2006 年三年的数据做纵向比较。样本相关数据的主要来源为国泰安信息技术有限公司提供的上市公司数据库和证监会公布的上市公司年报。

2. 变量选取

（1）被解释变量。本文选取净资产收益率（ROE）为被解释变量。净资产收益率是企业在一定时期净利润与平均资产的比率。它是反映自有资产投资收益水平的指标，是企业获利能力指标的核心。

（2）解释变量。本文主要目的是研究上市公司董事会治理效率的影响因素与公司业绩之间的关系。我们选取了 6 个主要变量作为影响董事会治理效率的因素，分别是：董事会规模、董事会结构（即独立董事比例）、两职设置、专业委员会设置、董事会成员持股比例、董事会人员薪酬。并分别用 X_1，X_2，X_3，X_4，X_5，X_6 表示。

第一，董事会规模。董事会规模是指构成董事会的董事人数总和。国内外文献大多认为董事会规模是影响董事会治理效率的一个重要因素。本文董事会规模用 X_1 表示。

第二，独立董事比例。独立董事是指那些独立于公司的管理和经营活动，以及那些有可能影响他们做出独立判断的事务之外，不能与公司有任何影响其客观、独立地做出判断的关系，在公司战略、运作、资源、经营标准以及一些重大问题上做出自己独立判断的董事。独立董事比例用 X_2 表示。

第三，两职设置。两职设置是指董事长和总经理两职是否分离。理论界对于两职设置有两种对立的观点：一方认为，在竞争日益激烈的市场环境中，两职合一有利于提高企业创新自由度；另一方则认为，两职分离虽可以增强董事会的独立性，但会损害高层管理团队的创新动力。本文用虚拟变量 X_3 来定量董事长与总经理的两职设置情况。两职合一的计为“1”，两职分离的计为“0”。

第四，专业委员会设置。专业委员会是指董事会内部设立的专职委员会。一般来说，基本的专业委员会有 4 个，分别是薪酬委员会、审计委员会、战略委员会、提名委员会。专业委员会是两权分离所产生代理问题的一种解决或补救方案，是董事会治理的重要内在因素，目的在于通过董事会下设的专业委员会加强对经理层的控制与监督，防止经理层损害股东利益的发生。本文用虚拟变量 X_4 表示专业委员会的设置情况。设置专业委员会的计为“1”，没有设置的计为“0”。

第五，董事会成员持股比例。即董事会成员在任职董事会公司所持股份占公司总股本的比例。用 X_5 表示。

第六，董事会成员薪酬。即董事会成员在任职董事会公司领取的现金薪酬。用 X_6 表示。

3. 研究假设

根据上述的解释变量和被解释变量，分析解释变量和公司绩效的关系，提出以下研究假设：

（1）董事会规模和公司绩效。一个规模相当小的董事会能够使董事会成员之间存在真正的交流，但会带来知识和经验不足；而一个规模足够大的董事会虽能够带来较广泛的知识和经验，但却会出现董事会成员沟通与协调的困难、董事会机能障碍等，董事会的规模应在这两者之间进行权衡。作出以下假设：

H1：董事会规模和公司绩效呈倒“U”型曲线关系。

（2）独立董事比例和公司绩效。外部独立董事通常是受人尊敬的商界和学术界的领导者，他们都想保持并进一步发展自己作为决策控制专家的声望（Fama & Jensen，1983a）。思维的独立性、判断的自主性和丰富的管理经验是外部董事能够带给董事会的特别优势。法玛（1980）认为，把外部董事纳入到专门仲裁者中能提高董事会实现低成本的控制权内部转移的有效性，而且这也降低了高层管理者串谋和掠夺股东利益的可能性。有学者（Weisbach，1988）的实证研究显示，外部董事占主导地位的董事会，比之于内部董事占主导地位的董事会，更易于在公司业绩滑坡时更换经理，显示了外部董事在更换不称职经理方面具有极好的作用。因而，我们认为，外部董事的存在能够提高公司的治理水平和效率。独立董事比例越高、人数越多；其所在董事会起到的监督作用越大，公司绩效越能够得以提高。作出以下假设：

H2：独立董事人数和公司绩效呈正相关关系。

（3）两职设置情况和公司绩效。在管家理论看来，总经理对自身尊严、信仰以及内在工作满足的追求，会促使他们努力经营公司，成为公司资产的好“管家”（Boyd，1995）。两职合一有利于提高企业的创新自由，有利于企业适应瞬息万变的市场环境，从而也有助于提高企业的经营绩效。我们赞同管家理论的观点，两职合一的企业的灵活性会更强，创新能力会更高，从而有利于提高公司的绩效。作出以下假设：

H3：两职合一和公司绩效呈正相关关系。

（4）专业委员会设置和公司绩效。专业委员会的建立能够加强上市公司董事会的能力，改进董事会的文化，提高董事会的独立性和合法性。专业委员会的设置可以加强对经理层的监督，保证经理层有效地履行其应有的职责，从而改善公司经营，提高公司绩效。作出以下假设：

H4：专业委员会设置情况和公司绩效呈正相关关系。

（5）董事会成员持股比例和公司绩效。大多数学者认为，董事会成员持股一方面可以激励董事会履行好自己的监督职责，把握好公司发展的战略方向；另一方面也可以从一定程度上防止董事长与总经理合谋损害中小股东利益。因此，董事持有一定数量的股份是激励董事关注公司业绩，提高董事会治理效率的一个有效途径。适度的董事会成员持股有助于激励他们更好地执行董事会的职责。我们认为董事持股比例越大，其监督公司管理层的动力就越强烈。提高董事持股比例能够有效激发董事关注公司价值，从而强化董事会的运作效率。我们推定，董事持股比例的提高有利于公司业绩和公司价值的提高。因此，作出以下假设：

H5：董事会成员持股比例和公司绩效呈正相关关系。

（6）董事会成员薪酬和公司绩效。在委托代理理论看来，激励是解决代理问题的最有效方式之一。合理的薪酬结构能将董事的个人效用和公司利益保持一致，较高的薪酬水平能激励董事关注公司业绩，履行其应有的职责，从而提高公司绩效。因此，作出以下假设：

H6：董事会人员薪酬和公司绩效呈正相关关系。

三、实证结果

根据上述变量设计，作出回归模型：

$$ROE = a + b_1X_1 + b_2X_2 + b_3X_3 + b_4X_4 + b_5X_5 + b_6X_6 + \varepsilon$$

以净资产收益率（ROE）为因变量，董事会规模、独立董事人数比例、两职设置、专业委员会设置、董事会成员持股比例、董事会成员薪酬为自变量，使用计量经济应用软件 Eviews 3.1 对 2006 年的数据做多元回归分析，回归结果如表 1 所示：

表 1　　2006 年数据的多元回归分析

	净资产收益率（ROE）		
	系数	t 值	P 值
董事会规模	0.584649	1.712152	0.041612
独立董事人数比例	0.356123	0.321541	0.568474
两职设置	-0.952144	-0.736484	0.126849
专业委员会设置	-1.548541	-0.518447	0.351474
董事会成员持股比例	0.093434	1.342556	0.078665
董事会成员薪酬	0.045481	2.064518	0.045177
R-squared	0.215147		
Adjusted R-squared	0.175415		
F-statistic	2.125484		

注：2006 年数据的回归分析。

1. 2006 年单年的数据回归分析

从 2006 年数据的回归分析可以看出，用净资产收益率作被解释变量时，R-squared 为 0.215147，Adjusted R-squared 为 0.175415，说明拟合优度还比较高。同时 F 值显著，自变量很好地解释了净资产收益率。自变量各自的影响作以下分析：

从董事会的构成状况看，董事会规模和独立董事人数都与公司的绩效呈正相关关系。说明假设 H1 部分成立，假设 H2 成立。但独立董事比例的 t 统计值较小，统计检验不显著，说明独立董事的工作对公司绩效的影响并不明显，没有很好地发挥其作用，董事会规模在 4% 的显著水平下与公司绩效正相关。另外，两职设置情况和专业委员会设置情况都与公司绩效负相关，说明假设 H3 和 H4 都不成立。

从董事会的激励状况看，董事会成员持股比例与公司业绩呈显著的正相关关系，假设 H5 成立，说明公司的股权激励机制发挥了较好的公司治理效应。董事会人员薪酬在 4.5% 的显著水平下与公司绩效呈正相关，说明假设 H6 成立。

2. 对比 2004 年、2005 年和 2006 年数据分析

从这 3 年的数据对比可以看出：

表 2　　**2004 ~ 2006 年的数据对比**

	年份	平均数	最大数	最小数
净资产收益率	2004	0. 04235	0. 18451	-0. 34841
	2005	0. 05033	0. 20385	-0. 45622
	2006	0. 08055	0. 25597	-0. 37673
董事会规模	2004	9. 52314	15	5
	2005	9. 85185	17	5
	2006	9. 25925	12	5
独立董事人数	2004	3. 51214	7	1
	2005	3. 44444	7	1
	2006	3. 18518	4	2
董事会成员持股比例	2004	0. 011%	1. 94%	0
	2005	0. 017%	2. 15%	0
	2006	0. 024%	1. 81%	0
董事会成员薪酬（元）	2004	751845. 23514	389900	0
	2005	964564. 23563	476500	0
	2006	1245745. 43082	623000	0

第一，净资产收益率逐年上升，说明安徽省上市公司的盈利能力逐年提高。

第二，董事会人数的平均数有小幅度的变化，从 9. 52314 人变动到 9. 25925 人。董事会人数的平均数和净资产收益率没有显著的相关性。

第三，独立董事人数的平均数也有小幅度的减少，从 3. 51214 人减少到 3. 18518 人。同样，独立董事的平均数和净资产收益率也呈负相关关系，关系不显著。

第四，董事会成员持股比例的平均数从 2004 ~ 2006 年逐年增加，从 0. 011% 增加到 0. 024%，而同时净资产收益率也显著的逐年提高，因此净资产收益率和董事会成员持股比例呈正相关关系。

第五，董事会人员薪酬的平均数有较大水平的提高，从 751845 元提高到 1245745 元。而净资产收益率随着董事人员薪酬的提高也不断提高，有显著的正相关关系。

通过对 2006 年的回归分析，我们可以看出 6 个自变量和净资产收益率的关系，同时通过对 2004 年、2005 年、2006 年 3 年数据的描述性统计分析，我们又可以直观地、全面地了解安徽省上市公司近几年的经营状况，以及各自影响因素的变化和对净资产收益率的影响程度。

四、结论及政策建议

第一，董事会的规模不宜过大或者过小，适度的董事会规模能够有效地提高董事会治理效率。

第二，独立董事的人数和公司的绩效没有显著相关性。说明安徽省上市公司的独立董事并没有很好地履行其职责。其原因可能是独立董事没有很好的激励机制，他们往往只领取一定数额的车马费，没有其他的报酬，很难要求他们承担起监督公司管理人员的重任。另外，公司在聘用独立董事时仅仅注重其社会地位和知名度，忽视了其执行独立董事工作的能力，且独立董事与公司监事会职责的重叠等问题都会降低独立董事的运行效率。所以在选聘独立董事时必须熟悉本公司的主要业务，有与本公司规模相近，业务相似的管理经验，还要有一套行之有效的激励机制。

第三，两职设置和公司的绩效相关性不显著。两职合一或分离各有利弊，公司应该根据自身的情况，选择两职是否合一，但是应该保证董事会对经理层的有效监督和经理层的灵活自主性。

第四，专业委员会的设置和公司绩效相关性不显著。安徽省上市公司专业委员会设置还很不规范，其作用发挥有限。建议尽快完善专业委员会制度，规范专业委员会运作。专业委员会应主要由独立董事来组成。

第五，董事会成员持股比例与公司绩效的正相关，说明公司的董事股权激励机制很好地发挥了其作用。董事持股可以将公司长远利益和董事的个人利益更好地结合起来，有助于防止董事会成员的短期行为。董事会成员拥有一定数量的股份可以形成董事会成员与股东之间、管理者与股东之间更强的利益关系，使得董事会成员在公司中也有“剩余索取权”，增加对董事的激励。我们建议适当提高董事会成员的持股比例，且设为长期限售股。

第六，董事会薪酬和公司绩效正相关，且统计检验显著。说明董事会薪酬对董事有很好的激励作用。我们建议应规范董事会薪酬制度，使董事薪酬与其贡献相匹配。

参考文献

[1] 马连福:《公司治理评价中的董事会评价指标体系设置研究》，载《南开管理评论》2003年第3期。

[2] 孙永祥:《董事会规模、公司治理与绩效》，载《企业经济》2000年第10期。

[3] 于东智:《董事会、公司治理与绩效》，载《中国社会科学》2003年第3期。

[4] 于东智、池国华:《董事会规模、稳定性与公司业绩:理论与经验分析》，载《经济研究》2004年第4期。

[5] 李维安等:《公司治理》，南开大学出版社2001年版。

[6] 刘玉敏:《我国上市公司董事会效率与公司绩效的实证研究》，载《南开管理评论》2006年第1期。

[7] 何廷玲:《我国上市公司独立董事制度研究》，西南师范大学出版社2006年版。

[8] 谷祺、于东智:《公司治理、董事行为与经营绩效》，载《财经问题研究》2001年第1期。

[9] 邵少敏、吴沧澜、林伟：《独立董事和董事会结构、股权结构研究》，载《世界经济》2004年第2期。

[10] 刘晓青：《独立董事制度研究》，江西人民出版社2007年版。

[11] 上海证券交易所研究中心：《中国公司治理报告（2006年）》，复旦大学出版社2006年版。

[12] Nikon, Vafeas, Board Meeting Frequency and Firm Performance. *Journal of Financial Economics*, 1999 (53).

[13] John, K., Senbet, L., Corporate Governance and Board Effectiveness. *Journal of Banking and Finance*, 1998 (22).

[14] Bhagat S. and B. Black, Board Independence and Long-Term Firm Performance. University of Colorado, 2000.

[15] Yermack, D., Remuneration, Retention, and Reputation Incentives for Outside Directors. *Journal of Finance*, 2004.

Relevant Research between the Board of Directors and Corporate Governance Performance

——Based on the Evidence of Listed Companies in Anhui Province

Liu Yinguo　Zhang chen

Abstract: Board is the center or core of corporate governance. Mode of operation and efficiency of the board of directors will determine the quality and efficiency of corporate governance. In this paper, we select the sample of listed companies in Anhui Shanghai Stock Market and the relevant data from 2004 to 2006. By regression analysis and comparative study, we empirically test the Correlation between the Board of Directors Governance and Corporate Performance. On this basis, we put forward policy recommendations for improving board governance.

Key Words: Board Governance　Corporate Performance　Correlation

利益相关者导向的商业银行治理研究

王竹泉 毕茜茜*

【摘要】从美国全面爆发的次贷危机到法国兴业银行的欺诈案件，全球的银行业正面临着一场前所未有的冲击与挑战。如何在这场金融危机中处于不败之地，如何在行业高度竞争中脱颖而出，关键在于制度的选择。本文基于利益相关者角度研究具有金融中介特殊性的商业银行治理，提出构建以利益相关者导向的治理结构和利益相关者导向的治理机制为主要内容的商业银行治理体系。其中，利益相关者导向的治理机制包括利益相关者导向的利益权衡机制、激励机制、监督机制以及危机治理机制。

【关键词】商业银行治理 利益相关者导向 治理结构 治理机制

20世纪90年代中期之前，虽然银行一词与治理频繁地联系在一起，但这只是把银行作为普通工商企业公司治理中一支重要的监督力量而被提到。90年代以来，随着东南亚和南美的金融危机、世界性银行的破产以及国际间银行业的兼并重组等诸多情况的纷纷涌现，银行自身的治理问题逐步得到社会各界的广泛关注。作为一种特殊的社会组织，商业银行拥有十分庞大的利益相关者群体，担负着巨大的社会责任，对经济的发展和社会的稳定起着举足轻重的作用，这就意味着银行业更需要建立和完善利益相关者导向的治理结构和治理机制。

一、商业银行的利益相关者及利益相关者导向的治理结构

商业银行拥有众多的利益相关者，作为利益受商业银行经营行为影响的各契约参与人，商业银行的利益相关者主要包括：股东、债权人、客户、经营者、员工、政府监管部门等。

---

* 本文得到国家自然科学基金项目“企业利益相关者结构特征与财务披露监管模式研究”（项目编号：70472013）和教育部新世纪人才支持计划（NCET-05-0590）的资助。作者感谢浙江大学姚铮教授在第五届公司治理国际研讨会上对本文的评论和建议。

王竹泉（1965~），男，山东栖霞人，中国海洋大学管理学院副院长、会计学系主任、中国企业营运资金管理中心主任、中国海洋大学MPAcc中心主任，教授、博士生导师。研究方向：利益相关者会计、营运资金管理。

毕茜茜（1983~），女，山东烟台人，中国海洋大学管理学院硕士研究生。研究方向：商业银行治理。

股东作为商业银行的所有者，仅提供了不到10%的运营资本，其对债权人提供的保障程度相对较低。由于行业固有的高风险特征和较高的负债权益比例，使得商业银行的股东比其他行业的股东面临的风险更大。但与其他企业组织一样，商业银行的控股股东作为商业银行运作的直接参与者，具有较强的监督和治理动机，而中小股东由于持股比例较低，不愿深入参加商业银行的经营活动，缺乏参与银行治理的动力。

债权人为银行提供了大部分资本，是银行经营风险的最大承担者。商业银行的债权人主要包括：普通债权人与存款人，前者具有较强的监督动机，而后者虽然为银行提供了大部分的资本，但由于人数众多且分散、信息不对称及国家隐性担保等原因，其参与治理的动机并不强。

客户主要是指商业银行的消费者，银行业作为社会资金融通的金融中介机构，主要围绕着企业融通资金为中心开展信用交易活动，提供各种金融服务。因此商业银行也会面临着来自贷款人的财务治理，贷款人不仅关心资金的可获得性，还关心与贷款相关其他服务。如：咨询查询服务、贷款出现问题时的重组服务等。

经营者作为商业银行的日常管理人员，主要负责把董事会的战略决策变成现实的行动，经理决策层的主要职责包括：负责银行日常运营的决策及对其所属分行、支行或代表处的重大活动的决策。具有专业管理技术、熟练业务水平、战略发展眼光的经营者会促进商业银行的跳跃式发展，在银行治理中起着至关重要的作用。

员工作为银行人力资本所有者，在银行长期发展中起着举足轻重的作用。金融产品的研发和推广、银行的全面管理都需要知识丰富和技能熟练的专业人员，同时随着银行产权结构和股权激励的发展，越来越多的员工将会以所有者的身份参与到银行的日常经营之中。

政府监管部门（在中国指人民银行、银监会等部门）作为行政职能部门，在参与商业银行治理的过程中主要起外部监督和政策导向作用，这些监管部门将进一步防范和化解银行业的风险，保护银行业利益相关者的合法权益，促进银行业的健康稳定发展。

并非所有与银行利益相关的人都要参与银行的治理，而且不同的利益相关者参与治理的方式和程度也是不一样的。与普通公司“高股权、低债权”的资本结构不同，银行具有“低股权、高债权”的资本结构，银行经营的风险在很大程度上是由债权人、客户等外部利益相关者承担的。但是，债权人、客户只是一般社会公众，他们没有参与银行内部治理的权力，缺少充分、及时的信息用以评估银行经营的风险并有效保护自身的利益。因此，商业银行建立利益相关者导向的治理结构就更为必要。在商业银行的外部治理结构中，除政府监管外，必须构建以债权人、客户作为治理主体的外部治理。外部治理的方式主要是强制性要求银行建立向债权人、客户和政府监管部门的信息披露制度，将及时、透明的银行经营信息提供给外部治理主体，建立外部治理主体参与银行治理的通道。除银行微观主体的内部治理结构和外部治理结构外，宏观层面的市场（包括经理人市场、资本市场和货币市场等）治理也是商业银行治理结构的重要组成部分。商业银行利益相关者导向的治理结构如图1所示。

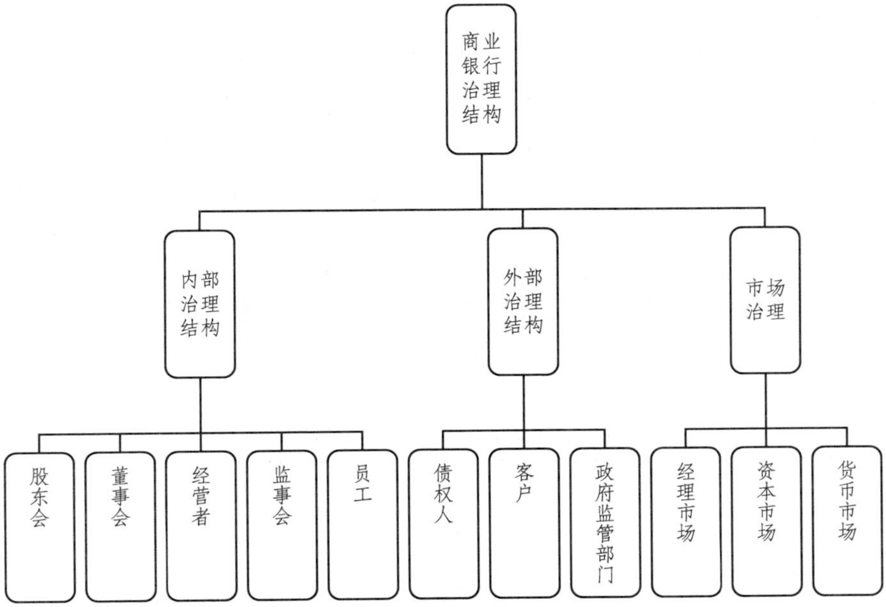

图1　商业银行利益相关者导向的治理结构

在建立利益相关者导向的治理结构前提下，利益相关者导向的商业银行治理还需要有一套完善的利益相关者导向的治理机制，包括利益相关者导向的利益权衡机制、激励机制、监督机制和危机治理机制。

二、商业银行利益相关者导向的利益权衡机制

利益相关者导向的商业银行治理并不意味着对所有利益相关者等量齐观，而需要根据每个商业银行的具体情况识别出关键的利益相关者，并根据关键利益相关者的重要性程度建立与之相适应的利益制衡机制。米切尔从合法性（Legitimacy）、权力性（Power）和紧急性（Urgency）3个方面对可能的利益相关者进行评分，然后根据分值的高低确定某一个人或者群体是不是企业的利益相关者以及关键利益相关者。但是，这种方法并没有考虑所确定的利益相关者或关键利益相关者的治理能力的差异，没有将关键利益相关者的界定与各类利益相关者的治理绩效联系起来。本文试图建立一个将利益相关者的

重要性和利益相关者治理绩效联系起来用以分析参与商业银行治理的关键利益相关者的模型，以便在商业银行治理中建立起科学的利益相关者导向的利益权衡机制。该模型的详细步骤如下：

步骤一：计算利益相关者纵向绩效变化趋势系数 Ts。商业银行按照行业惯例或者行业最优秀银行的指标选取办法从每组利益相关者的绩效评价指标中选出其中最重要的三项（i_1，i_2，i_3）作为商业银行进行分析的对象，并采用十分制进行评估。例如：股东的绩效评价指标包括净资产收益率、每股净资产、每股净利润等；债权人的绩效评价指标主要包括资产负债率、资本充足率、利息保障倍数等；经营者的绩效评价指标包括投资回报率、忠诚度、人力资本增值率等；员工的绩效评价指标包括人均经济增加值、对银行的忠诚度、员工满意度等；客户的绩效评价指标主要包括满意度、忠诚度、对品牌的认知度等；政府监管部门的绩效评价指标主要包括监管力度、行政行规的执行度、沟通效率等。针对商业银行六组利益相关者最近 5 个绩效评估期（t_1，t_2，t_3，t_4，t_5）的评估结果进行纵向分析（不同评估期绩效变化分析），编制利益相关者综合绩效纵向比较评价表，如表 1 所示。

表 1　利益相关者综合绩效纵向比较评价

利益相关者	股东 s_1	债权人 s_2	经营者 s_3	员工 s_4	客户 s_5	政府监管部门 s_6
三项绩效评价指标	i_1，i_2，i_3	i_1，i_2，i_3	i_1，i_2，i_3	i_1，i_2，i_3	i_1，i_2，i_3	i_1，i_2，i_3
评估期 t_1 三项绩效	$Es_1i_1t_1$ $Es_1i_2t_1$ $Es_1i_3t_1$	$Es_2i_1t_1$ $Es_2i_2t_1$ $Es_2i_3t_1$	$Es_3i_1t_1$ $Es_3i_2t_1$ $Es_3i_3t_1$	$Es_4i_1t_1$ $Es_4i_2t_1$ $Es_4i_3t_1$	$Es_5i_1t_1$ $Es_5i_2t_1$ $Es_5i_3t_1$	$Es_6i_1t_1$ $Es_6i_2t_1$ $Es_6i_3t_1$
评估期 t_2 三项绩效	$Es_1i_1t_2$ $Es_1i_2t_2$ $Es_1i_3t_2$	$Es_2i_1t_2$ $Es_2i_2t_2$ $Es_2i_3t_2$	$Es_3i_1t_2$ $Es_3i_2t_2$ $Es_3i_3t_2$	$Es_4i_1t_2$ $Es_4i_2t_2$ $Es_4i_3t_2$	$Es_5i_1t_2$ $Es_5i_2t_2$ $Es_5i_3t_2$	$Es_6i_1t_2$ $Es_6i_2t_2$ $Es_6i_3t_2$
⋮	⋮	⋮	⋮	⋮	⋮	⋮
评估期 t_5 三项绩效	$Es_1i_1t_5$ $Es_1i_2t_5$ $Es_1i_3t_5$	$Es_2i_1t_5$ $Es_2i_2t_5$ $Es_2i_3t_5$	$Es_3i_1t_5$ $Es_3i_2t_5$ $Es_3i_3t_5$	$Es_4i_1t_5$ $Es_4i_2t_5$ $Es_4i_3t_5$	$Es_5i_1t_5$ $Es_5i_2t_5$ $Es_5i_3t_5$	$Es_6i_1t_5$ $Es_6i_2t_5$ $Es_6i_3t_5$

通过计算利益相关者在每个相邻评估期三项绩效浮动百分比，可以判断出每组利益相关者纵向绩效变化趋势系数 T。

$$Ts = \frac{1}{3}\sum_{j=1}^{3}\prod_{k=1}^{4}\left(1 + \frac{E_{ij}t_{k+1} - E_{ij}t_k}{E_{ij}t_k}\right) \quad (1)$$

如果利益相关者的绩效在评估阶段内呈上升趋势，那么其绩效变化趋势系数将为一个放大系数（≥1）；如果利益相关者的绩效在评估阶段内呈下降趋势，那么其绩效变化趋势系数将为一个压缩系数（<1）。系数越大，说明利益相关者绩效变化趋势越良性、越积极，说明该类利益相关者的治理越有成效；系数越小，说明利益相关者绩效变化趋势越负面、存在的问题和隐患越多，赋予其较高的治理权是不明智的。

步骤二：计算利益相关者横向绩效比较优势系数 Ds。对利益相关者当前的绩效进行横向分析（跨银行对比分析）。假设共有 n 家银行参与绩效评价，编制利益相关者绩效横向比较评价表，如表 2 所示。

表 2　　利益相关者综合绩效横向比较评价

利益相关者	股东 s_1	债权人 s_2	经营者 s_3	员工 s_4	客户 s_5	政府监管部门 s_6
三项绩效评价指标	i_1，i_2，i_3	i_1，i_2，i_3	i_1，i_2，i_3	i_1，i_2，i_3	i_1，i_2，i_3	i_1，i_2，i_3
银行 b_1 三项绩效	$Es_1i_1b_1$ $Es_1i_2b_1$ $Es_1i_3b_1$	$Es_2i_1b_1$ $Es_2i_2b_1$ $Es_2i_3b_1$	$Es_3i_1b_1$ $Es_3i_2b_1$ $Es_3i_3b_1$	$Es_4i_1b_1$ $Es_4i_2b_1$ $Es_4i_3b_1$	$Es_5i_1b_1$ $Es_5i_2b_1$ $Es_5i_3b_1$	$Es_6i_1b_1$ $Es_6i_2b_1$ $Es_6i_3b_1$
银行 b_2 三项绩效	$Es_1i_1b_2$ $Es_1i_2b_2$ $Es_1i_3b_2$	$Es_2i_1b_2$ $Es_2i_2b_2$ $Es_2i_3b_2$	$Es_3i_1b_2$ $Es_3i_2b_2$ $Es_3i_3b_2$	$Es_4i_1b_2$ $Es_4i_2b_2$ $Es_4i_3b_2$	$Es_5i_1b_2$ $Es_5i_2b_2$ $Es_5i_3b_2$	$Es_6i_1b_2$ $Es_6i_2b_2$ $Es_6i_3b_2$
⋮	⋮	⋮	⋮	⋮	⋮	⋮
银行 b_n 三项绩效	$Es_1i_1b_n$ $Es_1i_2b_n$ $Es_1i_3b_n$	$Es_2i_1b_n$ $Es_2i_2b_n$ $Es_2i_3b_n$	$Es_3i_1b_n$ $Es_3i_2b_n$ $Es_3i_3b_n$	$Es_4i_1b_n$ $Es_4i_2b_n$ $Es_4i_3b_n$	$Es_5i_1b_n$ $Es_5i_2b_n$ $Es_5i_3b_n$	$Es_6i_1b_n$ $Es_6i_2b_n$ $Es_6i_3b_n$

通过计算利益相关者三项绩效与行业平均水平的差值百分比，可以判断出银行 p 的每组利益相关者绩效与行业平均水平的对比系数 D。

$$\mathrm{Ds} = \frac{1}{3}\sum_{j=1}^{3}\left(1 + \frac{E_{ij}b_p - \frac{1}{n}\sum_{q=1}^{n}E_{ij}b_q}{E_{ij}b_p}\right) \tag{2}$$

如果利益相关者的绩效高于行业平均水平，那么其对比系数将为一个放大系数（≥1）；如果利益相关者的绩效低于行业平均水平，那么其对比系数将为一个压缩系数（<1）。相应地，对于那些治理绩效高于行业平均水平的利益相关者，应赋予更高的治理权，而对那些治理绩效低于行业平均水平的利益相关者，则应在分配治理权时给予相应的约束。

步骤三：采用评分法计算未经绩效调节前的利益相关者决策权重。可采取主动性、利益相关者的重要性和利益相关者要求的紧急性进行直接评分，仍然采用十分制标准，再取平均值得出利益相关者在治理决策方面的权重 W。

步骤四：通过将利益相关者绩效表现与权重相结合计算出该利益相关者

经绩效调整后的决策权重 θ。

$$\theta s = Ws \cdot Ts \cdot Ds \tag{3}$$

由此可见，具有较高的未经绩效调整前的利益相关者决策权重、纵向绩效表现良好、横向比较优势明显的利益相关者将最终拥有较多的决策权，商业银行治理的利益权衡和制度安排应该更多地考虑该组利益相关者的利益诉求。

表 3　　未经绩效调整前的利益相关者决策权重

利益相关者	股东 s_1	债权人 s_2	经营者 s_3	员工 s_4	客户 s_5	政府监管部门 s_6
主动性 P	Ps_1	Ps_2	Ps_3	Ps_4	Ps_5	Ps_6
重要性 C	Cs_1	Cs_2	Cs_3	Cs_4	Cs_5	Cs_6
紧急性 R	Rs_1	Rs_2	Rs_3	Rs_4	Rs_5	Rs_6
权重 W	$Ws_1 = \frac{1}{3}(Ps_1 + Cs_1 + Rs_1)$	$Ws_2 = \frac{1}{3}(Ps_2 + Cs_2 + Rs_2)$	$Ws_3 = \frac{1}{3}(Ps_3 + Cs_3 + Rs_3)$	$Ws_4 = \frac{1}{3}(Ps_4 + Cs_4 + Rs_4)$	$Ws_5 = \frac{1}{3}(Ps_5 + Cs_5 + Rs_5)$	$Ws_6 = \frac{1}{3}(Ps_6 + Cs_6 + Rs_6)$

三、商业银行利益相关者导向的激励机制

利益相关者导向的激励机制是商业银行治理的动力所在，对治理机制整体效应的提升具有重要的影响。在利益相关者导向的治理机制中使用有效的激励手段，有利于协调商业银行不同利益相关者主体之间的权益关系，从而促进治理机制的不断完善。

股东对银行进行投资的预期利益和基本动机主要体现为收益，即保障其投入资本的安全与增值，这主要通过两方面得以实现：股利分红，主要表现为净资产利润率；资本利得，主要表现为扣除交易成本和交易税金的股票买卖差价。所以对股东进行激励的重点是关注其合理合法的收益，保障其获取股息和红利的权利。

债权人通过与商业银行签订债务契约获取一定的利息收入，最为关注债权的安全性与回报度。由于商业银行的行业特殊性，其债权人主要由大量分散的存款人组成，为了保证商业银行对存款人实施的财务激励机制能够有效地运作，可以引入一定程度的存款人利益保护措施，如存款保险制度等。此外，商业银行还可以凭借优秀的服务质量、良好的偿债信誉、满意的利息回报，有效激励债权人给予更多的财务支持。

经营者激励机制是商业银行利益相关者导向的激励机制的重点，银行对经营者的激励主要包括三个方面：基本薪酬、绩效薪酬和福利保障，其中基本薪酬和福利保障主要指岗位工资和福利补贴等基本生活保障，绩效薪酬则主要指年终奖金和股票期权等激励方式。由于所处行业、资本结构、市场竞

争程度、监管力度等诸多因素均不相同，在设计报酬补偿激励机制时，应基于自身特点，充分考虑相关因素的影响。商业银行的行业高负债性使股东存在过度风险投资的倾向，出于监管者安全稳健目标的考虑，银行适合选择低报酬—业绩敏感性的经营者报酬补偿激励机制。由于银行的年度业绩目标及其实现方式通常是通过预算来体现的，有效的经营者报酬补偿激励机制应能够激励经营者充分发挥自身潜力，实现高水平的业绩目标，从而有效抑制在业绩目标确定过程中讨价还价和"打埋伏"的现象。为此，我们建议商业银行采取如下与商业银行预算相联系的经营者简易薪酬模型：

$$\Pi = \Pi' + \alpha \times \Phi' + \beta \times (\Phi - \Phi') \qquad (\alpha > \beta) \tag{4}$$

$$\Pi = \Pi' + \alpha \times \Phi' - \varepsilon \times (\Phi' - \Phi) \qquad (\varepsilon > \alpha) \tag{5}$$

其中 Π'为与业绩无关的基本薪酬，Φ 为实际完成业绩，Φ'为预算业绩，α、β、ε 为3个比例系数，α 为与预算业绩挂钩的比例系数，β 为实际超出预算的提成比例系数，ε 为未完成预算的处罚比例系数。当实际完成业绩 Φ 大于预算业绩 Φ'时，超出预算部分的奖励挂钩比例系数 β 小于与预算挂钩的比例系数 α，从而使低报预算以谋取超额奖励的行为得不偿失，从制度上有效地遏制了预算编制过程中的打埋伏现象；当实际完成业绩 Φ 小于预算业绩 Φ'时，未完成部分惩罚的比例系数 ε 大于与预算挂钩的比例系数 α，同样使高报预算以虚增与预算挂钩薪酬的行为得不偿失。在这种模型设计下，只有当预算业绩 Φ'等于预期的实际业绩 Φ 时，银行经营者的薪酬才会最高。由于银行业适合选择低报酬—业绩敏感性的经营者报酬补偿激励机制，故相对其他行业而言，其基本薪酬 Π'的设计应该相对较大，3个比例系数应该相对较小。

银行对员工支付满意的薪金，赋予适当的权利，会极大地激发员工的工作热情，提高参与治理的积极性。银行财务激励的主要方式除了工资、奖金、养老金、保险等激励形式外，还可以实行员工持股计划，使员工不仅能获得自身劳动报酬所得的权利，还能获得资本增值所带来的利益，有利于增强员工的主人公意识和银行凝聚力，完善银行治理机制。

商业银行的客户主要由贷款人构成，贷款人不仅仅关心银行资金的可获得性，还包括与贷款相关的其他服务，如贷款种类、业务咨询、产品质量、贷款出现问题的后续服务等，为了更高效地对银行客户进行激励，商业银行不仅应该及时为优质贷款客户提供资金，保证高品质的服务质量，还应该定期向客户发布银行相关的信息。

四、商业银行利益相关者导向的监督机制

由于激励机制不能从根本上解决利益冲突问题，为弥补激励措施的不足，需要一定的约束机制加以保障。商业银行利益相关者的监督机制应该是出资

者（包括股东、债权人和员工）监督、管理层监督、政府监管部门监督以及市场监督机制的高度结合，即内外部监督机制的相互作用。完善商业银行利益相关者导向的监督机制应加强以下几点：

第一，出资者监督。商业银行的出资者主要包括：奉献物质资本的股东、债权人以及奉献人力资本的员工。股东大会作为商业银行最高权力机关，主要通过选举和罢免方式行使对董事和监事的监督权，此外，股东还可以通过用手投票、用脚投票或手脚并用的方式实现对经营者的监督；加强债权人的监督效率需要关注以下信息：资本流动性、债务增加、资本支出、资金使用、利润分配和股票回购、资产清理等，此外，由于银行的债权人比较缺乏监督动力，为了保护债权人的财务利益，需要建立完善的独立董事制度；由于利益相关者治理理念的发展，员工参与财务监督的积极性与主动性有所提高，参与方式多种多样，集体谈判制度、员工代表制度、员工建议制度等都有助于商业银行利益相关者治理机制的完善。为了加强出资人的监督，商业银行的监事会成员构成不应仅仅是股东代表和员工代表，应扩宽范畴，如增加债权人和客户的代表等，从而更好地满足利益相关者导向的商业银行治理的需求。

第二，管理层监督。商业银行的管理层包括：董事会、行长（CEO）和首席财务官。董事会有权监督经理是否按董事会的决策意见贯彻执行，决定是否继续聘任行长，同时由于银行的经营权在经营者与董事会之间分享，故行长与董事会之间能够形成相互监控的制衡关系。首席财务官对董事负责，拥有较大的财务监控和决策建议权。商业银行内部应该形成完善的权责利制衡机制，使董事会、行长和首席财务官能自发地进行相互监督，同时为了增强董事会的独立性和客观性，应该严格控制董事会的成员构成，引入外部董事制度，增强董事会的监督力度。

第三，政府监管部门监督。中央银行、银监会及其相关的财政、金融、税收等管理部门，制定的一系列法律法规和规则条例等，是对各利益相关者参与银行治理的规范和保护，并对商业银行治理的规范运行和效率提高有着不可替代的作用。商业银行监管实践的传统主流为严格的资本标准，但过度的监管可能会扭曲商业银行的财务行为，反而对监管产生不利影响。完善政府监管部门的监督机制有以下两种方式：一是在充分考虑利益相关者各方利益的基础上制定和完善法律法规的保护性条款。二是放松对外部市场的管制，以充分的信息披露引导各治理主体间的博弈，引导建设竞争性市场。

第四，市场监督。建设经营者市场。在高度发达的经营者市场上，理性经营者的最佳选择是努力工作，提升自身人力资本的价值。因为高度竞争的压力迫使经营者加倍努力，若经营者决策失误，不努力工作，致使银行经营状况恶化，经营绩效下降，就会面临着人力资本价值贬值和被淘汰下岗的危险。因此，大力建设经营者市场，会对经营者产生自我约束、自我监督的压力。

完善资本市场。在完善的资本市场中，利益相关者可以通过披露财务信息，及时掌握银行的运营状况，准确分析银行的未来前景，并通过股票市场对他们的预期进行反映。如果银行出现经营危机，银行股票就会遭到抛盘，股票价格就会持续下跌，银行有可能就要面临被兼并被收购的危险，这就会间接促使经营者提高管理水平，改善经营状况。

健全金融产品市场。如果金融产品市场比较健全，银行同业竞争比较激烈，那么只要银行的经营状况出现问题，其金融产品的市场占有率就面临着下降的危险，银行的经营绩效也会随之降低，利益相关者通过银行产品市场了解到相关信息后，会通过银行治理来影响银行的经营活动，加大对银行治理的监督力度。

有效的监督机制不应仅仅是上述某一方面约束力量的独大，而应是四种模式的交叉运用、共同完善，只有内、外部监督机制同时发展、共同作用时，监督机制才能最大限度地发挥功效。

五、商业银行利益相关者导向的危机治理机制

商业银行在发展过程中由于受外部金融环境的变化或自身缺陷的冲击，极有可能出现经营危机，同时商业银行是关乎国民经济稳定的特殊行业，如果一系列银行的治理都出现问题，那么后果将会非常严重，因此建立商业银行的危机治理机制就显得尤为重要。本文主要是基于耗散结构理论论证商业银行危机产生的原因和解决措施。

1. 耗散结构理论的主要内容

1865年克劳修斯（Clausius）根据热力学第二定律把度量系统无序程度的能量称为熵，用 ds 表示，$ds \geqslant 0$，熵增现象意味着有效能量减少，无效能量增加，从而导致无序的增加。1969年比利时科学家普利戈金（I. Prigogine）提出了耗散结构理论，他认为世界处在一个完全开放的环境下，熵增现象要受到外部环境的影响，总熵变 ds 是由两个部分构成的：$ds = d_e s + d_i s$，其中，$d_e s$ 称为熵流，是由体系与环境之间交换物质、能量和信息引起的，它的正负是由开放体系的性质、条件不同决定的。$d_i s$ 称为熵产生，是由体系内部自发的不可逆过程产生的，它永远不会为负值。因此，当系统从外部引入了负熵流 $d_e s$ 时，就可以抵消内部熵 $d_i s$ 的增加，从而避免无序状态发生甚至到达新的有序态。耗散结构的形成有两个基本的前提条件：一是系统必须是远离平衡态的开放系统；二是系统存在非线性机制的涨落。

2. 商业银行危机产生的原因

商业银行间不存在稳定的、均衡的发展，银行是一个开放的非平衡系统，

同时，银行之间同业拆借现象十分普遍，复杂的债权债务关系不能用简单的线性公式加以表示，所以商业银行满足耗散结构的形成条件，是一个耗散结构体。引发银行危机的具体原因主要包括以下两个方面：

第一，银行内在脆弱性导致的内部熵增是银行危机的根源。在银行体系中，内部熵的增加即银行财务治理的内在不确定性主要是由其内在的脆弱性引起的，这种内在缺陷是伴随着银行的产生而产生，并不能依靠自身的发展完全消除，而只能暂时利用良好的经营业绩来延缓。银行内在的脆弱性主要体现在银行高负债经营的债权结构。

第二，银行外部的不确定性引入正熵流是导致银行危机的外部条件。在银行体系中，熵流是由银行外部环境的不确定性决定的，如：政治动乱、宏观经济的恶化、信用制度缺失等外部不确定性都可以看做是系统从外部引入的正熵流，这些都必然会加速银行治理的无序，使银行危机显现出来。

3. 建立利益相关者导向的危机治理机制——利益相关者相机治理

一旦耗散机构体系中总熵变为正，体系就会由有序走向无序，体现在银行体系中即出现危机。若银行在日常经营过程中没有做到未雨绸缪，不重视危机，未引进危机治理机制，就极有可能运营困难，出现危机，此时为了保护经营恶化时各利益相关者的既得利益就需要进行相机治理。利益相关者相机治理，是指在企业经营出现危机时，通过建立一套有效的制度安排使受损失的利益相关者能够得到企业的控制权，以改变既定的利益分配格局。其具体内容包括：

股东相机治理。当银行出现运营危机时，股东可通过监事会保障自身利益；如果监事会无力阻止，则需要召开临时股东大会进行表决、对并购行动给予支持、用脚投票等相机治理措施。这些治理措施能在一定程度上缓解内部熵的增长速度，控制内部熵的绝对增长数量，减弱商业银行固有的、内在的脆弱性。

经营者相机治理。银行经营状况的好坏与所有者治理结构有一定的关系，当所有者决策行为导致银行经营状况恶化时，经营者可以通过管理层收购实现对银行实际控制权的掌握。一旦银行被成功收购，对经营者会构成财富约束，他就有动力拯救银行。在这种动力的驱使下，经营者会致力于改善银行的经营状况，缓解内部熵的过快增长，杜绝总熵变为负值，从而避免无序状态的发生。

债权人相机治理。债权人的风险是银行的经营状况可能恶化到不能按期偿还本金和利息，债权人可以通过终止合同、接管公司、参与治理等措施维护自己的收益不受侵害。另外，还可以建立银行董事制度，在公司董事会设置兼职债权人董事等，使债权人可以享有银行的部分控制权，以确保债权人利益。银行由于行业特殊性，一旦出现信用危机，遭到存款人的集中挤兑，发生危机的可能性就会被成倍的放大，杜绝这种无序现象要从根本上控制内部熵的发展，完善治理机制，增强对债权人的保护力度。

员工相机治理。员工对银行的相机治理可通过以下方式加以实现：建立员工董事制度，实施员工股份制方案、推行员工—资本合伙制等。只有物质资本提供者股东与债权人、管理才能提供者经营者以及人力资本提供者员工共同努力，多边参与治理，才能从根源上减缓内部熵的增长速度，抑制银行由有序走向无序的混乱状态。

政府监管部门相机治理。政府监管部门可以通过提请以立法等方式对银行行为进行监督和约束，如制定各种约束银行财务和会计行为的法律法规及对违规行为惩罚的法律制度。政府监管部门也可直接参与对银行的税务检查、工商检查以及委托市场监管机构、中介机构对银行的行为进行监督等相机治理机制。这些相机治理措施都会促进银行外部市场的繁荣，良好的宏观经济政治环境会为银行系统注入负熵流，增大实现总熵变为负的可能性。

参考文献

[1] 陈宏辉、贾生华：《企业利益相关者三维分类的实证分析》，载《经济研究》2004年第4期。

[2] 王竹泉、毕茜茜：《改革开放30年会计监督的发展与创新》，载《会计研究》2008年第7期。

[3] 王竹泉：《利益相关者财务披露监管的分析框架与体制构造》，载《会计研究》2006年第9期。

[4] 湛垦华、沈小峰：《普利高金与耗散结构理论》，陕西科学技术出版社1982年版。

[5] 乔海曙、吕伟昌：《银行应对突发性事件的有效策略》，载《投资研究》2005年第1期。

[6] 谢顺利、侯坤：《基于耗散结构理论的银行突发事件研究》，载《海南金融》2006年第2期。

[7] 吴树畅：《相机财务论：不确定条件下的财务行为选择研究》，中国经济出版社2005年版。

Research on Stakeholder Oriented Financial Governance in Commercial Banks

Wang Zhuquan Bi Qianqian

Abstract: From the broke out of U. S. sub-prime crisis across-the-board to Societe Generale fraud, global banking industry is undertaking an unprecedented strike and challenge. The key to establish oneself in an unassailable and impregnable position in this financial crisis or even stand out from intensive industrial competition replies on the choice of system. This article investigates the financial governance of commercial banks that possesses financial intermediary's unique characteristic from stakeholders' perspective. It brings forward the establishment of a commercial bank governance system that is composed of stakeholder oriented governance structure and stakeholder oriented governance mechanism. More specifically, stakeholder oriented governance mechanism includes stakeholder oriented financial decision-making mechanism, incentive mechanism, supervision mechanism and risk management mechanism.

Key Words: Commercial Bank Governance Stakeholder Oriented Governance Structure Governance Mechanism

我国家族企业与公司治理的融合
——基于公司治理结构的视角

孙本超*

【摘要】作为传统的企业形式之一，家族企业为我国经济的发展做出了突出的贡献，但是由于自身存在的缺陷，使得家族企业的进一步发展受到制约。近几年来家族企业开始从公司治理的角度寻求自身的突破，但是成效不是很明显。本文从四个维度分析家族企业在公司治理结构中存在的问题，进而提出解决建议，以期突破我国家族企业的发展瓶颈，促进家族企业与公司治理的融合，实现家族企业进一步的发展。

【关键词】家族企业　治理结构　企业成长

一、引　言

中外大量研究表明，家族企业在世界经济中占有举足轻重的地位，至今仍然是一种最普遍的企业，是世界各国经济的重要组成部分。近几年我国家族企业面临着新的挑战，不断寻求通过改善公司治理的方式突破自身的缺陷，下面对家族企业的定义和特征以及公司治理的基本概念进行说明。

1. 家族企业的定义

对于家族企业的定义至今没有统一的认识，各国学者基于自身的研究提出家族企业的定义，总结起来主要有三种代表性的观点：一是企业起点说；二是家族构成说；三是权利控制说。

企业起点说以美国著名企业史学家钱德勒为代表，他的定义是企业创始者及其最亲密的合伙人（和家族）一直掌握有大部分股权，他们与经理人员维持紧密的私人关系，且保留高层管理的主要决策权，特别是在有关财务政策、资源分配和高层人员的选拔方面。钱德勒的定义强调了家族企业的股权和控制权为一个家族掌握这一最为重要的特征，可以看成是关于家族企业的一个经典定义。

* 孙本超（1986～　），男，河北沧州人，南开大学经济学院学生。研究方向：公司治理、公司理财。

家族构成说以美国哈佛大学研究家族企业的学者唐纳利（Robert G. Donerly）为代表，他认为，同一个家族至少有两代参加本公司的经营管理，并且这两代衔接的结果使公司政策和家族的利益与目标相互影响，且满足如下七个条件中的一个或数个条件，即可构成家族企业。这七个条件是：（1）家族成员凭借其与公司的关系，决定个人一生的事业；（2）家族成员在公司的职务影响他在家族中的地位；（3）家族成员有理由认为其有责任持有这家公司的股票；（4）虽然家族成员非正式参与公司的管理，但他的行为却代表这家公司的信誉；（5）公司与家族的整体价值合二为一；（6）现任或前任董事长或总经理的妻子或儿子位居董事；（7）家族关系在决定经营管理权以及权力的继承中起着重要的作用。唐纳利的定义不仅强调了家族的经济特征，即家族所有和家族控制，而且强调了家族企业的社会特征，即家族企业与家族自身发展之间的相互影响关系。

权利控制说主要从家族掌握企业所有权和经营权方面来定义家族企业。我国学者潘必胜指出，当一个家族或数个具有紧密联盟关系的家族拥有全部或部分所有权，并直接或间接掌握企业的经营权时，这个企业就是家族企业。

从上述定义来看，尽管中外学者的各种说法互相之间存在着一些差别，但是基本核心还是一致的，即家族企业是一个家族所有并控制的企业。本文认为所谓家族企业主要是以血缘或亲缘结成的家族力量以股权或实际控制权方式渗透进企业，影响或掌握企业决策的企业形式。

2. 公司治理的定义

公司治理是一组规范公司相关各方的责、权、利的制度安排，是现代企业中最重要的制度架构。它包括公司经理层、董事会、股东和其他利害相关者之间的一整套关系。通过这个架构，公司的目标以及实现这些目标的手段得以确定。公司治理的核心是在所有权和经营权分离的条件下，由于所有者和经营者的利益不一致而产生的委托—代理关系；公司治理的目标是降低代理成本，使所有者不干预公司的日常经营，同时又保证经理层能以股东的利益和公司的利润最大化为目标。

公司治理的本质就是平衡，一个好的公司治理结构其实就是各种力量的平衡。公司治理的目的是解决两个问题：一是经营者选择问题；二是激励问题。公司治理的模式大致可分为两种：一种是由股东起作用依赖于资本市场的美英模式，另一种是由银行起作用依赖于相互持股的德日模式。前者可能会导致投资不足问题，后者则可能会导致过度投资问题，两者都不利于实现公司价值最大化。

公司治理问题起因于现代企业的所有权与经营权的分离而产生的代理问题。由于我国家族企业大部分尚处于起步阶段，两权分离程度较低，因而代理问题不是很突出，但受家族企业本身特征的影响，在治理结构上存在很多缺陷，制约了家族企业的发展。

3. 公司治理结构的定义

根据中外学者的观点，总结得出公司治理结构是指股东大会与董事会、监事会、经理层等构成的内部控制和监督机制以及外部环境中其他相关利益者（员工、工会、社会组织等）的支持和约束机制。

公司治理结构是一种对公司进行管理和控制的体系，它体现了公司的股东、董事及经理层与公司利益相关者之间的关系，不仅规定了公司的各个参与者，例如，董事会、经理层、股东和其他利益相关者的责任和权利分布，而且明确了决策公司事务时所应遵循的规则和程序。

二、四维度分析我国家族企业治理结构的现状及问题

改革开放以来，我国的家族企业发展迅速，为我国经济的发展做出了卓越的贡献。但是，由于我国传统文化的影响以及中国的特殊国情，使得我国的家族企业治理结构出现了与国外家族企业不同的特征，也出现了具有“中国特色”的问题。下面简单地分析一下中国家族企业治理结构的现状以及出现的问题。

1. 我国家族企业治理结构的现状

家族企业治理结构涉及诸多方面，在此，主要从企业的产权结构、股权结构、企业组织结构控制权的分布以及法律法规建设等方面进行说明。

（1）产权维度。现阶段我国家族企业的产权结构比较混乱。主要是因为我国历来的政策偏向于扶持国有企业，所以迫使很多的家族企业打着集体企业的旗号进行生产经营；同时还因为我国家族企业面临着最大的困难就是融资问题，但是国家在融资上对私营企业的要求十分的严格，使得我国的家族企业的融资十分的困难，为了实现便利的融资，很多的家族企业也戴上了“集体企业”的帽子。

（2）企业组织维度。从我国家族企业组织结构上来看，企业内部的组织化程度在不断提高，1993 年私营企业中董事会比例为 26%，股东大会与监事会无相关记录，党组织工会和职代会的比例也不高；而到 2004 年时，这些组织比例都在 30% 以上。

从我国家族企业控制权分布情况来看，目前我国家族企业的重要决策和一般管理决策的主要做出者主要是投资人。但随着时间的推移，主要投资人在参与企业决策中所占的分量在逐渐减小，董事会在企业决策中的作用不断上升；同时，其他管理人员在企业决策过程中发挥的作用越来越大，而且管理人员来自社会的比例也不断增加。

（3）管理资源维度。我国家族企业在引进职业经理人的道路上已经走了很长的时间，但是效果不是很好，遇到了一些前所未有的挑战。较早引进职业经理人的华帝集团，姚吉庆刚刚加盟一年就被迫辞职离去；一直推行现代企业制度的重庆力帆老总尹明善明确表示，重庆力帆 20 年之内不再聘任职业经理人；浙江宁波雅戈尔董事长李如成也明确表示，雅戈尔不再考虑聘请职业经理人。这一次次的失败告诉我们，我国家族企业引进并融合职业经理人的道路还很长，并且很曲折。

（4）法律法规维度。从法律法规的建设上分析，针对私营企业面临的几个重要的难题，国家还没有相关的法律法规的出台，例如：家族企业的融资问题、职业经理人的信用问题、企业内部成员的激励问题等。这就给家族企业的继续发展造成了很大的障碍，使得家族企业的经营规模难以扩大，达不到规模经济的要求；同时家族企业主对引进职业经理人有很大的畏惧心理。

从总体上看，我国家族企业的产权十分的不明晰，创业者及其家族仍掌握着企业的大量股权，同时企业的重大经营决策和一般经营决策也主要由主要投资人做出。但随着时间的推移，董事会及其他主要管理者做出决策的比例在不断提高。不过，董事会、股东会成员兼任管理人员的现象比较严重，企业的决策实际还是由投资人及其家族人员做出。社会中相应的法律法规建设十分的不健全，严重地影响了家族企业的继续发展。

2. 我国家族企业治理结构的问题

（1）产权维度——产权模糊。产权模糊在我国家族企业发展初期几乎是普遍存在的现象。首先，家族企业在资本原始积累阶段，基于血缘关系，彼此信任，对于财产分割不清，导致企业规模发展壮大后，家族成员内部产权界定不清，埋下了日后家族成员间产权纠纷的隐患；其次，家族企业与外界产权关系不清，这是由于我国当时特定的经济政治社会背景决定的。为获得各种政策支持，良好的声誉，甚至只是为了避免在经济、政治等各方面可能遇到的歧视性待遇，家族企业自愿以产权的模糊性来获取政策支持，采取“戴红帽子”的方式，纷纷披上国有或集体的外衣。随着对私营经济等非公有经济政策的放开，社会环境的逐渐宽松，企业的迅速膨胀，这些因素最终都导致了大量的产权纠纷。这种纠纷大多发生在家族企业面临第一次发展低谷的时候，创业者们之间因为经济利益的矛盾、对企业控制权的争夺、企业的战略决策意见不合，产生强烈的明晰产权的欲望。这种明晰产权的纠纷往往导致“分家”，高昂的分裂成本往往削弱了企业的实力，使企业走向衰败。

融资困难是长期困扰家族企业发展的另一大难题。企业在发展过程中会时常遭遇资金匮乏的窘境，而对中国家族企业而言，则更是一道屏障。从银行的间接融资来看，以家族企业为主的中小民营企业很难通过银行信贷筹措到足够资金。国有商业银行的服务对象主要集中在国有企业，对于中小民营企业，银行放贷则十分谨慎且手续繁杂。对于资本市场直接融资，尽管国家在不断放松对私营企业上市融资的限制，但现在上市公司中家族企业所占比例仍然偏小，这其中的原因一方面是所有制歧视，另一方面中国家族企业治理结构不规范造成的产权模糊是其重要原因。

（2）企业组织维度——企业组织不健全，家族控制明显。经过近几年的不断发展，家族企业中董事会和股东会的发展不容忽视，但是 2005 年中国私营企业调查报告对浙江、广东、四川、吉林和湖北五省部分企业进行的调研结果，调研中有限责任公司的比重占到样本企业总数的 77.99%，但同时有 61.82% 的企业承认本企业本质上仍是家族企业，有 72.6% 的企业主及家族成员共同拥有的股权比重占 90% 以上。同时，目前我国家族企业中股东会、董事会成员与经理人员交互任职的现象还大量存在。根据 2005 年私营企业调查报告，92.9% 的主要投资者兼任本企业总裁、经理，企业主既是投资主体，又是经营主体，这说明管理层交互任职的现象仍未改变。可见我国家族企业在企业组织上有所进步，但是这些进步只体现在表面，并不是家族企业组织结构实质的突破。

（3）管理资源维度——职业经理人引进存在障碍。随着家族企业规模的扩大，无论从外部复杂的市场竞争环境还是从内部人力资源紧缺的程度来说，家族企业引进职业经理人都已经成了家族企业继续生存的必要条件，但是我国家族企业和职业经理人之间却存在着巨大的障碍，主要体现为信息的不对称。家族企业主对职业经理人存在戒心，使得家族企业很大一部分的信息职业经理人并不知情，或者为职业经理人的工作设置障碍，对其经营行为进行束缚，使其不能够侵害家族企业的利益；同时，对于职业经理人来说，利用一些专业知识，侵害家族企业的利益，达到满足自己私利的目的。在这种信息不对称的情况下，家族企业在职业经理人的经营下不会得到发展甚至还会产生倒退，所以家族企业主倾向于不引进职业经理人。

（4）法律法规维度——法律法规十分不健全。我国家族企业已经开始尝试引入委托代理机制，实现“两权”分离，在没有完善的约束监督机制的情况下，很容易出现“内部人控制”现象。根据一个主题为“最有效的约束因素”的调查，通过对成都地区部分家族企业的中上层管理人员调查发现，选择“法律法规”、“职位升迁”比例最大，达到 81% 和 62%，而且职位越高，越是看重这两种因素。

公司治理涉及诸多法律问题，必须由国家通过法律途径来加以规范，它不可能仅仅通过设立一个相互制衡的组织结构就能完成，更为重要的是通过法律的形式明确各利益关系人的权、责、利，强化对各利益关系人约束，并通过法律的最终威慑力来达到公司治理的目的。鉴于目前我国法律法规建设现状，在很多领域都存在法律空白；而且公司法介入公司治理结构的程度也较低，对家族企业的法律保护不够，政府不能改变以往“人治”家族企业为

“法治”家族企业的状况，这对我国家族企业的长远发展是极为不利的。

可见我国家族企业随着实力的不断增大，公司治理水平也在不断的强化，但是，由于家族企业自身固有的缺陷，使得家族企业在公司治理结构方面存在着比较明显的问题，这些问题制约着家族企业的进一步发展。

三、完善我国家族企业治理结构的对策建议

研究表明，家族企业具有与生俱来的管理优势和制度安排的内在合理性，所以它的存在将是长期的。为了使家族企业走上健康、持续的发展道路，在研究我国家族企业治理结构时，应根据自身情况，兼采国内外各模式之长、避其之短，把外来文化嫁接到儒家文化上，形成“利义共举、外内兼修、法德并重”的公司治理结构。本文提出以下对策建议：

（1）产权维度——实现产权多元化，优化产权结构。根据现代产权理论，一个公司的产权归属是公司本身的根本属性，如果弄不清楚产权归属问题就不可能建立完善有效的治理结构。家族企业要加快产权明晰的步伐，尽快完善家族企业的治理结构，建立合理的产权结构，推动家族企业的资本社会化和管理社会化，使其向公众公司迈进，实现家族企业的可持续发展。

家族企业产权改革的重点是以现代企业产权制度逐步替代以往的血缘产权制度。具体做法是产权开放，即向愿意投资的人开放，实现家族企业资本主体的多元化，如管理层收购，员工持股计划等。这在很大程度上有利于消除“三缘”性血缘产权现象，拓宽了家族企业的融资范围，有利于技术进步。

家族企业要发展，完全依靠自身发展能力是不行的，依靠外部各种力量，家族企业才能做大做强。但家族企业在解决高速发展过程中融资瓶颈问题时，面临着两个必须解决的问题：一是家族资本向社会开放问题；二是家族资本向社会开放程度问题。中国家族企业在现有金融制度下，难以及时获得高速发展所需的巨额资金，融资成本较高。同时由于我国传统的“家”的观念十分的强烈，所以家族企业主一般拒绝血缘关系以外的社会资本进入。但是为了实现家族企业做强做大的目标必须克服这两个瓶颈。

（2）企业组织结构——优化企业结构，建立现代企业组织结构。随着家族企业产权的明晰，社会融资的增加，这时候无论是财务资源还是人力资源都超出了家族所能供给的能力，要想发展就得更大范围的融合资源。但是，融合外部资源最根本的是要以企业的产权让渡为代价，处于企业发展与产权让渡的矛盾之下，大多数企业还是会选择企业发展而让渡部分产权。企业的股东会和董事会已不单只有家族或泛家族成员，外来人员的加入使董事会和股东会的格局发生了变化。外部所有者的加入都是为了获取部分企业的剩余索取权和剩余控制权，为了能够更好地维护自己的利益，这些人就会促使两

会的改革，使得两会的结构更加健全、规范。随之监事会也逐渐建立，用来监督董事会成员与经营管理者。这时家族企业不再只是关系型契约，因为关系型契约在这些外来人身上大多是失效的。正式契约开始出现，并替代了部分关系型契约，家族企业组织内部出现了关系型治理与现代企业治理相混合的情况，企业交易成本增加，为了降低交易成本，三会的法律职能开始履行。随着企业融合外部资源，并不断优化配置内部权力和利益，企业从成长阶段逐渐进入成熟期。经过快速发展过程的家族企业这时候企业的权利配置达到某种均衡，这时候的三会与以前相比已经有了质的区别，虽然三会还保留有家族影响的影子，但为了与企业发展水平相适应，三会更加规范化、科学化、民主化，各尽其职来维护企业的稳定良好发展。

（3）管理资源维度——引进、融合职业经理人。职业经理人一般要比企业老板更了解世界潮流、技术、市场和资本运作，职业经理人比企业老板更了解企业内部的运作情况和经营上的漏洞，这也是家族企业引入职业经理人的根本原因。职业经理人作为特殊的人力资本，只有与企业特定的组织环境和组织资源相结合才能发挥作用。

家族企业引入职业经理人体制，首先要做的是在心理上降低对职业经理人的信用恐慌，虽然发生了很多职业经理人的信用危机事件，仔细研究这些危机产生的根源在于没有理顺职业经理人与资本的关系。职业经理人和资本不是简单的雇佣关系，它们之间是相辅相成的，都是利益相关者，要采取各种措施淡化这种雇佣关系，同时要运用股权激励等方式，鼓励职业经理人成为企业的所有者，以企业所有者的心态来经营企业，还可以运用精神激励和物质激励相结合的方式，促使职业经理人在精神上得到满足，减少其铤而走险的动机；同时建立完善的约束机制约束职业经理人的行为，例如健全公司章程，完善人员考核制度，及时公布职业经理人诚信信息等措施。

（4）法律法规维度——完善法律法规的建设。

首先，保护合法的私有产权。由于我国特殊的历史原因，现行法律制度对私有产权保护不足，相当多的私营（家族）企业对未来私有产权保护产生了不确定性预期，这就使私营（家族）企业投资动力不足，有些甚至采取各种非法手段向境外转移资产，发生了私营资本大量外逃的问题。私营资本退出国内市场，对我国国民经济发展造成严重危害。还有私营（家族）企业所面临的有关主管部门和监督执法部门的乱收费、乱罚款和乱摊派的现象时有发生，也侵害了私营（家族）的权益。所以，建立私有产权的法律保护制度，增设“私有财产神圣不可侵犯”的法律条款就显得异常迫切和重要。物权法出台之后，在保护私人财产方面起到了重要的作用。

其次，建立公平的竞争环境。在市场准入方面政府已经开始对家族企业的审批采取放宽准入的范围，审批程序方式不断简化，对有些领域放松管制，例如：允许非公有资本进入法律法规未禁入的行业和领域。允许外资进入的行业和领域，也允许国内非公有资本进入，并放宽股权比例限制等方面的条件。在投资核准、融资服务、财税政策、土地使用、对外贸易和经济技术合作等方面，对非公有制企业和其他所有制企业一视同仁，实行同等待遇等。

但是还应进一步健全法制体系，如规范市场主体的法律（公司法、商业银行法），规范市场基本关系的法律（合同法、信托法），规范市场竞争秩序的法律（会计法、证券法、反垄断法、反不正当竞争法、反倾销法）。只有建立了完备的法律保障机制，公平竞争的外部环境才会发挥作用，也就避免了侵权现象的发生。

再其次，建立健全完备的融资环境。建立和完善为中小企业服务的金融支持体系。国外经验证明，中小金融机构是家族企业间接融资的主要支持者。建立和完善为中小企业服务的金融支持体系。国外经验证明，中小金融机构是家族企业间接融资的主要支持者。同时，提高家族企业的抵押贷款能力，鼓励企业灵活运用消费贷款机制，使企业的产品更多、更快地进入市场和消费者手中；发展证券市场，降低家族企业对银行的依赖度，鼓励做大的家族制企业上市融资。

最后，积极推进信用制度建设。由于各种原因，我国的信用制度严重缺失，这也是我国家族企业不引进职业经理人的主要原因之一，在社会上建立完善的信用制度成为我国企业进一步发展的必要条件。第一，建立完备的产权制度，以使人们形成长期的、稳定的预期。第二，要规范政府的行为，扩大政府政策的透明度，尽量减少政府部门的交易行为，以规范市场交易。第三，制定和完善相关法律法规，营造信任的法制环境。第四，加大对违反社会信誉的行为的惩处力度。

四、总　结

以上四个维度，可以分为内部和外部两个影响因素，产权、企业组织和管理资源维度是家族企业公司治理结构完善的内部因素，而法律法规维度是家族企业公司治理结构完善的外部因素。同时，这四个维度中，最重要的是产权维度，只有从根本上把产权问题解决了，其余问题才有解决的可能，同时，其余三个维度也为解决产权问题提供了途径和方法，例如通过企业组织结构的完善，产权的顺序和界限就会十分的清晰，不会出现混乱的局面了；还可以通过法律法规的规定，解决家族企业的融资难题，给予一定的帮助，如图1所示。

所以，以上四个维度是相辅相成的，只有在每个问题上得到突破，才能从总体上解决家族企业公司治理结构不合理的问题，促进家族企业与公司治理进一步融合，实现家族企业的发展。

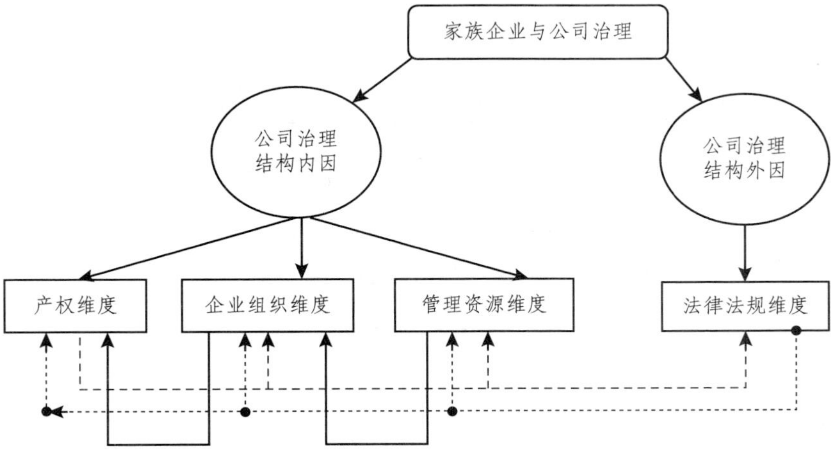

图 1　四个维度的相互关系

参考文献

[1] 费孝通：《乡土中国》，费孝通卷（东方之子、大家丛书），华文出版社 1999 年版。

[2] 李维安：《公司治理学》，高等教育出版社 2005 年版。

[3] 李旭辉：《家族企业的优劣势分析及发展对策》，载《经济与管理》2005 年第 2 期。

[4] 汤文灿、李攀峰：《基于三个维度的企业成长理论研究》，载《软科学》2005 年第 1 期。

[5] 王亚美：《对完善家族企业组织结构和公司治理的思考》，载《中国商界》2009 年第 6 期。

[6] 杨永泉：《浅谈家族企业与公司治理结构》，载《冶金丛刊》2007 年第 6 期。

[7]《中国私营企业发展报告（1999）》，社会科学文献出版社 2000 年版。

China's Family Business Integration and Corporate Governance

——Based on the Perspective of Corporate Governance Structure

Sun Benchao

Abstract: As a traditional form of business, family business has made outstanding contributions for economic development. However, their own shortcomings makes the further development of family businesses were constrained. In recent, family business from the perspective of corporate governance to seek a breakthrough in their own, However, the effectiveness is not very clear. In this paper, it will analysis family business in the corporate governance problems in four dimensions, and put forward recommendations. With a view to break through the development of our family business bottlenecks, to promote the family business and the integration of corporate governance and to achieve further development of family business at last.

Key Words: Family Business Governance Structure Corporate Growth

联盟治理结构的理论演进

黄玉杰　张国梅　张义娟*

【摘要】战略联盟是企业获得高层次竞争优势的重要组织形式，但是机会主义风险的存在导致联盟面临高失败率的挑战。本文从交易成本理论、产权理论、社会关系理论和关系契约理论的研究视角对联盟治理的已有研究成果进行回顾，分析不同理论视角的贡献和局限性。在此基础上，提出了联盟治理领域的进一步研究方向。

【关键词】**战略联盟　治理结构　交易成本　契约**

一、研究背景

日益激烈的全球竞争、快速的技术进步和急剧缩短的产品生命周期，导致企业单凭自身的资源与能力已经难以建立持久性的竞争优势，因此基于合作竞争的战略联盟成为全球化背景下商业战略的主旋律。中国战略联盟始于 20 世纪 90 年代，并于 20 世纪末快速发展，在以汽车制造业为代表的传统产业中，战略联盟一直是我国各大企业做大做强和提高竞争能力的法宝；而在以电子信息技术为代表的高新技术产业中，以合作研发、长期供应、合作营销等非股权形式来组织的战略联盟更是迅猛发展。然而战略联盟通常面临着比单个企业面临着更多的不确定性和伙伴机会主义风险，仅有不到半数的联盟实现了预期绩效。

本文作者对中国企业战略联盟进行的前期调查表明，尽管联盟管理者认识到需要通过恰当的联盟治理机制来抑制伙伴机会主义行为，但是多数管理者经常受到以下问题的困扰：究竟应该选择何种形式的联盟治理结构以确保联盟合作的成功？各种联盟治理结构适用于何种特定条件？不同联盟治理结

---

* 本文得到教育部人文社会科学规划基金项目“关系契约视角下的联盟治理结构及其绩效研究”（项目编号：08JA630021）的资助。

黄玉杰（1968～　），女，辽宁辽阳人，河北经贸大学工商管理学院教授、博士。研究方向：战略管理和公司治理。

张国梅（1984～　），女，河北邢台人，河北经贸大学工商管理学院硕士研究生。研究方向：战略管理和公司治理。

张义娟（1981～　），女，河北定州人，河北经贸大学工商管理学院硕士研究生。研究方向：战略管理和人力资源管理。

构对联盟绩效有何影响？联盟管理者迫切希望得到关于联盟治理理论上的指导，以便构建能有效应对伙伴机会主义风险的联盟治理机制。因此，本文以战略联盟治理结构选择为背景，对国内外联盟治理结构理论进行综合分析与比较，旨在构建系统的联盟治理结构选择框架。

二、联盟及其治理结构的基本内涵

所谓战略联盟（Strategic Alliances）是两个或两个以上在法律上独立的企业之间为了实现各自的战略目标，通过股权或非股权参与等形式而建立的长期契约安排，它涵盖了市场和一体化之间的一系列中间组织形式，包括从简单的技术许可、研发协议、制造合同、联合营销或分销协议、采购—供应合同，到较为复杂的直接股权投资和股权合资等形式。

联盟治理是通过法律和社会控制机制的组合来协调和保护联盟伙伴所贡献的资源、管理伙伴的责任、并且对联盟合作活动的报酬进行分割，其核心目标是通过组合应用一系列激励与控制机制来解决联盟中因不完全契约而引发的伙伴机会主义风险。而公司治理是用于支配企业中利益相关者权责关系的相互制衡的制度安排，其核心目标是保护股东以及其他利益相关者的利益。相对于公司治理而言，联盟治理比公司治理更为复杂，所包含的范围也更加宽泛，既包含各种明示的治理机制，也包含一系列隐含的自动履约机制；既包含法律控制机制，也包含社会控制机制。因此，垂直一体化、正式的法律契约、恰当的治理结构、第三方制裁和建立伙伴之间的关系契约以及非正式的社会关系规范都可以看成是联盟治理机制。

联盟治理结构是指有关联盟决策控制权和收益权配置的一整套制度安排，这些制度安排涉及联盟目标的确立、剩余控制权的分配、控制方式选择，以及联盟成员之间在风险和收益上的分配等。由于联盟治理结构主要关注“剩余控制权”的分配，所以它实际上是联盟参与方之间的所有权安排。狭义的联盟治理结构则是指介于市场和一体化之间所表现出的长期合同、单边或双边持股，以及合资等一系列中间组织形式，它是对广义联盟治理结构的具体化描述，因为一旦联盟组织结构被确定其决策权也将随之确定。

虽然目前关于联盟治理结构的分类方法很多，但是每一种分类方法都反映了联盟组织的层级化程度，而且最终都可以归结为股权型联盟治理结构与契约型联盟治理结构两种类型。其中，契约型联盟治理结构是指两个或者两个以上的企业通过协议而非筹措股本的方式建立的合作关系，联盟参与方之间没有股权交换和共享而仅仅借助于契约来维系关系，因此没有形成独立的法律实体。而股权型联盟治理结构是指伙伴以产权共享方式将各自的能力结合起来，并组建了由合作企业共同所有和经营的新经济实体，因此是涉及股权参与的紧密合作形式。

三、联盟治理结构的研究进展

从理论视角来看，现有联盟治理结构的研究可以概括为以下四个领域：

1. 基于交易成本理论的联盟治理结构研究

（1）早期的市场与一体化选择研究。早期关于联盟治理结构的研究大多是建立在交易成本理论基础之上并沿着这一理论框架而展开的。交易成本的概念由科斯（Coase，1937）首次提出，并将其开创性地用于分析“企业边界”问题，而交易成本理论的集大成者威廉姆森（Williamson，1985）综合了法学、社会学、经济学和组织理论领域的研究成果，对交易成本理论进一步加以完善和发展。威廉姆森强调层级化的交易治理结构对机会主义的抑制作用，并指出如果没有机会主义，那么在层级内部协调交易的可能则大大减少；但是如果资产专用性很高时机会主义的风险将会很大，此时利用层级取代市场来阻止机会主义是十分必要的。威廉姆森（2002）进一步将交易治理结构的基础概括为交易属性、可选择的治理结构属性以及服务的目的三个方面，从而为交易治理结构选择的理论分析和实证研究奠定了基础。

与威廉姆森的观点相似，克莱恩、克劳福德和阿尔钦（Klein，Crawford & Alchain，1978）主张通过一体化来解决资产专用性和不确定性引发的治理问题，并且指出当参与方做出了一项专用性资产投资以后准租随之产生，伙伴机会主义的可能性将会变为现实。而且随着资产专用性的增加，准租受到机会主义伙伴侵占的可能性越大，因此应该考虑采取垂直一体化来减少因资产专用性投资而导致准租侵占和避免事后机会主义行为。而且克莱恩（2000）还借助通用汽车公司和费雪车身公司的合并案例，进一步说明垂直一体化在避免长期契约中刚性成本的作用。

遵循威廉姆森和克莱恩等的研究，乔斯科（Joskow，1985，1987，1990）在其系列论文中运用交易成本理论分析煤炭供应商和电厂之间的关系专用性投资、契约谈判的协议期以及垂直一体化之间的相互关系，并且实证性地揭示了垂直一体化对于机会主义和敲竹杠风险的抑制作用，从而进一步支持了交易成本理论的基本观点。

需要指出的是，交易成本理论的早期研究关注于对企业（一体化）和市场的区分，而现实中许多长期契约关系往往介于市场和一体化之间，传统的市场与一体化分析没有普遍意义。因此，近期的交易成本理论研究重点从一体化转向混合型交易治理结构（战略联盟）。

（2）近期的股权型与契约型联盟治理结构选择研究。在交易成本理论的启发下，近期大量研究者专注于为什么联盟应该选择特定的联盟治理结构而不是其他形式，并且探讨了联盟治理结构的特征及其影响因素。例如，皮萨诺（Pisano，1989）基于交易成本理论对生物技术领域的195个战略联盟样本比较了股权与契约合作模式。实证研究结果表明，某些内部化组织的治理特性可以通过部分股权所有权得到，如果联盟中涉及的侵占越多则越可能形成层级化的治理结构。同样，格罗斯（Croisier，1998）使用CATI数据库中2102个外部研发协议分析生物技术、新型材料、信息技术领域研发联盟，发现研发联盟中的不确定性越高，相对于市场治理的交易成本也越高，因而研发联盟的治理结构越可能转向于层级；而且越是在研发的初期阶段、越是复杂的战略联盟，股权参与合作取代非股权参与合作的可能性越高。

奥克斯勒（Oxley，1997）运用CATI数据库中1980~1989年组建的美国制造企业的165个技术联盟信息，分析了单边契约协议、双边契约协议、股权联盟等三种技术研发联盟的治理结构。结果表明，企业属性对于有效联盟治理结构的选择并没有显著的影响，相反联盟的交易属性是联盟治理结构选择的决定因素，当由于技术难以描述或者由于联盟活动范围更加广泛使得道德风险十分严重时，更可能会选择层级化的联盟治理结构来加强监督。科伦布（Colombo，2003）以契约理论和能力理论为基础专门研究了复杂技术联盟的治理结构选择。他使用来自北美、欧洲和日本的67个最大的全球信息技术企业在1983~1986年期间组成的271个战略联盟样本进行实证研究，结果表明：①股权型联盟相对的更适合于复杂联盟以及技术联盟；②技术联盟中伙伴技术专长的差异导致使用股权联盟的倾向更高，而双边契约更适合于技术专长相似的伙伴之间的技术联盟；③由于成本方面的优势，契约联盟比股权联盟更为普遍。

此外，汉森（Hansen，2001）、艾伦和菲利普斯（Allen & Phillips，2000）、罗宾逊和斯图亚特（Robinson & Stuart，2002a，2002b）也分析了公司股权并且得出结论，在商业联盟中伙伴之间购买股权或者合资可以降低关系中的缔约和监督成本，因此联盟中股权联系可以有效地抑制伙伴的机会主义行为。

（3）联盟治理结构研究的新趋势：交易成本理论与其他理论的组合应用。随着联盟治理理论的不断发展和研究的深入，更多的研究者将交易成本理论与资源理论、组织学习和能力理论、甚至是期权理论加以组合，以期建立更为系统的联盟治理结构研究框架。例如，有些学者（Chen et al.，2003）通过问卷调查方法对台湾地区化工、机械、电子电器、运输设备等行业的159个企业战略联盟进行了实证研究。他们首先将战略联盟区分为股权合资型和契约型联盟，并且得出了与交易成本理论预期相一致的结论，即更高的资产专用性水平、更大的不确定性将导致企业选择更为层级化的股权型联盟治理结构。然后他们进一步将契约型联盟区分为交易型联盟和组合型联盟，并运用资源理论分析契约型联盟治理结构不同形式。结果表明，那些提供互补资源的企业通常选择交易型契约联盟；相反提供相同资源、追求协同目标的企业则通常选择组合型联盟。

雷宾恩和米勒（Leiblein & Miller，2003）组合运用交易成本理论、资源观、期权理论对 117 个半导体企业的 469 个跨行业的垂直一体化决策样本进行实证研究。结果表明，对某一特定流程技术具有更多经历的企业更可能选择内部化生产活动，而有更多外包经历的企业则更可能选择外包生产活动。实证研究还发现，联盟活动的治理不仅受到交易特征的影响，而且还受到企业层效应的强烈影响，最优的联盟治理结构是交易属性和企业特征（即企业现有优势和劣势）的函数。更加有趣的是，桑普森（Sampson，2004）基于学习能力理论和交易成本理论研究了电信设备行业 232 个研发联盟治理结构选择，并且得出了与其他研究者不同的结果：当存在技术成分的联盟时，采用双边契约联盟的可能性将会增加，而股权联盟或单边契约并不适合技术联盟。

（4）对交易成本理论的简要评论。交易成本理论主张建立具有卓越适应属性的联盟治理结构来降低联盟中的机会主义风险，并且基于联盟交易的资产专用性、不确定性等关键交易特征构建了科学的研究框架，因此交易成本理论奠定了联盟治理结构选择的理论基础。

但是交易成本理论仍存在某些局限性，主要表现在：第一，交易成本理论仅仅把联盟治理结构看成是联盟交易特征的函数，而忽视了企业属性、社会关系和环境差异等其他因素的决定作用。第二，交易成本理论基于离散的静态分析隐含地将每个交易作为不连续的独立事件来处理，忽视了重复联盟的可能性以及源于前期相互作用等历史发展因素，难以揭示复杂的动态环境下联盟治理机制。第三，虽然交易成本理论对缔约过程中的不完全性给予了相当重视，但是它忽视了交易主体间的权力配置，而现实联盟治理中所有权分配恰恰是非常重要的。第四，更为关键的是交易成本理论大多基于描述性和经验性研究，由于缺乏正式化的数学机理分析使得我们对现有联盟治理是否科学系统仍然知之甚少。而产权和不完全契约理论的发展使得对交易成本理论的严格检验成为可能。第五，虽然资源理论和学习能力理论是对交易成本理论的补充，但是这些理论特别是资源理论仅仅关注企业内部的资源因素，而现实中的企业加入战略联盟的目的可能不仅仅在于获取稀缺资源，也不仅仅是知识和技能的学习，还可能包括进入全新市场、实现规模经济、分担成本与风险、获取知识等其他目标。因此，资源和能力角度的联盟治理结构研究缺乏很好的解释力。

2. 基于产权和不完全契约理论的交易治理结构研究

（1）产权和不完全契约理论下交易治理结构的理论研究。产权理论对交易治理结构的早期研究可以追溯到格罗斯曼和哈特（Grossman & Hart，1986）的市场和一体化分析模型。该模型从资产专用性和生产决策的事前不可缔约性出发，通过一个与财产权配置有关的剩余控制权概念将敲竹杠问题加以正式化。模型显示，控制权在契约伙伴之间的分配是由每个伙伴的相对边际贡献（即参与方对投资的重要程度）来决定的，并且在非一体化情况下双方仅仅是中等程度的投资或者投资不足；而在垂直一体化情况下，所有者企业将取得较大份额的事后剩余，这将导致所有者企业过度投资而下属企业投资不足，因此最优的所有权结构是那种使得因投资扭曲而引发的全部剩余损失最小化的情况。

哈特和摩尔（Hart & Moore，1990）、哈特（1995）探究了在给定契约不完备情况下的最优所有权配置问题，并且指出所有复杂合约都是不完整的，即契约不可能对每一种可能情况下资产使用的所有方面都作出规定，因此实物的或者非人力资产的产权十分重要。哈特给出了产权最优配置准则：如果一方当事人的行动对他能否获得资产很敏感以及他的行动对于盈余的产生非常重要，或者他既对获得资产敏感又对盈余的产生非常重要，那么这一当事人可能拥有资产。而且对于甲乙双方交易而言，在下面四种情况下：当双方资产属性互补的、甲方是乙方的重要贸易伙伴、甲方有重要投资、乙方是可有可无的或者其投资不是特别重要时，那么甲方拥有资产将会提高总体效率，此时企业倾向于一体化的公司战略选择。相反，企业倾向于联合行动。

马斯金和悌若尔（Maskin & Tirole，1999）专门研究了有条件的产权和不完全契约理论。首先，他们给出现有产权理论的三个基本假设：契约服从再谈判；产权的实施传递了私人利益；参与方为风险中性的。然后，他们研究了哈特和摩尔（1990）产权理论中的标准命题（即联合所有权是次优的）的稳健性。通过比较联合所有权和单一所有权下的净效用发现：单一所有权下拥有所有权的一方具有完全的投资激励，而没有所有权的一方仅仅做出与联合所有权下相同的投资水平；而联合所有权排除了外部选择机会并且没有因此给任何一方提供进一步的保护，所以单一所有权优于有外部选择的联合所有权。

阿根亚和悌若尔（Aghion & Tirole，1994）通过构建一个研发活动的组织模型（以下简称 AT 模型）讨论技术创新的产权分配。AT 模型的结论是：如果研发单位的努力充分重要，那么产权分配给研发企业；如果研究单位增加努力所获得的利益不是充分重要时，产权配置取决于双方的事前讨价还价能力。AT 模型的另一个结论是，当研发企业具有事前讨价还价能力时产权配置一直是有效的，但是当融资企业具有事前讨价还价能力并且研发是现金短缺的时候，产权配置可能是无效的。因此，AT 模型的最终结论是：决定研发联盟控制权分配的因素包括一方或双方投资不足对联盟成功的影响程度以及双方的讨价还价能力。

费尔森和莫拉莱斯（Filson & Morales，2006）基于 AT 模型构建了一个简单的合作创新模型，并且分析了生物技术合作中客户企业持有其研发伙伴部分股权的原因。费尔森和莫拉莱斯指出，由于契约的不完全性常常导致监督的困难和机会主义的产生，而股权联系可以产生密切的联系并且促进信息的流动，因此基于股权的部分所有权有利于监督。实证检验结果也支持了模型假设：股权联系方式更能增进客户企业对研发企业能力以及联盟项目质量的了解，当研发项目结果越难以预期、客户努力越重要以及研发企业的价值越低时，越可能选择股权联盟方式。

（2）产权和不完全契约理论下交易治理结构的实证研究。随着产权和不完全契约理论的研究进展，一些研究者开始依据这一理论对交易的治理结构进行实证性的研究，并且证实了有关理论预期。例如，达斯古帕塔和道（Dasgupta & Tao，1998）专门研究了股权分享与利润分享协议之间的差异并且指出，在契约不完全性的情况下所有权至关重要，股权合资比利润分享契约为参与方提供了更好的事前投资激励，因为股权分享与可让渡的产权有关并且将减少因事后讨价还价而产生的敲竹杠问题。进一步的实证检验结果表明，股权合资作为合作研发活动的组织形式非常重要，在研发合资当中是最为常见的形式是50－50或者51－49合资协议。另外，眉山（Bizan，2000）使用一种转换回归技术来分析美国—以色列研发联盟中的研发契约，结果表明，只有当融资公司具有事前的讨价还价能力且研发企业是资金短缺的时候，伙伴的相对边际贡献才重要。这一检验结果支持了AT模型的理论预期。

但是，另外一些实证检验结果未能支持产权和不完全契约理论的预期。例如，杜塔和威斯（Dutta & Weiss，1997）研究了电子和电动仪器行业中技术创新与合作模式之间的关系，结果表明越具有创新性的公司越可能从事营销和许可协议而不是合资或者研发合作。而勒纳和墨杰斯（Lerner & Merges，1998）通过三个案例分析和200家生物技术研发公司与融资公司（一般是制药公司）之间战略联盟的定量研究来验证GHM和AT理论。他们的实证研究结果表明，对研发公司（生物技术企业）的控制权配置随着其财物资源的增加而增加，那些财务实力更强的研发企业拥有更多的联盟控制权。而对项目成熟度的检验结果表明，当联盟项目处于产品早期研发阶段时趋向于将更多的控制权分配给融资企业，这一结论与产权理论的联合价值最大化理论预期相反，因此GHM框架中所谓投资不足引发控制权分配的观点没有得到支持。此外，埃尔芬拜因和勒纳（Elfenbein & Lerner，2003）对因特网网络接口与内容提供商之间的控制权关系进行了实证研究，他们发现影响合作关系价值的行动是不可缔约的，因此产权理论的前提假设未能得到实证支持。

（3）对产权和不完全契约理论的简要评述。相对于交易成本理论而言，产权和不完全契约理论关注于传递剩余控制权的资产所有权来改变交易关系的效率，该理论不仅对交易成本理论提供支持而且给出了更为正式化的分析方法，所以产权和不完全契约理论在某种程度上是对交易成本理论的进一步发展。但是该理论在联盟治理结构则同样有局限性。

首先，尽管产权和不完全契约理论强调通过治理结构或资产所有权等正式的契约工具去消除参与方的敲竹杠问题，但是资产所有权结构在消除了一种敲竹杠的同时还可能引发一个逆向的敲竹杠问题，所以一体化往往并不是应对机会主义的最好选择。

其次，传统的产权理论认为联合所有权是次优选择而不可能是最优的，然而在现实当中以股权和契约合作形式存在的战略联盟均非常普遍，传统的产权和不完全契约理论无法揭示现实中将近 70% 的非股权联盟（即契约型协议）。

最后，传统的产权和不完全契约理论仅仅是一种静态分析，它忽视了战略联盟的关系契约本质，未能考虑基于长期合作而建立的伙伴关系对于联盟治理结构的影响。由于忽视了现实中更为广泛的战略联盟形态以及长期联盟合作对所有权动态配置的要求，所以常常得出与现实不符的实证研究结论。因此，还要在传统产权和不完全契约理论之外继续寻求其他理论支持和补充。

3. 基于社会关系理论的联盟治理结构研究

尽管交易成本理论和产权理论关注参与方的机会主义和敲竹杠行为，并且强调联盟中正式治理的重要性。然而具有社会学背景的帕克（Parkhe, 1998）、吉野和雷根（Yoshino & Rangan, 1995）、凯利，沙恩和乔纳斯（Kelly, Schaan & Joncas, 2002）等研究者们发现，现实当中并非所有人都机会主义地行为，相反他们将选择合作和信任他人，他们指出联盟治理的真正挑战在于将合作协议转化为有效的社会关系。因此，将联盟治理研究的视角从产权和交易成本理论逐渐转向社会关系理论，该理论关于联盟治理结构的主要研究观点可以概括如下。

（1）基于伙伴关系的联盟治理结构研究。为了揭示伙伴关系与联盟治理结构之间相互作用，古拉蒂（Gulati, 1995）通过 166 家来自美国、日本和欧洲的企业数据对一系列联盟进行了事件史分析，以揭示联盟经历对联盟治理结构的决定作用。研究结果表明，伙伴之间基于重复联盟关系而产生的信任可以作为应对伙伴机会主义风险的有效机制，并且在某种程度上是对更为层级化的正式治理结构的替代。古拉蒂（1998）进一步分析了社会关系网络的存在对联盟治理结构的影响，指出企业社会关系网络可以从两个方面影响信任的产生：一方面，社会网络可以作为一种推荐机制，使得公司之间通过相互了解和熟悉产生“基于知识的信任”；另一方面，社会网络还可以作为一种威慑机制，即伙伴因担心失去声誉和未来的业务而产生“基于威慑的信任”。上述两种信任产生机制不仅保证了联盟交易关系得以自我强化，而且逐步减少了对层级治理结构的依赖。

桑普森（Samposon, 2005）运用电信设备行业的 464 个研发联盟样本研究发现，前期联盟经历可以增加当前以及未来联盟合作的利益。一方面，由于学习曲线效应的存在，更多的合作经历使得企业学会了如何更好地管理联盟，特别是学会了管理复杂的或者具有高度不确定性产出的联盟的技能，因此企业可以与伙伴更有效地协调并最终改进合作利益。另一方面，有前期联盟经历的企业可以为其合作活动选择更恰当的契约结构，而恰当的契约结构选择与联盟绩效密切相关。而罗伊特和佐罗（Reuer & Zollo，2000）以及罗伊特、佐罗和辛格（Reuer，Zollo & Singh，2002）通过分析前期关系与联盟治理的适应性以及后期治理变革之间的关系，也得出了与桑普森相似的研究结果。

然而，奥克斯勒（Oxley，1997）的研究结果并没有发现前期联盟或者联盟经历对股权型联盟治理结构的影响，而奥克斯勒和桑普森（Oxley & Sampson，2004）发现前期联盟与股权型联盟治理结构之间具有在统计上不显著的正向关系。

我国少数研究者也对联盟中的关系和信任进行了初步探讨，陈菲琼（2003）专门研究了关系资本在企业知识联盟治理结构选择中的作用，并指出企业所感觉的风险分布情况会直接影响知识联盟治理结构的选择。而王昌林和蒲勇健（2005）研究了技术联盟的治理机制，指出通过联盟成员之间的协商机制、声誉机制和信任机制有机组合以达到联盟治理目标。遗憾的是，国内学者的研究仅仅局限于概念性分析，未能深入揭示伙伴关系与联盟治理结构之间的作用机理和实证证据。

（2）社会关系理论的正式化：关系契约理论的发展。关系契约理论吸收了法学、社会学和经济学的最新研究成果，并且将现代契约理论和博弈论的建模分析思想引入到交易关系分析。因此，该理论逐渐发展成为现代企业理论的核心议题。关系契约理论的发展为社会关系理论提供了正式化的建模分析工具，使得深入分析社会关系与治理结构相互影响作用的机理成为可能。

社会学家麦考利（Macaulay，1963）首次提出了契约治理的正式和非正式机制。麦考利通过对43家企业和6家法律公司中68个商人和律师的经验素材研究发现，在20世纪50年代美国商业活动的60%～75%是基于非契约性关系的，而正式的法律制度在保证契约执行中仅仅发挥很小一部分作用，契约条款的详细规定对于市场经济秩序并没有实质性的影响。

为了理解和深入研究关系契约，贝克、吉本斯和墨菲（Baker，Gibbons & Murphy）基于关系适应性理论就关系契约进行了一系列开拓性研究（以下简称为BGM）。吉本斯（2005）分析了交易治理中关系契约的重要性，他指出在正式契约（或治理结构）之外还存在应对契约不完全的另一种交易治理方式，即不考虑改变治理结构而转向关系型缔约，因为关系性契约不仅有助于避免正式契约安排中昂贵的事前陈述，而且使得缔约方充分利用其对特定环境的详细知识对可能的变化做出适应性的调整。

贝克、吉本斯和墨菲（Baker，Gibbons & Murphy，2002）构建了一个关

系契约模型来说明企业内部与企业之间的关系契约。首先，GBM 将威廉姆森的治理结构三分法（市场、一体化和双边规制）扩展到如表 1 所示的四种类型。然后，对这四种类型交易治理结构下的关系契约构建了正式化的分析模型。BGM 的重复博弈分析模型证明，一体化决策影响参与方对给定关系契约的食言诱惑，进而影响参与方所能维持的最优关系契约，因此在交易治理当中的正式契约与关系契约交互作用、相互补充。

表 1　　交易的治理结构

治理环境	所有权环境	
	非一体化	一体化
市场型	市场型外包	市场型雇佣
关系型	关系型外包	关系型雇佣

贝克、吉本斯和墨菲（Baker，Gibbons & Murphy，2004）专门研究了生物—制药企业战略联盟中的关系契约以及不同联盟治理结构的选择。BGM 详细讨论了常见的联盟治理结构形式，并且比较了一次性适应和关系适应环境下各种治理结构的相对效率。他们的结论是：在一次性交互中任何一种联盟治理结构都可能达到次优，但是没有一种治理结构在一次性博弈中是最优的；而在关系契约环境下，参与方之间未来交互的可能性将以不同的方式改变了这些联盟的特性，而有效的治理结构是指那种可以以最高的贴现率来执行关系契约决策规则 $d^{RC}(s)$ 的治理结构。

我国研究者吴德胜（2005）以 BGM 理论为基础进一步分析了网络组织治理中的关系契约；李维安和周建（2005）探讨了关系型网络组织治理的内涵、治理结构、治理机制以及价值创造；王安宇等（2006）构建了研发项目外包中的重复博弈模型，表明研发项目外包者和承包者之间的对称性关系契约只与技术成果价值的波动幅度有关，而与承包者的研发生产率系数及私人成本系数等特征参数无关。

（3）简短评论。社会关系理论为战略联盟治理提供了一种新的研究视角，并受到越来越多的关注。然而，由于研究者缺乏详细的契约资料和联盟治理结构以及伙伴关系的数据信息，所以迄今为止还没有多少社会学者能清晰说明伙伴关系究竟如何影响联盟治理结构的选择。另外，现有研究多是基于解释性和经验性研究而缺乏对伙伴关系对联盟治理结构决定作用的正式化机理探究，因此所得到的研究结论仅仅说明伙伴关系能够影响联盟治理结构并且提高联盟绩效，而未能揭示伙伴关系究竟为什么以及如何影响联盟治理结构和绩效，从而难以保证研究结论的稳健性和一般性。

关系契约理论不仅给出了社会关系理论的正式化模型表述，同时也是对交易成本理论和传统不完全契约理论的重要补充。BGM 模型将关系适应性理论融入关系契约分析当中，这对于联盟治理结构中关系因素的研究具有很高的借鉴价值。遗憾的是，该模型假设资产专用性不起作用且仅仅分析单一控制下的联盟治理结构，而忽视了对诸如合资、少量持股以及单边持股等更为层级化的联盟治理结构，因此，这一理论的解释能力和应用范围受到限制。

四、对现有联盟治理结构研究的评价

战略联盟的迅速发展引发了经济学界以及管理学界对联盟治理的高度重视，无论是基于不完全契约理论还是关系契约理论的联盟治理结构研究均取得了许多有价值的研究成果，且对于指导企业的战略联盟实践均具有重要的借鉴和参考价值。然而纵观国内外现有研究成果可以看出，现有关于联盟治理的研究还存在以下不足：

第一，现有研究未能形成系统性的理论分析框架。一方面，基于传统产权和不完全契约理论的研究过于强调机会主义行为，并且主张建立正式契约和联盟治理结构来抑制伙伴机会主义行为，而忽视了联盟中伙伴关系及其演进对联盟治理结构的影响，因此仍然停留在静态分析层次；另一方面，基于社会关系理论的研究则关注非正式契约机制（例如重复交互关系和声誉）对机会主义行为的抑制作用，而忽视了最优所有权配置对于联盟成功的保证作用。由于研究者们基于不同理论视角来描述和解释联盟治理结构，且对变量的定义和测度缺乏一致性，所以往往得出含糊的、难以互相比较的、甚至是截然相反的研究结论。因此，迫切需要构建能够综合不完全契约理论和关系契约理论的联盟治理结构理论体系。

第二，现有研究多为质性研究和经验研究而正式化的数学建模研究尚显不足。正式化的数学建模不仅有助于描述和解释实证模型，而且还可以检验非正式化的观点的内在一致性，特别是当非正式化的描述性分析和经验研究在某个领域模棱两可时，数学建模方法可以给出更加深刻的结论。因此，联盟治理结构研究的思路应该从尽可能的简单转为必要的复杂，特别是在向核心观点增加假设之前必须有前期的数学建模基础。通过向联盟治理的传统静态分析中引入不完全契约理论和关系契约理论的最新研究成果，并且将正式建模分析与非正式的描述性和经验研究结合起来，才能取得更为一致性的研究结论。

第三，现有研究仅局限于联盟治理结构而忽视对联盟绩效的考察。联盟治理不仅要解决联盟治理结构的选择问题，而且最终目的在于改善联盟绩效，但是现有联盟治理研究多停留于治理结构选择，强调为什么选择特定的治理结构而不是其他形式。由于现实中不存在普遍适用的理想联盟治理结构，每一种治理结构都适用于不同的联盟情景，只有同时聚焦于企业联盟治理结构和联盟绩效，通过研究联盟治理结构与特定联盟情景之间的匹配程度对联盟绩效的影响，才能深刻揭示联盟治理结构研究的价值和价值。遗憾的是，目前的研究中关于联盟治理结构与联盟绩效之间关系的理论和实证研究极其匮乏，所以我们对于联盟治理结构的选择是否科学系统仍然知之甚少，因此也就难以评价和指导企业联盟治理决策。

第四，现有实证研究大多针对特定行业背景而缺乏跨行业的比较研究。尽管这种对单一行业的关注可以取得针对性很强的研究结论，但是由于缺少跨行业比较分析使得研究结论难以推广到更加广泛的行业背景。因此，为了增加研究的外部效度进而得出具有一般性特征的研究结论，还应该在研究样本中涵盖更加广泛的行业范围，通过对不同产业的联盟治理结构特征进行比较研究，取得既具有普遍性又反映各个行业特色的研究结论。

五、结论和进一步研究的思路

从20世纪80年代开始，战略联盟的治理问题得到广泛关注，研究者们基于不同的理论视角研究联盟治理结构。首先，交易成本理论抓住了联盟的交易特征并且得到许多实证支持，因此为联盟治理结构选择奠定了坚实的理论基础。但是，交易成本理论的重要缺陷在于该理论依赖于比较静态分析和机会主义行为假设，忽视了联盟关系特征及其演进历史对联盟治理结构的影响，因此无法解释现实中大量存在的契约联盟治理结构。其次，近年来组织社会学家关注的社会关系理论不仅使得联盟治理理论研究更加贴近现实，而且是对交易成本理论的重要补充，使得联盟治理结构分析焦点从交易特征转向关系特征。遗憾的是，这些研究成果大多基于质性研究和经验研究，未能将正式化数学建模方法引入到联盟治理结构选择当中，从而影响了社会关系理论的应用和发展。最后，最新发展的关系契约理论融合了社会学、法学和组织理论的基本思想，并且运用重复博弈的基本理论来分析联盟中关系的演进及其对合作的作用，因此不仅有助于克服传统不完全契约理论的不足，而且将会使得研究结论更加贴近现实并提高联盟治理决策的科学性和系统性。

需要指出的是，尽管战略联盟治理机制和治理结构的研究已经备受关注，但这一问题远未得到彻底解决，现有研究由于缺乏系统理论框架和正式化的逻辑表述而限制了联盟治理理论的应用。针对现有研究的不足并结合现代契约理论的最新发展，本文提出进一步研究的基本思路：

（1）构建多维度的联盟治理结构理论框架。由于战略联盟本质上具有交易属性和关系契约属性的双重特征，所以进一步的研究需要从企业属性、交易属性和关系属性三个维度来构建联盟治理结构分析框架，并且将企业属性作为控制变量，把联盟中的交易属性和关系属性作为自变量，进而分析交易和关系因素对联盟治理结构的影响作用。

（2）构建集成正式契约和关系契约的联盟治理结构选择模型。针对当前联盟治理结构研究中缺乏正式化建模分析的不足，进一步的研究需要以产权和不完全契约理论为基础，并且引入关系契约理论（特别是重复博弈）来分析非正式治理机制与正式的联盟治理结构之间的交互作用，从而构建综合集成正式契约和关系契约理论的联盟治理结构选择模型。

（3）通过跨行业的实证检验以揭示我国联盟治理结构的特征。针对目前国内学者过多依赖质性研究而缺少实证研究的现状，进一步的研究需要运用大样本问卷调查方法对联盟治理结构选择的相关理论假设进行实证检验，并且通过选择有代表性的行业样本进行比较研究，得出既具有行业针对性又具有普遍指导意义的研究结论。

（4）研究联盟治理结构选择及其与联盟绩效的关系。由于现有研究停留在联盟治理结构选择及其影响因素分析，未能将联盟治理结构与联盟绩效有机结合起来，因此这些联盟治理结构选择理论是否科学和系统仍然不得而知。进一步的研究需要将研究范围从联盟治理结构选择扩展到联盟治理绩效，进而从绩效层次上对于所构建的联盟治理决策模型进行检验。

参考文献

[1] 陈菲琼：《关系资本在企业知识联盟中的作用》，载《科研管理》2003年第5期。

[2] 王昌林、蒲勇健：《企业技术联盟治理机制》，载《重庆大学学报（自然科学版）》2005年第2期。

[3] 吴德胜：《网络组织治理：基于关系型契约的视角》，载《天津社会科学》2005年第5期。

[4] 李维安、周建：《网络治理：内涵、结构、机制与价值创造》，载《天津社会科学》2005年第5期。

[5] 王安宇、司春林、骆品亮：《研发外包中的关系契约》，载《科研管理》2006年第6期。

[6] Coase R. H.，1937，The Nature of the Firm，*Economica*，4，386－405.

[7] Williamson O. E.，1985，The Economic Institutions of Capitalism，*New York*：*Free Press*，31.

[8] Williamson O. E.，2002，The Theory of the Firm as Governance Structure：from Choice to Contract，*Journal of Economic Perspectives*，16（3）：171－195.

[9] Klein，B.，Crawford，R.，Alchain，A.，1978，Vertical Integration，Appropriable Rents and the Competitive Contracting Process，*Journal of Law and Economics*，21（2）：297－326.

[10] Klein，B.，2000，Fisher-General Motors and the Nature of the Firm，*Journal of Law and Economics*，43（1）：105－141.

[11] Joskow P. L.，1985，Vertical Integration and Long-term Contracts：the Case of Coal-burning Electric Generating Plants，*Journal of Law*，*Economics*，*and Organization*，1，33－80.

[12] Joskow P. L.，1987，Contract Duration and Relation-specific Investment：Empirical Evidence from Coal Markets，*American Economic Review*，77（1）：168－185.

[13] Joskow P. L., 1990, The Performance of Long-term Contracts: Further Evidence from Coal Markets, *Rand Journal of Economics*, 21, 251-274.

[14] Pisano G. P., 1989, Using Equity Participation to Support Exchange: Evidence from the Biotechnology Industry, *Journal of Law, Economics & Organization*, 5 (1): 109-126.

[15] Croisier B., 1998, The Governance of External Research: Empirical Test of Some Transaction-cost Related Factors, R & D *Management*, 28 (4): 289-298.

[16] Oxley J. E., 1997, Appropriability Hazards and Governance in Strategic Alliances: a Transaction Cost Approach, *Journal of Law, Economics, and Organization*, 13, 387-409.

[17] Colombo M. G., 2003, Alliance form: A Test of the Contractual and Competence Perspectives, *Strategic Management Journal*, 24, 1209-1229.

[18] Hansen Z. K., 2003, The Contractual Structure and Innovative Effects of Pharmaceutical-biotechnology R&D Collaborations, *Advances in the Study of Entrepreneurship, Innovation & Economic Growth*, 14, 1-19.

[19] Allen J. W., Phillips G. M., 2000, Corporate Equity Ownership, Strategic Alliances, and Product Market Relationships, *Journal of Finance*, 55 (6): 2791-2815.

[20] Robinson D. T., Stuart T. E., 2002a, Financial Contracting in Biotech Strategic Alliances, *Working Paper, Columbia University.*

[21] Robinson D. T., Stuart T. E., 2002b, Just How Incomplete are Incomplete Contracts? Evidence from Biotech Strategic Alliances, *Working Paper, Columbia University.*

[22] Chen H., Chen T. J., 2003, Governance Structures in Strategic Alliances: Transaction Costs Versus Resource-based Perspective, *Journal of World Business*, 38, 1-14.

[23] Leiblein M. J., Miller D. J., 2003, An Empirical Examination of Transaction-and Firm-level Influences on the Vertical Boundaries of the Firm, *Strategic Management Journal*, 24, 839-859.

[24] Sampson R. C., 2004, Organizational Choice in R&D Alliances: Knowledge-based and Transaction Cost Perspectives, *Managerial and Decision Economics*, 25, 421-436.

[25] Grossman S. J., Hart O., 1986, The Costs and Benefits of Ownership: a Theory of Vertical and Lateral Integration, *Journal of Political Economy*, 94 (4): 691-719.

[26] Hart O., Moore J., 1990, Property Rights and the Nature of the Firm, *Journal of Political Economy*, 98 (6): 1119-1158.

[27] Hart O., 1995, Firms, Contracts and Financial Structure, *Clarendon: Oxford University Press.*

[28] Maskin E., Tirole J., 1999, Two Remarks on the Property-rights Literature, *Review of Economic Studies*, 66, 139-149.

[29] Aghion P., Tirole J., 1994, The Management of Innovation, *The Quarterly Journal of Economics*, 109 (4): 1185-1209.

[30] Filson D., Morales R., 2006, Equity Links and Information Acquisition in Biotechnology Alliances, *Journal of Economic behavior & Organization*, 59, 1-28.

[31] Dasgupta S., Tao Z., 1998, Contractual Incompleteness and the Optimality of Equity Joint Ventures, *Journal of Economic Behavior & Organization*, 37, 391-413.

[32] Bizan O., 2003, The Determinants of Success of R&D Projects: Evidence from

American-Israeli Research Alliances, *Research Policy*, 32 (9): 1619 - 1640.

[33] Dutta S., Weiss A., 1997, Technological Innovation and Partnership Agreements, *Management Science*, 43 (3): 343 - 356.

[34] Lerner J., Merges R. P., 1998, The Control of Technology Alliances: An Empirical Analysis of the Biotechnology Industry, *Journal of Industrial Economics*, XLVI (2), 125 - 156.

[35] Elfenbein D. W., Lerner J., 2003, Ownership and Control Rights in Internet Portal Alliances, 1995 - 1999, *Rand Journal of Economics*, 34 (2): 356 - 369.

[36] Parkhe, A., 1998, Understanding Trust in International Alliances, *Journal of World Business*, 33, 219 - 240.

[37] Yoshino M. and Rangan U., 1995, Strategic Alliance: an Entrepreneurial Approach to Globlization, *Boston: Harvard Business School Press.*

[38] Kelly M. J., Schaan J. L., Joncas H., 2002, Managing Alliance Relationships: Key Challenges in the Earlier Stages of Collaboration, *R&D Management*, 32 (1): 11 - 22.

[39] Gulati R., 1995, Does Familiarity Breed Trust? The Implication of Repeated Ties for Contractual Choice in Alliances, *Academy of Management Journal*, 38, 85 - 112.

[40] Gulati R., 1998, Alliances and Networks, *Strategic Management Journal*, 19, 293 - 317.

[41] Samposon R. C., 2005, Experience Effects and Collaborative Returns in R&D Alliances, *Strategic Management Journal*, 26, 1009 - 1031.

[42] Reuer J. J., Zollo M., 2000, Managing Governance Adaptations in Strategic Alliances, *European Management Journal*, 18 (2): 164 - 172.

[43] Reuer J. J., Zollo M., Singh H., 2002, Post-formation Dynamics in Strategic Alliances, *Strategic Management Journal*, 23, 135 - 151.

[44] Oxley J. E., Sampson R. C., 2004, The Scope and Governance of International R&D Alliances, *Strategic Management Journal*, 25, 723 - 749.

[45] Macaulay S., 1963, Non-contractual Relations in Business: A Preliminary Study, *American Sociological Review*, 28, 55 - 67.

[46] Gibbons R., 2005, Four Formal (izable) Theories of the Firm?, *Journal of Economic Behavior & Organization*, 58 (2): 200 - 245.

[47] Baker G., Gibbons R. and Murphy KJ, 2002, Relational Contracts and the Theory of the Firm, *The Quarterly Journal of Economics*, 117, 39 - 84.

[48] Baker G., Gibbons R. and Murphy K. J., 2004, Strategic Alliances: Bridges between Islands of Conscious Power, *Working Paper*, *Harvard Business School.*

Theoretical Evolvement of Alliances Governance Structure

Huang Yujie   Zhang Guomei   Zhang Yijuan

Abstract: Strategic alliance is an important organizational mode for enterprise to achieve high level competitive advantage. Nevertheless, strategic alliance confronts with challenge of high failure rate due to the risk of opportunism. In this paper, the authors review the existing research on alliance governance from theories of Transaction Cost, Property Right, Social Relation and Contract. Then the authors analyze the contribution and limitation in each theory. On the basis of this, the authors propose the future research in the field of alliance governance.

Key Words: Strategic Alliances   Governance Structure   Transaction Cost   Contract

国有企业目标、国家所有权及行权方式

——基于《OECD 国有企业公司治理指引》的分析

李光贵*

【摘要】本文基于《OECD 国有企业公司治理指引》，分析了国有企业目标、国家所有权及其行权方式。文章认为，针对国有企业各类目标之间的冲突，应该视国有企业盈利目标的实现为国有企业各类社会政策目标实现的手段；置于国有企业公司治理的框架内，国家所有权及行权方式是必须要首先明确的关键问题。国家股东身份的认定及基于国家股东价值最大化角度来分析问题，不仅仅是国有企业公司治理目标的理性回归，也是对国家所有权本质属性的认定与国家所有权行权方式的现实总结。

【关键词】国有企业目标　国家所有权　行权方式

OECD（2005）对国有企业（SOEs）的定义为"占有全部、多数所有权或重要的少数所有权由国家掌握控制权的企业"。这一定义在兼顾所有权的同时，强调了国家实际控制的权利，应该来说，是迄今为止关于国有企业定义较为准确的表述，也比较接近目前各国国有企业的现实。由于欧洲共同体委员会也参加了 OECD 的工作（OECD 公约第 13 条），OECD 成员国的范围已经包括了西方几乎所有的发达国家，因此这一概念在一定意义上为各国国有企业的界定提供了一个可供参照的国际标准（汪平，2008）。

但众所周知的是，由于 OECD 关于国有企业治理的各种原则和指引对各国并不具有约束力①，所以西方各国在国有企业发展和改革实践中，对国有企业的界定也各不相同，即使是 OECD 各成员方。例如，法国国有企业必须满足三个条件，即所有权的公有性、具有独立的法人地位、从事工商经营。比利时对国有企业的界定是：所有从事经济活动而且其资本大部分属公共管理部门所有，或者由公共管理部门授予特殊权力，或者经营活动在相当程度上自主，具有或不具有法人资格的所有企业。日本国有企业被定义为：为公

* 本文得到国家社会科学基金项目"基于价值管理的国企分红制度研究"（项目编号：07BJY014）和首都经济贸易大学研究生科技创新资助项目"资本成本、可持续增长与上市公司分红比例估算研究"的资助。

李光贵（1971～　），男，河南固始人，河南财经学院会计学院副教授、首都经济贸易大学工商管理学院博士研究生。研究方向：公司理财。

① OECD 公司治理指导小组于 2002 年 6 月，要求民营化和国有资产公司治理工作组制定一个不具约束力的国有企业公司治理指引和最佳实践方案。

共所有或支配，依据公司法及其他公法拥有法人资格的公共性企业。瑞典、芬兰等国家对国有企业的界定是：凡属国有资本占企业资本的51%以上的所有企业。可以看出，西方国家对国有企业不同的界定在一定程度上是各个国家政治和意识形态动机及经济动机的反映。

一、国有企业本质特点分析和目标定位

尽管西方不同的国家或机构主体对国有企业的界定各有其侧重点，但有两点相同的认识：一方面，国有企业具有与政府一般活动近似的性质，即国有企业的“公共性”；另一方面，它又需要以一般企业所从事的活动方式而生存和发展，即国有企业的“企业性”。伍伯麟、席春迎（1997）曾对国有企业的本质进行了详细剖析，认为国有企业的“自主性（Autonomy）”和“市场性（Marketed）”决定了国有企业的企业属性，国有企业的“所有性（Ownership）”和“控制性（Control）”则决定了其公共属性，“自主性”、“市场性”、“所有性”和“控制性”之间的差异是理解西方国有企业“公共性”与“企业性”的关键。

首先，从国有企业的“企业”属性来看，作为一个企业，国有企业是一个经济组织而不是政治组织而存在，因而它具有一般企业的所有特征，表现在其目标是生存、获利和发展，而追逐利润是其财务目标的集中体现。但从国有企业“公共”属性来看，由于其所有权的主体是国家，其追求的不仅仅是盈利目标，更重要的是其还要承载一些特定的社会目标。从世界范围内来看，国有企业创建的动机通常包括作为公共产品的提供者以及克服系统性市场失灵和政府失灵的协调器（杨瑞龙，2001），几乎所有国家政府兴办国有企业的最直接动因都不是首先谋求本企业的财务目标，而是为了满足整个国民经济和社会发展的宏观战略需要。这就使得国有企业承担了多方面的职能，如增加社会就业，维持社会稳定，执行国家产业政策，等等。国有企业往往配置于社会化最强的和最重要的经济部门，在国民经济中的比重随经济发展的成熟程度的变化而变化，同样也随着民间资本的积累和投入水平的变化而变化。国内学者金碚（2002）认为国有企业是一种“特殊企业”，其中“国有企业通常总是负有实现一定的社会政策目标”是其“特殊性”的具体体现之一。作为一种社会化组织经营形式，国有企业的特殊职能提供的潜在效益是国民经济发展的必要基础，它的特殊作用也是其他经济形式无法替代的。

可以看出，一方面国有企业承担过多的政府经济调节职能，是实现政府经济和社会政策的工具，总是负有实现一定的社会政策目标；另一方面，国有企业的“企业”属性又决定了其内生的盈利目标。从这些目标来看，由于社会政策目标往往是“国家目标”的体现（伍伯麟、席春迎，1997），这必然决定在大多数情况下是与企业的盈利原则相矛盾的。因此，国有企业目标

具有复杂性、矛盾性的特点。另外，“从契约论的观点来看，政府是一个没有生命的无机体，本身没有目标、行为，所谓的政府目标、行为只不过是组成政府的个人目标、行为的总体表现罢了”（杨瑞龙，2001），甚至是由于国有企业不同的代理主体目标的不一致，导致不同主体施加影响国有企业目标的过程实质上是不同的公众代理人或利益群体相互博弈协调的过程。当政府的结构或者说是引导、规制政府人员行为的那些规则不健全时，就必然使得国有企业目标不明，这也经常被认为是导致国有企业效率不高的一个重要原因。因而，政府的所有权投资决定了国有企业“公共性”的目标取向，但同时国有企业所具有的企业属性则决定了其面向市场，通过竞争盈利的目标，而那些由政府、企业各自的契约结构决定的政府官员与企业经营团队的目标必然存在着矛盾和冲突。

针对国有企业中国家所有者的目标与经理人目标的矛盾冲突，传统的研究一方面集中在“公共性”目标与“企业性”目标优先顺序的安排，以至于许多学者致力于国有企业各类目标的重要性程度的对比研究，并得出了一些有价值的结论（见表1和表2）；另一方面研究则集中于从委托代理的角度讨论如何协调所有者的目标与经理人目标的矛盾冲突，或者为企业经理提供适当的激励机制，通过适当的激励机制设计，使得两类目标趋于一致，这方面的研究通常构成了现代公司治理的主要内容。

表1　　国有企业在不同产业中各类目标的相对重要性

目标 \ 产业	公用事业	基础设施	制造业	商业
1. 利润最大化	0.253	0.267	0.260	0.400
2. 亏损最小化	0.262	0.250	0.269	0.250
3. 成本最小化	0.272	0.250	0.333	0.261
4. 销售极大化	0.264	0.267	0.265	0.259
5. 生产能力利用最大化	0.255	0.263	0.353	0.286
6. 增长（新产品、新市场）	0.259	0.256	0.265	0.286
7. 满足服务需求	0.262	0.250	0.252	0.250
8. 改进产品或服务质量	0.255	0.250	0.253	0.270
9. 增进对国家或社会服务	0.272	0.400	0.250	0.264
10. 改进企业形象	0.259	0.286	0.252	0.261
11. 管理现代化	0.272	0.286	0.262	0.261
12. 环境保护	0.250	0.250	0.250	0.250
13. 技术创新	0.250	0.267	0.252	0.250

资料来源：Taieb Hafsi, Strategic issue in state controlled enterprise, JAT Press Ltd, 1989: 61.（转引自：伍伯麟、席春迎：《西方国有经济研究》，高等教育出版社1997年版，第32页。）

表2　　不同领域中国有企业的目标定位

产业类型	以利润最大化为目标	兼顾社会目标	以社会目标为主
竞争性行业	家用电器、卷烟	新闻、出版	医院、学校
垄断性较强的行业	汽车制造、航空运输	石油、电信	公共交通
垄断行业	黄金开采	铁路、电网、港口	邮政、航天

资料来源：金碚：《国有企业根本改革论》，北京出版社2002年版，第29页。

国内学者芮明杰（2002）曾经给出国有企业定义的分析路径为“企业—现代企业—国有企业”。从这一分析路径可以看出，在国有企业的本质认定上，他认为首先应该承认其“企业性”的一面，而后才是其“公共性”的一面。但他又认为“国家建立国有企业的根本目的通常是为了实现其社会目标。”他进一步分析认为，“国有企业包括三种行动主体的理性，即政府理性、经营者理性和职工理性，……这就形成了国有企业目标函数中相互矛盾的方面：一方面追求效用和利益最大化；另一方面追求综合社会福利最大化。因此，企业对利润最大化目标的追求通常受到它对综合福利最大化目标的约束，这就使得不同理性行为者共同作用的结果可能并不一定符合企业本身的理性选择”（芮明杰，2002）。叶林（2006）则在区分国有企业类型的基础上认为，需要专门为公营企业制定法律，使之承担的更重的社会责任得以明确化，从而避免与营利性目标脱节，或者与公营性目标脱节，使之在价值目标更清晰的情形下从事各种经营活动，而其他的国有企业则应当确立起以盈利最大化为目标的经营宗旨。

至此可以看出，就国有企业这一特定的企业类型而言，目标的多元化和复杂性其实是客观的，而任何再就此进行过多的争论将不利于问题的解决。笔者的看法是，针对国有企业各类目标之间的冲突，关键不在于对各类目标本身的争论与探讨，而在于如何设计一套机制来实现国有企业的各类目标。而围绕该种机制的安排，最基本的定位应该是：视国有企业盈利目标的实现为国有企业各类社会政策目标实现的手段。这种定位，一方面理清了长期以来围绕两类目标的优先次序的争论，兼顾了国有企业“公共性”和“企业性”的本质属性；另一方面，也为国有企业各类目标的实现提供了一个可操作的治理框架和路径，即国有企业各类社会政策目标来源于国家所有权的本质认定，实现于国家所有权的行权方式。

二、国家所有权分析

如前所述，政府是一个没有生命的无机体，本身没有目标、行为，所谓的政府目标、行为只不过是组成政府的个人目标、行为的总体表现而已。当国家所有权出现不同的代理主体而且目标不一致时，必然导致不同主体在施加影响国有企业目标的过程中的相互博弈，从而使国家行政干预或政治干预国有企业经营的痕迹显现，也使得国家所有权不能得以合理的实施。为此，如何在积极地行使国家所有权职能的同时，又避免强行对国有企业进行不适当的政治干预之间找到平衡成为世界范围内国有企业公司治理的一大挑战。

就截至目前有关企业所有权的相关理论而言，都直接涉及企业的目标定位，不同的理论决定了公司治理目标的差异性。根据吴越（2006）的总结，按照传统公司法理念，公司属于股东所有，公司治理应该以股东利益最大化为目标；按照变革时代的公司法理论，公司是在“上山打猎”① 基础上形成的，在财富的分配方面应实行“人人有份”，公司治理应以公司各种直接参与人的利益最大化为目标，也就是要兼顾到股东、经理层、员工、消费者和社区利益；而按照西方公司法中的“社会契约论”，公司治理应以社会效益最大化为目标。由于西方公司法理论中的社会契约论与我国企业的“全民所有制”的理念不谋而合，但企业的社会契约论尚未被公司法理论所普遍接受。所以，企业全民所有制理念在我国则具有了一定的宪法意义和实践意义（吴越，2006）。在对比国有企业在宪法意义上的所有权与传统公司法中的股东所有权、变革时代公司法中的“相关利益者理论”以及民法中的法人财产所有权制度等本质的基础上，可以总结国家所有权的四重含义如表 3 所示。

表 3　国家所有权的四重含义及其理论与实践意义

所有权类型	全民所有制	法人财产所有权	出资人所有权	份额所有权
法律属性	宪法	民法、公司法	传统公司法	变革中的公司法
性质	只具有集合性、抽象性，不具有个别性、具体性	具有抽象性意义，但主要体现为个别性、具体性	主要具有集合性、抽象性；但可以派生出个别性意义	具有抽象性和集合性，但主要具有个别性、具体性意义
理论涵义	社会主义市场经济理论体系的有机组成部分	法人财产独立及责任独立的基础；法人享有对其财产的占有、使用、处分和收益权；国有企业的法律人格独立	出资人或其代表不能擅自占有、使用和处分公司财产并获得收益，不得抽逃出资；但是股东个人享有表决权和属于自己的收益权（上缴利润）	国企的治理和财富的分配不应以股东（政府或其授权的机构）利益最大化为主要目标，而应实行共同参与，并且实行合理的利益分享

① 即“份额持有者理论”、“共同治理理论”或“利益相关者至上理论”（Stakeholder Theory），是“股东至上理论”的对称。认为公司治理目标应该是“利益相关者至上”，应考虑包括员工、供应商、政府和客户等在内的利益相关者的利益和关系做出规定的安排的一种治理结构理论观点。该理论是以“利益相关者”概念为基础发展起来的。“利益相关者”概念的提出于 20 世纪 60 年代，斯坦福大学研究小组认为，对企业来说存在这样一些利益群体，如果没有他们的支持，企业就无法生存。1983 年，美国经济学家弗里曼（Freeman）则给“利益相关者”下了一个广义的概念，认为不仅将影响企业目标的个人和群体视为利益相关者，同时还将企业目标实现过程中受影响的个人和群体也看作利益相关者，正式将社区、政府、环境保护主义者等实体纳入利益相关者管理的研究范畴，从而扩展了利益相关者的内涵。20 世纪 90 年代，美国经济学家布莱尔（Blair，1995）认为利益相关者是企业专用性资产的投入者，只有他们对其专用性资产拥有完整的产权，才能相互签约组成企业。

续表

所有权类型	全民所有制	法人财产所有权	出资人所有权	份额所有权
实践意义	必须由国家或其授权的机构代表国家或全民行使出资人的权利并约束代理成本；个人对企业的宪法意义上的建议权和监督权	国企的改革和治理应以维护企业法人财产权为出发点；偏离此目标将导致新时期的政企不分或者国有资产的贱卖	作为出资人代表的国有资产管理机构必须尊重企业法人财产所有权，尤其不能随意地占有、使用和处分国企资产并牟取代理人自身的或个人的利益	国企的改制和治理应建立在管理层和职工参与决策的基础上；国企财富的分配应兼顾出资人、职工以及管理层的合法利益

资料来源：吴越：《国企所有权四重奏与治理目标论战》，吴越：《公司治理：国企所有权与治理目标》，法律出版社 2006 年版，第 29 页。

由表 3 可以看出，国家所有权在不同的法律领域里承载了不同的含义，不能相互混淆，特别是必须区分国企自身的市场定位角色和国家作为出资人的角色。也就是说，一方面，《宪法》中关于全民所有制性质的界定是国家所有权的根本基础，而国家所有权的实现必须由国家或其授权的机构代表国家或全民行使出资人的权利并约束代理成本，作为出资人代表的国有资产管理机构必须尊重企业法人财产所有权，国企的改革和治理应以维护企业法人财产权为出发点，偏离此目标将导致新时期的政企不分。从国有企业的实现路径来看，维护企业法人财产权就是要国有企业首先应当参与市场竞争，实现企业化经营，这也是国有企业“企业属性”的体现。另一方面，国家所有权的本性是一种公共权力，“这种公共权力如果进入商事领域、与私人企业展开竞争，只是应当被解释为——公共性的商事权利”（蒋大兴，2006），我们可以通过国家所有权参与商事竞争，解决公共财政等难题。在此意义上，“公共权力的本质在于其目的而非手段，用私人的手段实现公共目的”（蒋大兴，2006）。也就是说，只要是企业，必然会考虑盈利目标，但不同的是，国有企业与私人企业追求盈利的目标不同、所获利润的使用方向和领域不同，国企更多地关注公共事业，而私人可能更多地关注股东的个人事业。在这种所有权目标实现机制的安排下，政府的社会经济管理职能借助于国家所有权职能得以实现。吴越（2006）的观点认为，企业包括国有企业主动承担社会责任本质上是国家所有权赋予其独立人格的一种体现，是财富分配兼顾相关利益者的一种体现。这种机制应该是在国有企业财富首先实现最大化前提下的一种“道义责任”（吴越，2006），而强调在政府作用下以其资源为社会职能服务的“公共属性”，必须是以不违背国有企业的独立人格为前提。因此，强调国家所有权中出资人所有权以及所有权人利益的最大化，既是对国家股东或国家所有者身份的合理认定，也是清晰界定政府与国有企业之间权力边界的前提，并应该成为国有企业公司治理的方向。

应该认识到，兼顾国家所有权的含义，从公司治理角度而言，国家所有权必然客观地存在一系列的特殊性。具体表现在：国家所有权目标多重性

（公共政策目标、国家产业政策目标以及特殊的社会责任等）对所有权功能的影响；由于复杂的代理链条使国家消极承担所有者角色、国家所具有的多重角色导致国家过度行使所有者权利以及国有产权结构性缺陷使企业内部制衡机制失调等引起的国家不当行使所有者权利对所有权功能所造成的影响等多个方面（李玉雪，2006）。因此，在此意义上，国有企业公司治理的有效性事实上取决于"国家是否能够代表人民成为一个合格的所有者"（李玉雪，2006），国家所有权的行权方式成为国有企业公司治理的关键。

三、OECD关于国家所有权的行权方式

从世界范围内来看，国有企业的公司治理一直是许多国家经济发展中的一个重大挑战（Donald Johnston，2005）。尽管国有企业作为一个国家经济的重要组成部分，但始终没有一个可供参照的国际标准来指导各国政府对其行使国有企业所有权的状况进行评价，并在此基础上进行改善，直至2005年《OECD国有企业公司治理指引》（以下简称《指引》）的出台。OECD认为，由于总体上是被动的或远距离的国家所有权，国有企业可能受到来自多方面不适当传递的和政治上动因的所有权干预，必然会出现受托责任的削弱。国有企业常常可以得到庇护，以至于免受来自接管收购和破产这两个方面的威胁，但在这两个方面对私营公司的政策监管则至关重要。尤为关键的是，公司治理的难度来自于国有企业履行受托责任涉及一系列复杂的代理链条（管理层、董事会、所有权主体、部委、政府）的现实，它们之间没有清晰易变的，或者是有也是相距甚远的主要委托人。理顺这一受托责任的复杂关系，以确保国有企业有效决策和良好的公司治理着实是一个有力的挑战（OECD，2005）。

OECD《指引》指出，为了实现国家所有权职能，国有企业总体上应该参考私人和公共部门的治理标准，特别是OECD的公司治理原则，因为这些准则大部分可以很有效地运用到国有企业。为此，OECD《指引》第二章就国家所有权的行权方式建议，"国家应该作为一个知情的和积极的所有者行事，并应该制定出一项清楚和一致的所有权政策，确保国有企业的治理具有必要的专业化程度和有效性，并以透明和问责的方式贯彻实施"（OECD，2005）。国家应通过一个集中化的所有权实体或有效的协调主体来行使其所有权职能，并能独立运作和遵循公开披露的所有权政策。同时，《指引》还建议国家所有权和政府监管要严格分开。如果这一问题能够得以正确贯彻，那么便能确保国家所有权以专业化和问责的方式来行使，并可确保国家在跨越经济部门的公司治理的改善中扮演一个积极的角色，其结果会使企业向更加健康、更具竞争力、更高透明度的方向发展。具体而言，OECD《指引》所建议的国家所有权的行权方式可以概括为以下几个方面：

1. 国家应该以积极的态度制定所有权政策

根据《指引》，一个国家的所有权政策主要包括国家所有权的总体目标、政府在国有企业公司治理中的作用以及如何行使它的所有权政策等。由于政府是一个抽象的、没有生命的无机体以及传统国有企业代理主体多元化的特征，因而就制定所有权政策的职能而言，国家应通过一个“集中化的所有权实体或有效的协调主体”来行使。为了使国家对于自己作为一个所有者有个清楚的定位，国家应该澄清自己的各种目标并列出这些目标的优先顺序。这些目标包括了避免市场扭曲和追求获利能力，表现为具体的指标形式，例如投资回报率和股利分配政策。设置的目标可能也会包括在股东价值、公共服务、甚至就业保障之间的权衡（OECD，2005）。《指引》同时还指出，在做这些事情的时候，国家应避免干预具体的运营事务，因此要尊重董事会的独立性。一项清晰的所有权政策能够帮助避免在国有企业制定它们自己的目标时，或者定义它们在公共服务领域责任的性质和范围时，被授予过多自主权的情况。此项所有权政策的连贯性、公开性和相关利益主体对所有权政策的认同性也在《指引》中被强调。简而言之，国家应通过一个集中化的所有权实体或有效的协调主体来行使其所有权职能，并能独立运作和遵循公开披露的所有权政策。就我国国有资产现有管理体制而言，国资委应该在国家所有权政策中首先就国有资产保值增值目标加以量化和明确，并同时有效地对国有企业保值增值目标与其他经济的、非经济的目标之间的冲突和矛盾进行相应的协调和公开。

2. 严格区分国家所有权和政府监管职能

OECD认为，国家通常在商业运作中扮演着市场调节者和国有企业所有者的双重身份，特别是当产业政策的职责与所有权职能被授予了相同的机构或部门时，将容易产生产业政策职能与所有权职能之间的混乱和利益冲突。为此，对所有权与政府监管及产业政策等职能的分离便成为国有企业与私人企业建立公平竞争的平台以避免竞争扭曲的基本先决条件，特别是“产业政策与所有权的分离将增强国家作为所有者的身份识别，并且会促进明确目标及监控业绩的透明度”（OECD，2005）。《指引》认为，选择一个集中的“所有权实体或协调主体”是明确地将国家所有权职能的行使和其他的国家行为，如产业政策和管制政策等区分开的一个有效办法。考虑到所有权政策的连贯性、公开性和相关利益主体对所有权政策的认同性，政府不应该陷入国有企业的日常管理，应允许国有企业享有充分的经营自主权以实现它们申明和认同的目标。为此，在将行使国家所有权的职能从相关政府机构中剥离的基础上，“所有权或协调主体传达给国有企业或者其董事会予以指导的能力应该限定在具有战略意义的问题和政策上”（OECD，2005）。同时，还要限定其他任何政府机构对国有企业日常管理的干预。在此意义上，国家所有权的行使应在尊重国有企业董事会独立性的基础上进行，要确保董事会的任何成员在履行董事会的责任时不应该被任何政治上的影响或者政府监管职能所影响。《指引》强调，“为了更广泛的政治目标而制定的方针，不应该强行通过董事会的参与做决定，而应该通过协调主体或所有权实体以企业目标的方式提出”（OECD，2005）。这事实上也暗合了前文关于国家所有权“用私人的手段实现公共目的”的属性，体现了国有企业公司治理机制的思路。

3. 国家应该积极地行使所有者权利

根据《指引》，国家应该积极、谨慎地行使所有者权利，主要表现在国家作为一个积极的所有者，应该按照每个公司的法律框架行使其所有者权利。由于通常情况下所有者身份与监管者身份的分离困难，所有权实体或协调主体代表国家履行出资人职责时，极易导致过度的政治干预或者消极承担国家所有权的角色，从而造成对企业的过度干预或者被动消极。因此，为了避免不适当的政治干预或被动的国家所有权，所有权或协调主体集中精力有效地行使所有权是很重要的。《指引》认为，国家作为一个所有者，当其处于对公司有重大影响的地位时，尤其应该像主要股东一样行事；当其处于占有少数股权的股东地位时，也应该作为一个知情的和积极的股东行事。《指引》还强调，提出这种行权方式的忠告是为了保护其所有权和实现其价值最大化。为此，所有权主体或协调实体应该充分而明智地行使《OECD 公司治理原则》所定义的股东的四项基本权利：①出席并在股东大会上投票表决；②及时和定期的获得充分的公司信息；③选举和撤换董事会成员；④批准特别交易。《指引》认为，对国有企业治理和监督的有效性和可信度，在很大程度上取决于所有权主体或协调实体知情地行使其股东权利和在国有企业中有效地履行其所有权职能的能力（OECD，2005）。

《指引》特别将“委派代表出席全体股东大会并行使国家股份投票权”作为所有权主体或协调实体的首要职责。《指引》认为，国家作为一个所有者应该通过行使其投票权或者对如果不行使投票权至少做出解释来履行其受托责任。对于国有企业全体股东大会之前的提议，国家不能使自己处于毫无反应的境地。国家应能在股东大会上对提交审批的问题阐明自己的观点，所有权主体或协调实体有必要使自己能够就这些问题提出知情的观点，并且在全体股东大会上向国有企业董事会做出清楚的表达。除此首要职责外，《指引》还明确了所有权主体或协调实体应该以国家股东身份所应该履行的其他主要职责，具体包括：在国有独资企业或者国有股占绝大部分的国有企业建立良好结构性的和透明的董事会任命程序，并积极参与董事会成员的任命；建立提供定期监督和评估国有企业经营业绩的报告系统；在法律系统和国家一级所有者的许可下保持同外部审计机构和特别的国家控股机构进行持续的对话；建立国有企业的董事会成员的薪酬方案，并在充分考虑企业长远利益的同时，为吸收和挽留合格的专业人才提供具有竞争力的薪酬等。

四、结论与建议——国家股东身份的认定

基于“企业性”与“公共性”的本质属性，国有企业目标的多元化和复杂性其实是客观的。应该明确的是，针对国有企业各类目标之间的冲突，关键不在于对各类目标本身的争论与探讨，而在于如何设计一套机制来实现国有企业的各类目标。而围绕该种机制的安排，最基本的定位应该是：视国有企业盈利目标的实现为国有企业各类社会政策目标实现的手段，即“（国家所有权）公共权力的本质在于其目的而非手段，用私人的手段实现公共目的”（蒋大兴，2006）。

置于国有企业公司治理的框架内，国家所有权及行权方式是必须要首先明确的关键问题。国家所有权的逐步剥离给我们的暗示在于：一定要正确区分国企自身的市场定位角色和国家作为出资人的角色。强调国家所有权中出资人所有权含义既是对国家股东或国家所有者身份的合理认定，也是清晰界定政府与国有企业之间权力边界的前提，也应该成为国有企业公司治理的方向。为了实现国家所有权职能，《OECD国有企业公司治理指引》就国家所有权的行权方式建议，国家应该作为一个知情的和积极的所有者行事，并应该制定出一项清楚和一致的所有权政策，确保国有企业的治理具有必要的专业化程度和有效性，并以透明和问责的方式贯彻实施。为此，国家应通过一个集中化的所有权实体或有效的协调主体来行使其所有权职能，并能独立运作和遵循公开披露的所有权政策。特别地，《指引》认为，国家作为一个所有者，当其处于对公司有重大影响的地位时，尤其应该像主要股东一样行事；当其处于占有少数股权的股东地位时，也应该作为一个知情的和积极的股东行事。这事实上是将复杂的国家所有权职能的行使简化为所有权实体或协调主体能否代表国家成为一个合格的股东问题。国家股东如何在积极地行使国家所有权职能的同时，又避免强行对国有企业进行不适当的政治干预之间找到平衡是当前世界范围内国有企业公司治理的关键。

回到问题分析的主旨，从国有企业公司治理的角度，进一步延伸至更微观的国有企业理财等问题，国家股东身份的认定及基于国家股东价值最大化角度来分析问题，不仅仅是国有企业公司治理目标现实的理性的回归，也是对国家所有权本质属性的认定与国家所有权行权方式的现实总结。2003年5月13日，国务院第8次常务会议审议通过了《企业国有资产监督管理暂行条例》，确立了国家统一所有、三级出资人代表的制度；十届人大一次会议决定，国有资产监督管理委员会只在中央、省、设区的市和自治州三级人民政府设置，不是层层设置，不与现行五级政府体系相配套；各级国有资产监督

管理委员会之间没有行政隶属关系，均是代表国家依法行使出资人职责的特设法人机构。它们之间的资本流动和重组，只能依据市场原则平等交易，不能行政划拨。同时，在国资委成立后，根据国务院机构改革的决定，国资委行使国有资产代表者的职能，从而否定了过去行业主管部门或者其他机构或个人代表行使国家所有权职能的资格。可以看出，这些制度的改革彰显了我国国有企业有了明确的、集中的“所有权实体或协调主体”，国家股东的身份也有了具体的载体。① 而进一步具体到行使国家股东权利，承担国家股东义务的主体，类似于国有资产经营公司的主体则毫无疑问是对国家股东身份的进一步具体化和明晰化。

参考文献

[1] OECD:《OECD 国有企业公司治理指引》，李兆熙译，中国财政经济出版社 2005 年版。

[2] 蒋大兴:《国企改革、国家所有权的法律迷思》，吴越:《公司治理：国企所有权与治理目标》，法律出版社 2006 年版。

[3] 金碚:《国有企业根本改革论》，北京出版社 2002 年版。

[4] 李玉雪:《论国家所有者在公司治理中的角色定位》，吴越:《公司治理：国企所有权与治理目标》，法律出版社 2006 年版。

[5] 芮明杰:《国有企业战略性改组》，上海财经大学出版社 2002 年版。

[6] 汪平、李光贵、袁晨:《国外国有企业分红政策：实践总结与评述》，载《经济与管理研究》2008 年第 7 期。

[7] 吴越:《国企所有权四重奏与治理目标论战》，吴越:《公司治理：国企所有权与治理目标》，法律出版社 2006 年版。

[8] 伍伯麟、席春迎:《西方国有经济研究》，高等教育出版社 1997 年版。

[9] 杨瑞龙:《国有企业治理结构创新的经济学分析》，中国人民大学出版社 2001 年版。

[10] 叶林:《重构企业国有资产出资人保护的法律制度》，吴越:《公司治理：国企所有权与治理目标》，法律出版社 2006 年版。

① 尽管目前国有资产监督管理委员会的“管资产、管人和管事”的“三管体制”仍旧存在很多问题，国资委既是国有企业股东又是国有企业监督人的身份，也是和法人治理的基本理念相悖的，但当前“（国家）所有权实体或协调主体”的明确无论从哪个角度来讲都具有非常重要的现实意义。

An Analysis on the Objectives of SOEs, The State Ownership and Its Exercises ——Based on OECD Guidelines on Corporate Governance of SOEs

Li Guanggui

Abstract: Based on OECD Guidelines on Corporate Governance of State-Owned Enterprises, this paper analyzes the objectives of SOEs, the state ownership and its exercises. The paper maintains that the realization of profit objective of SOEs should be regarded as a mean to achieve the objective of many social policies in view of the conflicts between the various objectives of SOEs. Under the framework of corporate governance of SOEs, the state ownership and its exercises must be clear first of all the key issues. The view of identification of the state shareholder and maximization of the state shareholder value is not just a rational return of the goal of SOEs' corporate governance, but also a reality summary on the nature of the state ownership and its exercises.

Key Words: the Objectives of SOEs the State Ownership Exercises

基于组织多层领导力视角的公司治理机能演进研究

赵　伟　杨庚陶*

【摘要】从本质上讲，公司治理和组织领导力应是相辅相成的，但传统上，人们大多只是把公司治理聚焦于对领导活动的监督制衡上，这固然降低了领导活动的机会主义风险，但也不可避免地限制了组织领导力的充分发挥以及公司治理本身的机能发展。本文对公司治理和组织领导力的内在关系及其发展进行了分析，着重从与组织领导力多层次互动的视角，揭示了公司治理功能的持续演进方向与路径，并详细探讨了现代公司治理机制对组织领导力的“监督制衡”、“正向替代”以及“战略创新”的复合作用机理，从而展示出公司治理创新发展的一个新模式，并对现阶段我国公司治理建设提出一些建议。

【关键词】公司治理　领导力　监督制衡　正向替代　战略创新

近年来，与广大企业的高速变革成长相适应，组织领导力的理论和实践得到了突飞猛进的发展，组织领导的功能以及领导理念和领导方式等都持续发生着改变。但与领导活动密切相关的公司治理的理论和实践，却仍主要围绕在对领导活动的监督制衡等基础层次的制度安排上。这种公司治理对组织领导活动“制约”而非“促进”的导向，如今越来越造成了治理与领导的配合失衡问题。这种不平衡不仅有损于组织绩效的提升，亦有碍于组织领导力和公司治理二者本身的机能发挥与功能演进。因而，在当代组织领导机能不断强化和提升的过程中，公司治理究竟如何实现与之相匹配的功能演进，是个颇值得探讨的问题。

一、基于领导视角的治理理论发展趋向

通常，从领导力的研究角度看，公司治理理论主要是涉及组织领导结构以及高层互动规范的制度安排。传统上，治理属于相对静态的组织和规则要

---

* 本文得到天津市社科规划项目（项目编号：TJGL08－090）及南开大学“‘985 工程’中国企业管理与制度创新”创新基地项目（项目编号：105212200400010）的资助。

赵伟（1969～　），男，天津人，南开大学公司治理研究中心副教授。研究方向：领导力、企业成长战略。

杨庚陶（1985～），男，山东威海人，南开大学商学院企业管理专业硕士研究生。研究方向：战略管理。

素，是对活跃的领导力的制衡力量，它与领导力的基本关系是监督约束。不过，这种关系也在发生变化，这可以从治理理论丛林的发展中找到迹象。

1. 有关董事会和高管更迭的理论与发展

董事会和高管群体的构成及其运作的有效程度，是企业高层领导力强弱的最直接的反映，也是经典治理理论中最重要的研究内容之一。

作为企业内部控制体系的顶层和指挥系统的核心，董事会对公司的经营运作负有最终责任，并且是组织领导力的真正根源，也正因为如此，董事会对公司领导绩效的影响机制等问题始终是当代公司治理研究领域中的重点内容。这类研究中有相当一部分是关于公司董事会领导结构的，如董事会成员的构成来源对领导效率以及公司绩效相关性的研究（Chaganti，Mahajan & S. Sharma，1985；Kesner，Victor & Lamont，1986），等等。这些研究成果为强化董事会决策的科学性和运行的规范性提供了宝贵的依据。在此基础上，有关董事会方面的研究还日益从聚焦于强化对董事的履责约束，向着力打造健康的董事会文化以及提高董事的参与积极性和履责能力等方面深化，这些最终有助于董事会乃至整个组织的领导力提升。

企业高管的更迭与继任问题是近年企业高层治理方面的另一个研究热点。作为企业重大决策的主要参与者和执行者，企业高管的考评、激励、选任和更迭、培养等问题直接关系到企业发展战略的延续和业绩的稳定，而这一切又与公司的治理机制有很大的关系。在继任者来源的理论研究中，治理结构是决定继任者来源的一个非常重要的因素。例如，扎亚茨和韦斯特法尔（Zajac & Westpha，1996）发现，如果董事会的权力很大，CEO 继任者的特征与董事会成员的特征非常相似；而朴弗尔和温托宾（Puffer & Weintrop，1995）的研究表明，当内部董事在董事会中的比例较低时，选择外部继任者的比例较高。诸如此类的研究及其成果有助于更好地认识企业高层领导力转移的规律及其影响因素，并通过完善董事会建设等治理手段，尽可能地避免高层领导震荡，达成企业领导力的良性传承。

2. 资本结构方面的理论与发展

作为公司治理研究的一个重要维度，有关资本结构理论的发展也显示出趋向含纳和强化领导力因素的迹象。从资本结构决定的相关治理理论的发展历程来看，以出现的时间及其和领导活动的密切程度为标准，可将其划分为三个阶段：第一阶段的主要研究方法是将一般经济理论的研究框架应用于对公司资本结构分析。其中比较有代表性的是静态权衡理论（Modigliani & Miller，1958，1963）和代理理论（Jensen & Meckling，1976）。这些研究所共同围绕的研究目的是，从理论经济学对企业追求利润最大化的假定出发，权衡融资决策中各种收益和成本，使净融资成本实现最小化。但由于这一类研究主要借助经济学方法，对领导活动的假设几乎完全是一种同质化的管理者的行为；第二阶段具有代表性的是由哈里斯和罗维（Harris & Raviv，1988）等学者提出的公司控制理论，主要研究公司财务杠杆与公司控制权的关系。认为公司的财务杠杆水平与被收购的成功率呈负相关关系，其提高财务杠杆固然可对接管者产生阻碍作用，但同时也会对经营者产生额外的压力，其研究的主要目的是试图权衡二者从而对面临的敌意接管威胁建立一种策略反应。这类研究虽然仍是以传统的财务理论和代理理论作为基础，但其中已隐含了对经营者行为以及企业短期内经营战术的安排等因素；第三阶段的主要理论是产品市场互动理论，为鲍恩（Bowen，1982）、布拉德利（Bradley，1984）、马利茨（Malitz，1985）等人在20世纪80年先后提出，并在后来直至今日的发展过程中，不断地被其他学者进行着扩充。这类理论的主要观点是认为公司的资本结构与公司竞争战略紧密联系，并共同受到一些市场环境因素的影响，故公司的资本结构亦可以作为一种竞争战略中的策略安排。这表明，公司资本结构已正式地与战略活动、战略领导活动联系起来，形成了某种互动的关系。综观资本结构理论上述由静到动、由内到外的三阶段发展，可以清晰地看到企业战略领导力复活的影子及其必要性。

3. 有关人力资本和知识治理等前沿理论及其发展

随着社会的发展，公司领导者或领导团队的角色也在快速演变，如今，高层经理的角色越来越多地由管理者而转变为真正的领导者，甚至是战略领导者。随着企业越来越重视“人”的要素在创造价值过程中的重要性，对企业人力资源的开发和有效激励成为了领导工作的重点。有效的领导方式由原来相对单一的严格控制和监督转为协助和沟通，由强制和权威转向吸引和激励。而伴随着组织领导角色和领导对象的变化，关于人力资本产权即人力资本的控制权和剩余索取权（张维迎，1996；方竹兰，1997；等）的探讨逐渐也成为了治理理论中的热点，其目的在于创造一个合理的人力资本的收益权的安排制度以及更有力的组织激励机制。

到20世纪90年代，“知识”又成为管理学领域的研究焦点之一，而领导组织学习、构建学习型组织，也成了战略领导者的重要责任之一。随后的几年里，以格兰多（Grandori）为代表的一批学者相继开辟和投身于“知识治理”这片治理的新领域，通过各自不同的角度来对知识过程的治理、知识流动的治理安排等问题进行研究，意图创造一个与知识活动有效协调的新型治理结构和组织结构。虽然有关人力资本和知识治理等前沿理论仍待进一步完善，但这些治理理论的新发展已对组织领导力的重新认知与建设起到了非常积极的作用。

4. 公司治理与领导力关系变化的线索

纵观上面与领导活动相关的公司治理理论的发展脉络，可以看出，随着组织领导功能的演进和治理机能的提升，很多公司治理活动对领导力的作用范围，实际上正逐步跨越“监督制衡”这个传统的狭窄范畴。当然，由于种种原因，监督制衡作用多数情况下仍然占据着我国企业的公司治理功能的重心。故现阶段，在理论上，有关公司治理的“超监督制衡”的机能尚未受到足够的重视和系统的梳理；相应的，在实践上，我国公司治理的运作，特别是针对组织领导机能强化与发挥的积极运作也难以实现有效的提升。

事实上，从当前公司治理各个领域理论及实践的发展进程看，公司治理的发展存在着一种对组织领导力发展的自发的适应机制，而且这种适应性在逐渐增强。表现在随着成长组织对领导机能需要的不断提升，组织治理活动对领导活动的作用方式也相应的发生改变，由低到高地呈现出一种“监督制衡—辅助支撑—战略机能促进”的拓展趋向（如图1）。如有关董事会建设研究的重心即由早期的防范代理人的机会行为，逐步扩展到改善董事会结构以增强其“决策和顾问”作用的发挥，继而又推进到对组织高层领导力的有效整合与有序传承从而确保企业战略的延续和战略领导力的发挥等问题；又如在资本结构的研究中，传统的研究重在探讨代理成本问题，而后又将对经营者的激励影响和企业短期策略安排引入其中，并进一步发展到对企业竞争战略的配合与作用问题上来。这些基于有序治理而对组织领导力从约束到促进的逐步偏移现象，实质上是公司治理随组织领导力发展而演进的一种内在规律的表现。

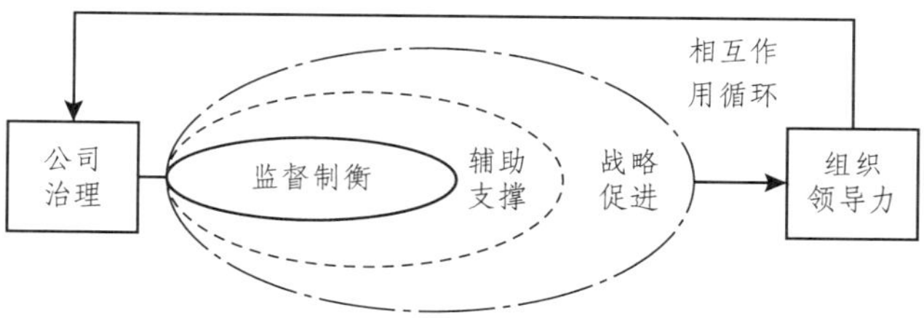

图1　组织治理对领导力作用机能的拓展

资料来源：作者整理。

基于此，本文将瞄准当代公司治理活动开始日益显现的所谓“超制衡”机能，进一步探寻公司治理与组织领导力交互作用的演进规律，从而揭示和论证一种建立在传统治理功能的基础上，而又具有功能逐级拓展、层次逐级提升，可以与领导力发展的各个层次相协调配合并有促进作用的新型的组织治理安排。

二、公司治理对领导的监督作用机制

组织领导力通常表现为三个层次的作用方式和作用力量的组合，其一是各级领导者基于个人特质和技能的人际影响与行动力；其二是上述领导活动所嵌入并影响着的组织制度流程及关系系统运作；其三是领导和领导群体调动组织整体方向和动能的战略创新与变革运作。

在初级层次上，领导力的理论和实践主要围绕着领导者个人对下属等的影响方式和效果进行探讨，与此相适应，公司治理在这个阶段的主要作用也就在于对居于关键地位、拥有某种支配权的领导者，特别是公司高管人员的监督和权力的制衡——这是治理活动的一项最基本的职能，主要是围绕委托代理关系构建中如何设计治理结构以限制代理人过度用权或随意行事。很多相关研究表明，即便在领导的觉悟和技能水平已大幅度提升的今天，治理机制的不完善仍将显著增加代理人的机会行为风险。故这种基于公司治理的监督制衡作用对公司及其利益相关者的整体效用有很大的积极意义——高层管理者的领导行为可以被限定在一个可控制的范围内，保证其决策权力和对剩余控制权不会得到滥用。

事实上，虽然组织经济学效率取向的方法论基础以及“经济人”的假设存在局限，但监督制衡机制的深化发展仍是公司治理中的重要内容，对组织领导力的改善和提升具有很强的基础性建设意义。一方面，公司治理的监督机能可以强制推动企业增强领导绩效考核过程的透明度以及领导选任方式的规范性和科学性，从而增强企业内部经理人市场的有效性；另一方面，在更深的层次上，公司治理对领导行为的监督制衡，也是对经理人所应注重的“合规”的价值观和行为准则的硬性强调，长期看亦有利于其观念和行为的改善，从而建立起码的内在软约束，最终提升作为职业化经理人的素养和操守。

三、公司治理对领导的正向替代作用机制

随着成长企业的领导力运作层次的提升，其所涉及的就不再只是领导者个人能力或魅力的发挥，更多的是建立和维系适合的组织结构与内部关系，确保日常事务管理的高效运行，诸如推进项目、协调关系、再造流程、降低突发事件的风险，等等。这其中包含大量技术性、程序性的费时耗力的活动，故在这个阶段，“领导最稀缺的资源是他们的时间”（Mintzberg，1975）。相应的，公司治理的功能也就不能再仅仅局限于监督和制衡，而是应进一步拓展，能够在一定程度上为领导者简化和分担冗繁的日常管理，这也就是所谓的对领导的正向替代作用。

根据科尔和杰迈尔1977年提出的领导替代理论，某些环境变量总是趋向于取代领导的作用（加里·尤克尔，2004），这种替代作用可能是正向的也可能是负向的。一些环境因素可能会削弱某种领导模式的作用，或阻碍领导者采取某些领导行为，但如果配合得当，许多环境因素亦可以用来帮助领导者减轻负担，避免宝贵的领导资源被耗费在众多不必要的亲力亲为之中。此

外，一些权变领导理论其实也都说明企业内环境的建设可以大大影响乃至替代一定的领导行为。这些可能替代某种领导力的企业内环境因素主要包括任务结构特征、组织氛围、员工特征等，将其一一对应于公司治理的范畴，也就是治理制度、治理文化以及人力资本的控制权激励等。

1. 任务特征角度——内部制度建设的替代作用

积极精细的公司治理机制建设有助于完善企业的内部制度和责权关系，从而明确任务内容、职能边界和责任衔接，增强工作的结构性和流程性，这种精细化的工作系统可以部分替代很多事务性的领导行为。此外，部门之间、员工之间、高层之间部分原本需要大量“场内外”协调的工作，也可以因有严密规范的治理制度而无须领导者过多操劳和权谋运作，从而简化领导局面，提升领导效率。

2. 组织氛围角度——公司治理文化的替代作用

公司治理文化通常指公司股东、股东会、董事会、监事会以及经理人等公司治理主体和机构在运作过程中逐步形成的有关公司治理的理念、目标、哲学、道德伦理和行为规范等。在某种程度上，治理文化也可以理解为各利益相关者与管理层所达成的一种心理合约，它具有长效性和柔韧性的特点。由于正式契约的不完美性以及出处于对交易成本的考虑，公司治理文化这种非正式契约的重要性常常不容忽视。如果公司治理文化能够得到较广泛的认同，就可以大大提高员工的忠诚度，增加作为代理人的领导者与股东、董事会间的相互信任，使领导者更易获得各利益相关方的支持，减少额外的工作负担和阻力。

3. 员工特征角度——人力资本控制权和剩余索取权的替代作用

根据领导替代理论的相关研究，被领导者对领导者的替代是最重要的替代。由于现代组织中员工的受教育程度、工作能力和个人素质的普遍提高，再加上员工间团队协作力的增强，他们对部分传统领导行为的依赖逐步降低。以组织决策为例，以往，决策完全是（高层）领导者的工作，被领导者仅仅是执行者；而现在，一些员工不仅能够参与某些较重要大的领导决策过程，甚至可以部分地替代领导者的日常决策职能，而确保这种纵向领导分工授权体系效能的一个重要基础就是组织的治理机能。

随着近年来公司治理领域有关人力资本的研究和生于控制权的分享机制的研究日益受到关注，很多企业已经认识到，一些中高级人才虽不是传统意义上的企业出资者，但他们依靠自身所独具的知识、经验和才干，在企业中发挥着丝毫不逊色于资产出资者的独特作用，故而将其作为另外一种资本——人力资本而予以越来越多的重视。为充分激发组织人才的自主性和创造性，实现其对领导的正向的替代作用，有必要通过产权创新性的安排在一定程度上转化被领导者的功能角色，进而构建新型的“领导—员工”关系。具体而言，就是要使人力资本在与资产资本相互关系中相应的地位及利益得到体现，即建立一种适宜的人力资本激励机制，这种激励机制应综合含纳有报酬和产权等经济激励、荣誉和等级等精神激励以及自主决策和自我发展的权力激励这几个方面的内容。

四、公司治理对领导的战略创新作用机制

随着领导具备了规范化的职业素养，且其事务性职能和作用被部分地弱化或替代，领导在自身行为管理、日常事务性领导方面的职能变得更加简约而有规可循，这就为领导者适应组织成长需要以及环境形势变化而进行领导职能的战略变革和角色转变创造了条件。

伴随着知识经济时代组织内外部环境的急剧变化，组织领导随时面临新的挑战，其职能必须进一步扩展到创造组织愿景和战略方向、领导组织学习以及塑造组织文化等更广、更高的层次上，其主导角色也由传统的组织管理者逐步转变为战略领导者，也就是说，组织领导力重心从个人层次的“行为领导力”和群体机构层次的“机制领导力”进一步上升为全组织乃至超组织层次的“战略领导力”。故此，更高层次的公司治理机能也就应该是能够促发进一步的战略创新和变革升级，以适应新的经营方式和环境对高层次领导力尤其是战略领导力的需求。这种治理机制的战略拓展主要体现在三个方面：

1. 优化组织内知识的学习过程

随着企业经营运作系统的升级，知识资本日益成为企业持续竞争优势的根本来源之一。企业核心能力的培养是对多种技术、技巧、知识的协调整合，是组织内集体学习的过程。作为战略领导者的一项主要职能和必备能力，就是有效地领导组织各层次成员持续学习和促进组织知识的系统积累与融合创新，不断增大组织智力资本的价值和效力。为此，公司治理机制的建设也不就再仅仅限于对某些任务结构和管理流程的制度性安排，而是开始考虑如何对组织的知识资源实施战略治理。

齐吉尔（Zyngier，2006）等指出，知识管理的治理对实施知识战略具有重要作用。知识管理治理通过决策权的合理配置，来妥善处理知识获取、知识品质维护、资源分配等知识管理方面的关键问题，知识管理的治理过程包括对知识管理的审查、规制、监督和修正。福斯（Foss，2003）等人认为，组织可以选择正式和非正式组织结构及机制以最优化知识的创造、转移和共享过程。故而，公司领导者可以借助这种治理制度对知识活动的形式选择和效率控制的作用，来加强对知识学习过程本身的管理——合理配置组织内的

决策权，使知识学习的形式得以制度化，设计合理的组织结构，简化知识的扩散的流程，保证效率。可以说，良好的治理机制的存在，使得领导者本身更容易完成知识学习扩散的循环过程，同时，也极大地保证了知识战略形成和实施的效率和效果，有助于实现知识资本向战略优势的转变。

2. 强化对高层战略智能的激励作用

动荡竞争环境下的企业战略决策定向对企业的生存发展有着深远的影响，但同时它也带有极大的不确定性，对领导者的决策能力带来极大的考验，使高层领导不得不承受一种更为沉重的无形责任与压力。由于战略层次的领导活动极具创新性、预见性和不确定性等特点，高层领导者需要将自身所具备的信息、知识、技能以及精神、观念等多重因素聚合激发为战略领导力，故有关高层领导的激励也必须融入较之对一般中基层人员更多的内容中，特别是要构建能够有效缓解和分流其所面临的战略责任与压力的激励机制。事实上，由于高层领导在地位、收入等方面具有某种相对乃至绝对的优越性，故仅凭传统的薪酬、权力等激励手段去鼓舞和引导他们往往会呈现较明显的边际效用递减情况，此时，充分发掘和发挥现代公司治理机制中的某些战略激励作用就颇具意义。比如，董事会等内部控制系统对控制强调的偏好，会对公司高层经理的决策行为产生影响，影响着他们对多元化、研发与创新的投资等的战略决策。故倘若企业各高层治理主体间能在战略控制上形成一种良性而默契的控制偏好，就可以为高层领导者提供一种大致的思维框架或战略的是非判断标准，甚至能为其创设与完善战略愿景提供某种机制性的导向与激励，这有助于使高层经理人在心理上获得一种被理解、被支持的感受，极大地缓解战略决策的不确定性给其带来的压力。所以，相对于高级经理层既有的收入、荣誉、地位等激励因素而言，这种源于更高层次的治理机能的战略鼓励，无疑可以带给高层领导者一种新鲜且有耐久性的心智激励。换言之，企业可以而且也需要通过对公司治理中这种控制偏好的持续构建与完善，来推动组织高层的智能聚变与发挥，从而带动组织战略决策力的改善和战略领导力的提升。

3. 为战略文化的构建提供条件

“CEO 必须能够营造一种具备指导性和全局性的哲学”（彼得·德鲁克，2002），也就是说，营造与内外部环境相匹配的战略文化是组织领导的重要职能，当然，这不仅仅取决于高层领导个人的价值观和战略决策能力，更与组织治理体系的特点密切相关。研究表明，董事会的价值观以及对环境的判断对战略文化构建起着一个先导性的作用。因为，如果董事会对环境和组织取向已有一个既定的认识，那么他们就倾向于聘用那些他们认为与这种取向相近似的经理人。例如，倘若董事会认为公司将面临或必须经历一场重大变革，他们需要的可能就是能够长于沟通激励、有创新精神、作风果敢的领导者去组织内营造一个变革的氛围，而且，这种风格的领导者也更容易从具有相似价值取向的利益相关者那里得到支持，使战略文化的推广事半功倍。所以，组织的战略文化对董事会的价值取向具有很大的传承性，故其构建有赖于治理机制的充分支撑。当然，成熟的战略文化反过来也会促进董事会运行管理等公司治理机能的完善。只有当公司治理机制与组织战略文化达成了良性的互动，组织的战略领导机能也才能够得到充分的发挥。

五、公司治理对组织领导力的复合作用机制

基于上述有关公司治理对组织领导力不同层次的作用的阐析，可以清晰地看出，现代公司治理机能是不断拓展和演进着的，这既是公司治理本身发展的必然趋势，也是公司治理建设需要进一步努力的方向。

概括而言，随着成长企业的组织领导力的不断提升，现代公司治理对组织领导力的作用，也日益从传统的以监督制衡作用为本，向“监督制衡 + 正向替代 + 促进创新”的复合机能转化。这是个逐层递进的整套治理安排，它包含制度、激励以及文化 3 个具体的关键演进线路，如图 2 所示。

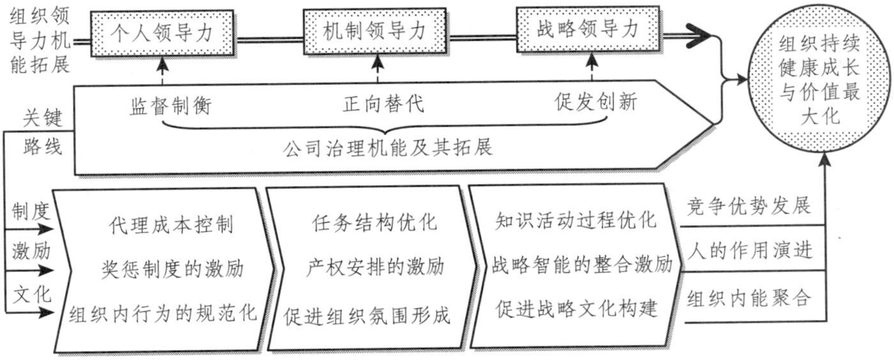

图 2　伴随领导力演进的公司治理功能拓展路线

资料来源：作者整理。

在制度的维度上，随着领导力层次的不断提高，治理机制的作用重心会沿“对代理成本的控制—对任务结构的优化—对知识活动过程的优化”的路线渐次提升。起初，公司治理机制主要强调对代理成本等因素的控制这一基础功能，而后，逐渐发展到着力提升事务管理与流程化的效率，进而提高到对“知识”这种新型战略资源的管理与开发上。只有顺利完成这一线路上的复合拓展，组织治理机制才能最终有助于企业竞争优势的不断发展。

在激励的维度上，作用于组织领导力的公司治理机能会按“基于奖惩制

度的激励—基于产权安排的激励—基于战略智能整合的激励”的脉络逐级拓展。成长组织的激励机制建设的重点一开始往往放在通过奖惩制度的强化作用上，继而逐步转移到通过产权安排培养组织内部的参与意识，而后再发展到对战略决策这种最高层次组织活动的特殊的心智整合与激励。通过这一线路上的复合拓展，公司治理机制最终适应并促进企业中各层次“人”的作用的演进。

在文化的维度上，企业的治理机制对组织领导力的作用呈现出“对组织内部行为规范化—促进组织氛围形成—促进战略文化构建”的成长变迁。即成长企业的治理文化建设的重心，从一开始注重对经理人行为的规范及职业操守的培养，逐步推广到塑造一种共同的治理理念和氛围，进而转向推动有利于组织变革成长的战略文化的生成。这一线路上的复合拓展使公司治理机制真正得以实现对组织内在势能的有效控制与激发。

总的来看，在上述三条关键线路上，公司治理分别与组织领导力的不同要素相互配合，顺应组织内外部变化而发展，最终从整体上使公司治理与领导力的发展统一于企业持续健康成长及总体价值最大化这个目标上。

六、对我国公司治理研究和实践的建议

传统上，领导力与公司治理往往被简单化地置于两极对立的关系之上，这造成了现实中常见的所谓“一治就死，不治则乱”的企业治理“两难困境”。一方面，缺乏治理机制的监督制衡，不可避免地会造成组织（高层）领导力的失序和过度异化；另一方面，过分强调狭隘的治理约束，又会限制甚至扼杀组织成长变革所必需的领导活力和效力。解决这种实践矛盾的关键在于进一步发现和利用公司治理与组织领导力之间的统一性的一面——这种统一就存在于组织领导力多层次发展过程中公司治理功能的持续演进之中，事实上，本文所阐释的所谓公司治理机能的拓展历程也正是其与组织领导力从对立到统一的共生互动过程。

站在学术研究的角度看，从与组织领导力的多层互动关系入手探讨公司治理机能及其拓展，是一个新的研究课题。这一研究路向的开辟，符合当前我国动荡环境下广大成长企业对强大的组织领导力和完善的公司治理具有双重需要的现实。正因为如此，未来从促发组织领导力的角度对公司治理问题进行更全面、深入的理论探讨，特别有利于推动公司治理研究本身的拓展及其与企业发展过程的及时、有预见性的互动，从而更好地提升公司治理理论的应用价值。

另一方面，从组织实践的角度看，我国目前仍处在经济转型期，企业的内外部市场机制还不是很健全，但越来越多的企业已经或正在建立起现代企业制度和以监督制衡作用为核心的公司治理结构。随着环境动荡的日益加剧

以及自身变革成长需求的日益迫切，企业在不断完善治理结构的过程中，应该更充分地认识到公司治理机制与组织领导机能两者交互发展的多重复合关系，从而通过更积极有效的治理安排，为自身组织领导力的良性运作与持续拓展创造条件。

参考文献

[1] 张维迎：《所有制、治理结构及委托——代理关系》，载《经济研究》1996 年第 9 期。

[2] [美] 加里·尤克尔：《组织领导学》，中国人民大学出版社 2004 年版。

[3] 徐金发、刘翌：《论我国公司治理文化及其建设》，载《中国软科学》2001 年第 12 期。

[4] 刘峰：《领导替代与领导创新》，载《理论探讨》2003 年第 4 期。

[5] 方竹兰：《人力资本所有者拥有企业所有权是一个趋势》，载《经济研究》1997 年第 6 期。

[6] 陈江华：《货币资本与人力资本在公司治理结构中的分权制衡》，载《求索》2004 年第 11 期。

[7] 彼得·德鲁克：《公司的概念》，上海人民出版社 2002 年版。

[8] Chaganti, R. S., Mahajan, V. and Sharma, S., 1985, Corporate Board Size, Composition and Corporate Failures in Retailing Industry, *Journal of Management Studies*, 22, pp. 400 – 417.

[9] Kesner, I. F., Victor, B. and Lamont, B. T., 1986, Board Composition and the Commission of Illegal Acts: An Investigation of Fortune 500 Companies, *Academy of Management Journal*, 29, pp. 789 – 799.

[10] Zajac, E. J. and Westpha, J. D., 1996, Who Shall Succeed? How CEO/Board Preferences and Power Affect the Choice of New CEOs, *Academy of Management Journal*, 39, pp. 64 – 90.

[11] Puffer, S. M. and Weintrop, J. B., 1995, CEO and Board Leadership: The Influence of Organizational Performance Board Composition and Retirement on CEO Successor Origin, *The Leadership Quarterly*, 6 (1), pp. 49 – 68.

[12] Modigliani, F. and Miller, M. H., 1958, The Cost of Capital, Corporate Finance and the Theory of Investment, *American Economic Review*, 48, pp. 261 – 97.

[13] Modigliani, F. and Miller, M. H., 1963, Corporate Income Taxes and the Cost of Capital: A Correction, *American Economic Review*, 53, pp. 433 – 43.

[14] Jensen, M. J. and Meckling, W. R., 1976, Theory of the Firm: Managerial Behavior, Agency Cost, and Ownership Structure, *Journal of Financial Economics*, 3, pp. 305 – 360.

[15] Harris, M. and Raviv, A., 1988, Corporate Control Contests and Capital Structure, *Journal of Financial Economics*, 20, pp. 55 – 86.

[16] Bowen, R. M., Daley, L. A. Jr and Huber, C. C., 1982, Leverage Measures and In-

dustrial Classification: Review and Additional Evidence, *Financial Management*, 11, pp. 10 – 20.

[17] Mintzberg, H., 1975, The Manager's Job: Folklore and Fact, *Harvard Business Review*, 53 (4), pp. 49 – 61.

[18] Zyngier, S., Burstein, F. and McKay. J., 2006, The Role of Knowledge Management Governance in the Implementation of Strategy, Proceedings of the 39th Hawaii International Conference on System Sciences.

[19] Foss. N J., Husted, K., Michailova, S. and Pedersen, T., Governing Knowledge Processes: Theoretical Foundations and Research Opportunities, CKG Working Paper, No · 1/2003, Center for Knowledge Governance, Copenhagen Business School.

[20] Grandori, Anna., 1997, Governance Structures, Coordination Mechanisms and Cognitive Models, *Journal of Management and Governance*, 1, pp. 29 – 42.

The Evolution of Corporate Governance Function Based on the Perspective of Multiple-Organizational-Leadership

Zhao Wei　Yang Gengtao

Abstract: Essentially, corporate governance and organizational leadership should be mutually accommodating and supplementary. But traditionally, corporate governance has been confined to the function of supervision and balance to leadership activities. Although it does reduce the risk of opportunism of leadership activities, it also limits the exertion of organizational leadership and hinders the development of corporate governance function. This paper made an analysis of the intrinsic relation between corporate governance and organizational leadership and its trends, and revealed the sequential evolution orientation and path of the function of corporate governance by surveying the multi-level interaction between corporate governance and organizational leadership. This paper also specifically dealt with the composite mechanism of corporate governance to organizational leadership with "supervision and balance", "positive substitution" as well as "strategy innovation". It not only explored a new model of the innovation and development of corporate governance, but also put forward some proposals on present-day corporate governance construction in China.

Key Words: Corporate Governance　Leadership　Supervision and Balance　Positive Substitution　Strategic Innovation

股权结构与经营绩效互动关系研究
——基于跨国公司在华投资企业的分析

周新军*

【摘要】股权结构与企业绩效之间相互影响，构成了一种互动关系。跨国公司在华投资企业股权结构的变化与经营绩效之间的良性互动推动了外资的"独资化"进程。实证分析表明，独资企业优于合资和合作企业的绩效表现，成为推动外资企业"独资化"运动的主要因素。而"独资化"开始几年后的时期也是三类企业绩效提升最快的时期，这表明股权结构的变化对公司经营绩效的影响存在一定的滞后期。股权结构与经营绩效之间连续性的互动由于完善了外资的股权结构，不仅提升了独资企业的绩效，而且也改善了整个行业的绩效水平。

【关键词】股权结构　经营绩效　互动关系　跨国公司　连续性变动

一、问题的提出

人们研究企业的最终目的，是为了寻求能提高其绩效的各种有效路径。传统的产权论认为，产权是决定绩效的主要因素，强调产权的归属对于绩效的全部意义。在他们看来，私有企业的产权人享有剩余利润占有权，由此产权人有较强的激励动机去不断提高企业的效益。在企业进入现代股份制公司后，他们又强调合理的产权结构对于绩效的经济学意义。在他们看来，合理的产权结构能够改善公司治理结构，从而促使经理人员自觉维护投资人的权益并努力工作，提高管理水平，最终促进公司绩效的提高。

与产权学派相对的是超产权学派，它认为企业效益与产权的归属变化没有必然的关系，而与市场竞争程度相关，市场竞争越激烈，企业提高效率的努力程度就越高。企业效率与市场结构呈正相关关系。显然，超产权学派的核心思想是淡化所有权、强化市场竞争在决定绩效中的作用，因而，强调所有权不是决定绩效的根本因素，市场竞争才是决定绩效的根本因素。

---

* 本是得到教育部人文社科规划基金项目"高管层治理评价与绩效优化研究——基于中国上市公司治理与风险溢价研究"（项目编号：07JA630073）的资助。

周新军（1967～　），男，湖南东安人，中国铁道科学研究院运输及经济研究所高级经济师、管理学博士、博士后。研究方向：公司治理、战略管理、运输经济。

显然，产权学派和超产权论者分别是从企业内部和外部来寻找影响公司绩效的因素。这两种看似对立的观点如果把它们运用到我国吸引外资的实践，都能找到合理的解释，并发现它们之间的有机联系。应该说，外资进入同时具备了产权学派和超产权学派所强调的前提条件。

在我国引进外资的理论和实践中，一个最敏感和最核心的课题就是股权问题。围绕着股权之争，中外双方展开了各种博弈。中方出台的各种政策、措施以及法规都包含着对控股权的约束，而在非政策性约束条件下外方正在积极地寻找路径，加速推进其股权战略。人们注意到，近几年在外商投资领域出现了一些新变化：一方面新建企业中无论是项目数还是投资额，独资企业所占比重都已大大超过了合资企业；另一方面，原已建立的一些合资企业外方通过股权变更实现了对全部股权或多数股权的占有。而在资本市场上，外资在新一轮攻势中刮起了所谓的“斩首并购”风暴即“必须控股、必须是行业龙头企业、未来预期年收益率必须高于 15%”。外资进入一方面改变了中国企业的股权结构，尤其是并购更是直接地、大幅度地改变了中方企业原有的股权结构，另一方面则加剧了市场竞争。有学者认为，外资并购我国上市公司，能改善资源配置，改进企业管理，促进效率的提高，因此，能提高公司的绩效水平。如果从理论上进行推断，外企股权结构的变动必将会引起公司绩效的相应变化，而且是往正相关的方向变动。如若不是，这种变动就是暂时的和毫无意义的，外方必然会作出撤资的战略选择。因为对外资而言，不存在为了追求企业改革、消除“一股独大”进行股权结构调整而造成绩效下降的情形。也就是说，外企股权结构调整不存在为了改革而暂时牺牲效率的现实和预期，这是与国企股改的最大区别。即便是出于占领某一经营领域的战略而牺牲绩效的举措，也都只是暂时的，不可能是连续性和持续性的。而绩效的变化又会反过来推动股权结构的进一步变化，使得外资控股的倾向进一步增强。这两种情形表明，股权变动与经营绩效存在着某种良性互动关系。鉴于既往的理论研究基本上是从单方面、静态性地研究两者的关系，本文的目的是要揭示出在连续变动状态下的股权结构与绩效之间的双向互动关系，为两者的内在依存关系提供一种新的解说。

二、相关研究的简要评述

由于股权结构与公司绩效两者的关系十分密切，而且又是经济管理领域重点关注的问题之一，因此，国内外关于此类研究的文献十分丰富。这些研究从不同的角度对两者的相关关系进行了论述，得出了不同的结论。[①] 这些研究虽然对我们认识两者的关系提供了有益思路，但不足之处也是比较明

① 由于内容繁杂，此处省略。读者可参阅笔者已发表的文章《股权结构与公司绩效相关关系综述》，载《山东工商学院学报》2008 年第 4 期。

显的。

一是静态分析多，动态分析少。以往的分析方法基本上是立足于静态的视角，即选取某一横截面通常为某一年度和几年的数据来进行分析研究，忽视了两者的动态发展关系，即没有考虑时间变化的因素。这种分析方法带有比较大的局限性，它只能揭示两个变量在特定的相对狭小时空内的相关关系，并不能描述和推断在其他时空内存在的关系，无法反映两个变量随时间变化的特征。而且，由于选取的横截面的不同，导致学者们得出的结论大相径庭，甚至是完全相反的结论。

二是在股权结构与公司绩效关系的研究中，单向研究多，双向研究少。单向研究也一般的是注重股权结构对公司绩效的研究，而不太关注公司绩效对股权结构的反向影响关系。至少到目前为止，还比较缺乏两者之间互动关系的深度研究。

具体到跨国公司在华投资企业股权结构与公司绩效关系的研究近年来也逐渐开始增多，得出的结论主要有三种：一是认为外方控股有利于公司绩效的提高。王晓云通过对主要集中在上海市及周边地区的 51 家样本企业所做的实证分析，发现外方股份与绩效呈正相关关系，即外方股份越高，外方倾向于提供更多的战略资源，合资企业成功率也就越高。二是认为外资持股比例对业绩有负的影响。许海所做的一项研究显示，日资控股不利于公司绩效的提高，而中资控股对公司绩效的提升利大于弊。他根据 1992 ~ 1997 年出版的《日本海外投资报告：按国家划分》提供的 1997 年数据所作的检验表明，日本在华投资的合资企业日方的权益水平与其子公司业绩之间存在显著的负相关关系。三是认为股权结构与公司绩效之间不存在显著的相关关系。杨学军于 2003 年对世界 500 强在广东投资的 291 家投资企业的高层经理进行了问卷调查，以 2002 年主观判断的企业盈利状况为数据窗口，通过对 65 份有效问卷的分析，发现股权安排与绩效之间没有显著的相关关系，绩效改进并不是跨国公司增资扩股的直接动因。国内的这些研究除了与国外研究具有同样的一些不足以外，还同时具有自身的一些不足。首先是获取的资料仅限于某一国在华投资企业如日资企业、德资企业等，缺乏跨国公司在华投资企业所有外资的整体数据；二是所得到的有关企业经营绩效的数据只是被调查者提供的主观预测数据，缺乏企业真实的业绩数据。为改进这些不足，本文在研究方法和数据的选择上进行了创新，在现有尽可能获得的数据基础上，通过介入连续性分析方法，论证股权结构与公司绩效之间存在的良性互动关系。

三、研究方法与变量的确定

1. 研究方法

既往的研究中，在分析和研究变量之间的相互关系时一般采用回归分析法，描述两者之间的相关性。但这种方法在具体分析跨国公司在华投资企业股权结构变动与经营绩效互动关系时遇到了两个难以回避方面的难题：一是在目前的统计数据或者其他方式公开的数据中，都难以找到外资企业股权比例变动的单个样本数据，至于这些企业的经营绩效更是处于保密状态，因此，采用回归分析法不具备现实可操作性；二是从技术角度来看，回归分析法本身也难以说明两者关系的连续性变化。为了改进其不足，本文采用连续性动态数据分析法，即以股权结构变动比较明显的外资“独资化”开始时间为 T 年，对其前后若干年的经营绩效进行分析，以观察股权结构与经营绩效的连续性变动效果。并用独资、合资以及合营这三种外商主要投资方式的变动来表示跨国公司在华投资企业整体股权结构的变动，用这三类企业绩效变化来表示整体经营绩效的变动。

2. 变量选择

本文涉及两大变量，即股权结构和公司绩效。一般意义上的企业股权结构层次相对较多、结构复杂。按照不同的分类标准，包括国有股、法人股、A 股、B 股、H 股、内部职工股和转配股等，并形成不同类股组合。由于外商投资企业的特殊性，本文的股权结构设定的层次比较简单，在其三类投资企业中只包括外资和中资占股比例。由于不同股权结构的企业类型对公司绩效影响程度不同，因此，还需要考虑外资股是否为第一大股东对公司绩效影响的情况。在考察上市公司外资股时，由于股权置换方案的实施，原来的非流通股已经可以流动，无疑会对原有的股权结构产生比较大的影响。考虑到股权置换后公司业绩需要经过一定的时间才能真实地、稳定地表现出来的滞后性，所以，本文暂不涉及股权置换之后条件下两个变量之间的互动关系。

关于绩效变量。从国际经验来看，跨国公司对海外子公司绩效评价的常用指标有两大类。一是财务指标，包括利润、投资回报率、剩余收益、现金流量、销售收入以及多种财务比率，如净利润率（净利润/总资产）、总资产利润率（总利润/总资产）、权益利润率（ROA 权益总资产率）、每股收益（净利润/总股本）；二是非财务指标，包括市场占有率、生产率指标、产品质量指标、服务指标、人力资源指标、海外子公司创新能力指标以及社会责任指标。本文主要采用部分容易获取的财务指标，但不排除为了研究的需要有时也会采用一些能量化的非财务指标。

四、外商投资企业股权结构与经营绩效互动关系

大多数的研究认为，从 1997 年开始外商在华投资企业出现了“独资化”趋势，多数控股或者完全控股方式成为外商在华投资的首选。这种基于跨国

公司在华投资项目得出的结论并不全面，因为它忽略了其他两种形式表示的股权结构变动，即实际投资额和协议投资额的变化趋势。根据笔者的研究，从投资项目数、协议投资额以及实际投资额三个维度，可以把跨国公司在华投资企业独资化趋势划分为三个时点：如果以项目数为基准来划分，1997 年以后为独资化阶段；如果从协议投资额来划分，1998 年为始点，之后独资化趋势十分明显；如果以实际投资额来划分，1999 年为始点，之后独资化趋势比较明显。综合三个时点来看，外商投资企业独资化趋向并不是在某一年完成的，而是经过了三年期才完全呈现的。因此，T 期定位在 1997 ~ 1999 年。由于现有统计数据的限制，T 之前的年份选取 1995 ~ 1997 年三年数据，T 之后的数据重点选取 2000 ~ 2002 年经营绩效数据。

1. 由经营绩效引致的股权结构变化

为了验证经营绩效引致的股权结构变化，这里选取 1995 ~ 1997 年外商投资企业中独资、合资和合作三类企业的经营绩效指标，通过这些指标的变动来反映其对之后几年外商投资企业股权结构变动的影响，如表 1 所示。

表 1　1995 ~ 1997 年三资企业主要经济指标　单位：亿元

年份	企业类别	企业单位数	工业总产值	工业增加值	资产总计	负债总计	所有者权益	产品销售收入	利税额	增值税
1995	合资	15078	4087.86	1016.91	5257.46	2901.04	2356.42	3896.80	410.36	150.76
	合作	1848	414.45	130.98	488.73	252.75	235.98	353.98	28.53	9.19
	独资	3264	823.69	205.75	739.81	434.28	305.53	799.87	31.21	8.64
	总计	20190	5325.99	1353.64	6486.00	3588.07	2897.93	5050.66	470.10	168.58
1996	合资	13229	4681.84	1168.06	6320.57	3640.81	2679.68	4350.77	381.02	160.06
	合作	2058	647.85	219.85	596.22	316.26	279.96	460.73	68.82	17.27
	独资	4138	1251.76	145.45	1151.17	630.66	520.51	1115.77	58.63	15.59
	总计	19425	6581.46	1533.36	8067.97	4587.72	3480.16	5927.27	508.47	192.93
1997	合资	12833	5751.24	1425.13	7746.27	4488.97	3257.30	5367.96	473.62	204.45
	合作	1997	698.58	197.57	766.69	389.93	376.75	573.77	75.99	22.73
	独资	5031	1766.09	371.08	1757.10	985.15	771.94	1637.84	78.60	22.82
	总计	19861	8215.91	1993.79	10270.05	5864.06	4406.00	7579.57	628.21	250.00

资料来源：根据《中国统计年鉴》（1996 ~ 1998 年）有关统计数据整理。

根据表 1，做三资企业工业总产值和产品销售收入变化图，如图 1 所示。

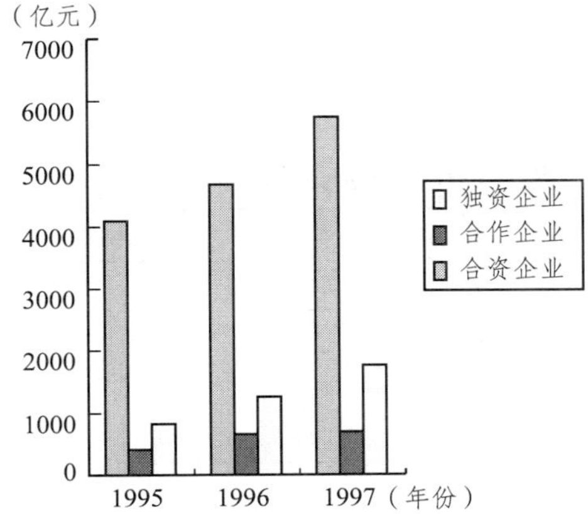

图1　1995～1997年三资企业工业总产值比较

从图1可以看出，从工业总产值的角度来看，从绝对值来看，依次是合资企业、独资企业和合作企业。如果从增长率的角度来看，是独资（51.97%→41.09%）好于合资（14.53%→22.84%），合资又好于合作（56.31%→7.83%）。最后的结论是：独资企业绩效最好，合资企业次之，合作企业增长出现负增长。

从图2三资企业产品销售收入比较情况来看，从增长的绝对值来看，依次是独资企业（39.49%→46.79%）、合资企业（11.65%→22.69%）和合作企业（30.15%→24.53%）。合资好于独资，独资好于合作。但从增长率来看，尽管独资企业与合作企业一样出现了负增长，但不同的是，独资企业下降的幅度不大，而且1997年增长率要大大高于合资企业当年的水平。由此可以得出独资企业绩效好于合资企业，合资企业又要好于合作企业。

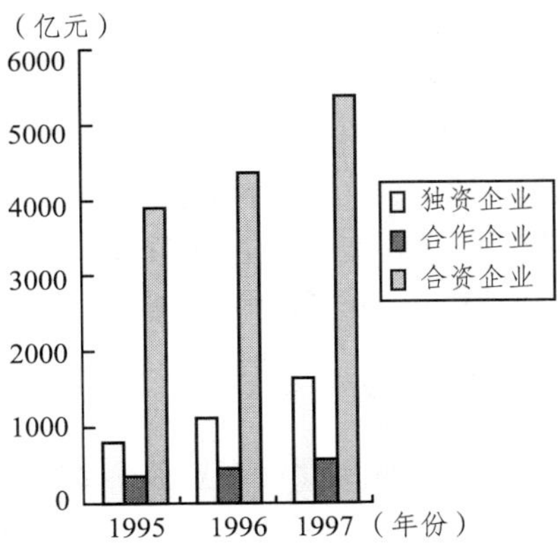

图2　1995～1997年三资企业产品销售收入比较

根据表 1 还可以作出 1995 ~ 1997 年三资企业单位资产的效益指标，如表 2 所示，结果略有不同。

表 2 1995 ~ 1997 年三资企业单位资产效益指标 单位：亿元

年份	企业类别	工业产值	工业增加值	负债率（%）	所有者权益率	产品销售收入	利税率（%）
1995	合资	0.78	0.19	0.55	0.49	0.74	0.08
	合作	0.84	0.27	0.52	0.48	0.72	0.06
	独资	1.11	0.28	0.59	0.58	1.08	0.04
1996	合资	0.74	0.18	0.58	0.42	0.69	0.06
	合作	0.75	0.37	0.53	0.47	0.16	0.03
	独资	1.08	0.13	0.55	0.45	0.97	0.05
1997	合资	0.74	0.18	0.57	0.42	0.69	0.06
	合作	0.91	0.25	0.50	0.49	0.74	0.09
	独资	1.01	0.21	0.56	0.44	0.93	0.04

资料来源：根据表 1 整理。

从表 2 中可以看出，工业产值独资企业最好，合作次之，合资最差；工业增加值独资企业除了 1996 年低于合作、合资外，其他年份依次也是独资企业、合作和合资；负债情况各有优劣，1995 年负债率最高的是独资企业，然后是合资和合作。1996 年合资最高，然后是独资和合作。1997 年合资最高，然后是独资和合作。总体看，负债情况最好的是合作，最差的是合资，独资居中；所有者权益是合作最好，独资、合资次之；产品销售收入独资企业最好，合资和合作次之。如果对效益指标做一个整体比较，独资企业情况最好，合作较好，合资企业较差。尽管从单位效益指标来看，合作要好于合资企业，但毕竟合作企业规模太小，没有体现规模效益。最重要的是，合作企业效益好坏与外方没有太多的利益关系。所以，即便如此，对于外资来说，最可能的选择首先是独资，其次是合资，最后才是合作。

从上面的情况来分析，1995 ~ 1997 年，三资企业绩效变化情况是独资企业好于合资企业，合资企业又要好于合作企业。由此可以得出的结论是：1995 ~ 1997 年外商投资企业绩效变化是决定 1997 ~ 1999 年外资在投资方式选择上出现“独资化”趋势的一个主要因素。

2. 由股权结构引致的经营绩效变化

前述分析了 1995 ~ 1997 年外商投资企业经营绩效对其 1997 ~ 1999 年股权结构变动的影响，那么，1997 ~ 1999 年这一时期股权结构变动对之后的经营绩效产生了什么样的影响呢。由于数据的限制并考虑它对整个外商投资企业的影响以及与之前若干年份的比较关系，这里选取了 1998 ~ 2004 年的相关绩效数据。

（1）整体经营绩效表现。前述股权结构变化中已经显示出，1997 年、1999 年是两个重要的拐点。这样，研究股权结构对绩效的影响，就需要考察外商投资企业发生在 1997 年后的绩效表现。通过各项指标在图形的走向来研究它们之间的关系。首先，观察 1997 年后三资企业的主要指标变化情况。

表 3 显示了从 1998 ~ 2004 年三资企业的主要经济指标变化情况，包括资产、流动资产、固定资产、负债和产品销售收入等指标。

表 3　　1998 ~ 2004 年三资企业主要指标　　单位：亿元

年份	企业单位数	资产总计	流动资产年平均余额	固定资产净值年平均余额	负债合计	产品销售收入
1998	26442	21326.95	9671.91	8313.98	12481.58	15604.60
1999	26837	23018.92	10606.05	9062.95	13287.86	17966.55
2000	28445	25714.06	11926.66	9808.74	14658.92	22545.74
2001	31423	28354.46	13750.96	11111.58	15558.91	26022.08
2002	34466	31513.76	15174.60	12097.09	17136.03	31189.27
2003	38581	39260.26	19866.14	13722.33	21763.06	43607.63
2004	42753	47951.13	25620.61	15789.04	26886.09	57831.51

资料来源：《中国统计年鉴》，中国统计出版社 2005 年版，第 504 ~ 505 页。

从表中的数据来看，各项指标包括负债在内都是逐年上升的。为了更直观地看出指标的变化态势，从表 3 中选取了资产和产品销售额两个指标绘制曲线图，如图 3 所示。

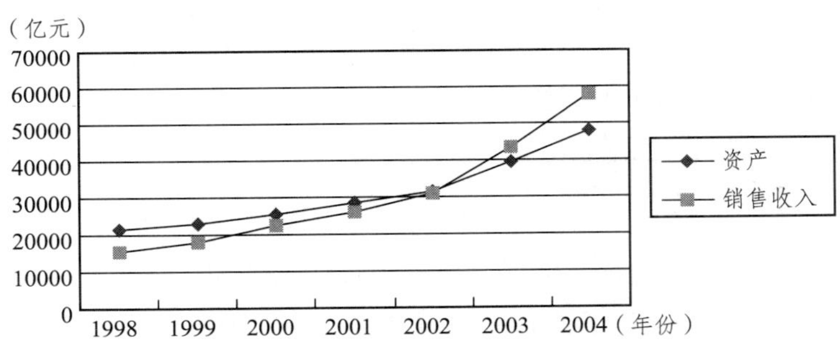

图 3　1998 ~ 2004 年三资企业资产和销售收入变化趋势

资料来源：根据表 3 中的部分数据。

上图中两条曲线都是上升的，中间一个非常明显的“拐点”出现在 2002 年，之后上升趋势加快。从图 3 中可以发现，1998 ~ 2000 年这三年的绩效都是上升的，说明“独资化”出现后，股权结构与绩效呈正相关关系。而在 1999 年实际投资额引致的“独资化”出现后，2000 年、2001 年绩效继续保持上升势头。绩效变化的“拐点”出现在 2002 年，即股权变化“拐点”后的第三年，绩效上升趋势更为明显。也就是说，股权变动三年后绩效才会明显表现出来，这样的结果表明，股权结构变动在 T+3 内与绩效变化一般正相关，之后呈现正向强相关。

（2）案例分析。

1993 ~ 2005 年天津开发区外商投资企业协议投资额的增资情况“几经波折”，出现了几个非常明显的“拐点”，1995 年、1997 年、2000 年和 2004 年。与前述我国外商投资企业整体股权结构的变动略有区别。

为了考察外商投资企业增资对公司绩效，需要对上述时间段的主要经济指标进行统计分析。表 4 列出了该区这一时间段的主要经济指标。

表 4　　天津开发区外商投资企业历年主要经济指标

单位：出口为亿美元，其他均为亿元

年份	工业产值	增长率	销售收入	增长率	出口	增长率	利润	增长率
1984 ~ 1993	129.8	—	117.4	—	5.79	—	14.4	—
1994	146.9		134.9		5.37		17.9	
1995	262.1	78.4	248.3	84.1	8.92		29.7	
1996	364.4	39.0	356.4	43.5	14.4		42.8	
1997	459.0	26.0	451.9	27.0	19.9		50.1	17.1
1998	520.3	13.4	514.1	13.8	21.9	10.3		
1999	586.4	20.6	580.2	21.5	25.3			
2000	708.9	43.1	705.0	21.5	30.8	21.9		
2001	839.4	22.1	837.8	18.8	39.9	22.9		
2002	1001.6	30.5	999.6	19.3	56.0	40.4		
2003	1215.9	30.3	1214.4	21.5	67.2	20.0		
2004	1775.0	46.0	1799.8	48.2	109.6	63.0		
2005	2247.2	26.6	2290.8	27.3	135.7	23.8		

资料来源：根据天津开发区历年公布的数据整理而成。

从表 4 可以看出，1994 年是天津开发区大发展的一年，除了出口稍低外，其他各项指标都超过了其 1983 ~ 1993 年十年间同类指标的累计总和。从 1994 ~ 2005 年各项指标都是递增的。利润指标数据不全，只有 1984 ~ 1997 年的数据统计，比较直观地可以看出它呈现的是递增的趋势。工业总产值与销售收入差别甚少，两者中取其一即可，这样就只需根据表 4 中的销售收入及出口两项指标来做一个趋势图，如图 4 所示。

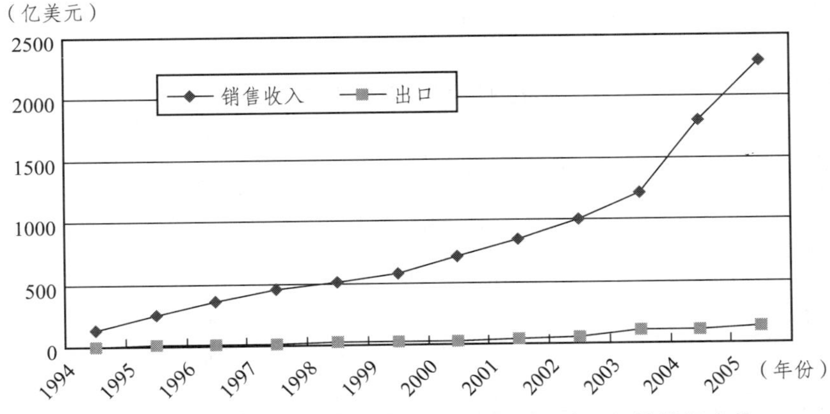

图4　1994～1999年天津开发区外商投资企业主要经济指标走势

从图4中可以看出，销售收入一直保持了增长势头，2004年增长最大，2003年就成为了一个“拐点”。这可视为该区企业2000年大规模增资的结果。出口也保持了增长的势头，但在2002年和2004年增长较快，分别增长了40.4%和63.0%。这样，我们可以得出增资与公司绩效呈正相关关系。

五、上市公司外资股权与绩效互动关系分析

为了考察上市公司外资股权与绩效的互动关系，需要分析并购当年及前后三年的绩效变化情况，从中发现它们之间的互动关系。假设外资并购发生的当年为T，则前三年分别为T－1、T－2、T－3，后三年分别为T＋1、T＋2和T＋3。

从表5可以很清晰地看出，外资并购前三年各项指标基本上是上升的，如净利润率从6.13%上升到15.6%，总资产率从2.91%升至7.85%，净资产报酬率从6.50%升至14.93%，主营毛利润从18.93%升至29.35%。但主营业务利润比例和其他业务利润比例T＋2年出现了下降，但到T＋1年又开始了上升。这些情况说明，由于公司的赢利能力不断增强吸引了外资前来并购，换言之，正是由于公司绩效的不断提升，使得原来的股权结构发生了改变。

并购当年由于存在磨合期，公司赢利能力出现了减弱。表5中六项指标有五项出现了较大幅度下降，有的指标甚至显示为负数。只有主营毛利率出现了增长。

并购后几年的情况又如何呢？从表5中发现，大多数指标出现了上升的趋势。比如，主营业务利润率从并购当年的43.9%上升到并购后的590.71%，并购后两年上升到218.88%，并购后三年上升到276.33%。这说明，外资并购对于公司的主营业务有较大的改进，变化比较明显。也就是说，

由并购引致的股权结构的变化有利于公司绩效的提高。

表5 外资并购的赢利能力指标表现 单位：%

时间	净利润率	总资产报酬率	净资产报酬率	主营毛利率	主营业务利润比例	其他业务利润比例
前三年	6.13	2.91	6.50	18.93	170.02	7.78
前二年	11.97	5.56	8.71	25.03	56.65	-0.13
上一年	15.68	7.85	14.93	29.35	145.72	2.19
当　年	-7.80	0.01	-0.52	49.86	43.91	-3.90
下一年	-1.51	-1.74	4.16	22.97	590.71	1.84
后第二年	4.55	2.27	5.37	26.34	218.88	2.16
后第三年	10.58	4.84	11.95	31.55	276.33	8.26

资料来源：卢文莹、阮希玮：《外资并购策略》，上海财经大学出版社2004年7月版，第122页。

我们还可以用同样的方法来证实外资并购对公司偿债能力、成长能力、现金能力、经营能力和财务绩效的影响。卢文莹等人（2004）研究得出的结论是：外资并购的绩效发生在并购后的第三年。外资并购对于公司的主营业务有较大的改进，对企业的成长性有较大作用，在一定程度上增强了企业的经营能力。但外资并购的偿债能力主要是维持并购当年和并购后一年，另外它对被收购公司的财务绩效也没有显著的影响。

显然，目前的研究还只是处于一个周期的研究中，其结论具有不稳定性。如果要发现两者的互动关系，至少需要对两个以上周期的变化进行研究。这将是一个新的研究课题。另外，现有的研究是在国有股、法人股不能流动的约束下进行的。股权分置的改革和推进打破了这种局限，那么，在新的前提下如何描述外资并购与公司绩效的关系，又将是另一个新的课题。

六、结　论

通过对外商在华投资企业经营绩效与股权结构之间相互关系的分析，发现绩效变化是决定股权结构变化的主要因素之一。经营绩效的提高促使外商投资企业作出增资的决定，从而使得独资企业的数量以及合资企业外资控股比例得到相应增加和提高。外商投资出现的“独资化”趋势使得外资企业的经营绩效得到更进一步改善。经营绩效与股权结构之间形成了某种程度的良性互动。

如果仅从经营绩效的角度来考虑，外商“独资化”显然对提高企业的经营绩效以及市场竞争程度都会产生积极影响，因此，放松对外资股权的管制，对于优化股权结构，从而进一步提高对外资的吸引力，发挥其促进作用具有积极意义。但从产业保护角度来看，实行一定程度的保护又是必要的，但会以牺牲一定的效益为代价。

本文的不足之处在于缺乏对经营绩效与股权结构的微观分析，即对跨国公司在华投资企业本身的经营绩效与股权结构相关关系研究。这项研究需要随着统计制度的不断完善，以及在华外商投资企业信息披露的不断透明化而得以不断深入。

参考文献

[1] 王晓云：《发达国家改造国有企业实践及外资并购规制的启示》，载《科学决策》2005 年第 5 期。

[2] 许海：《日本跨国公司在华直接投资的业绩及其影响因素》，载《世界经济》2001 年第 4 期。

[3] 杨学军：《跨国公司股权安排选择与绩效关系研究》，载《商业经济与管理》2005 年第 1 期。

[4] 周新军：《跨国公司在华投资企业股权结构变动的实证分析》，载《兰州交通大学学报》2008 年第 4 期。

[5] 卢文莹、阮希玮：《外资并购策略》，上海财经大学出版社 2004 年版。

A Study on Interaction Relationship between Shareholding Structure and Management Performance

——On Base of Analysis on TNC-Invested Enterprises in China

Zhou Xinjun

Abstract: There exits a mutual influence between Shareholding Structure and management performance, and that has formed a kind of interaction relationship. The change of the shareholding structure of the TNC-invested enterprises in China drives the process of the foreign-investment tendency by the nice interaction with the management performance. An empirical analysis shows that the better performance of the solely invested enterprises compared with the jointly invested enterprises and the cooperative ones becomes one of the main factors to hoist that foreign-investment tendency. The phase after the appearance of foreign investment tendency for several years is the time for the performance of the enterprises with three kinds of capital to rise the most rapidly. That means the influence of the shareholding structure change on the management performance has a lag phase. The successional interaction between the shareholding structure and the management performance not only betters the shareholding structure of the foreign-invested enterprises, but also improves the performance of the whole industry.

Key Words: Shareholding Structure Management Performance Interaction Relationship Transnational Corporation Successional Change

我国企业行政联系对公司绩效影响问题研究

李 莉 薛冬辉 毛 奕*

【摘要】中国正处于从行政型治理向经济型治理转型的过程中。中国特有的政治经济体制，使国外对公司行政联系问题的研究中区分其是否存在行政联系的方法对中国不尽适用。本文提出行政联系度概念，从经营目标行政化、资源配置行政化、委托人政府化三个视角提出测度方法，并分析行政联系度对中国公司绩效的影响。研究发现在中国行政联系度较高的公司业绩较差，且这种现象在被动联系的公司中体现尤为明显，而对主动联系的公司来说，行政联系度对公司业绩影响不显著。

【关键词】行政联系 行政型治理 企业绩效

一、问题的提出

在中国，随着改革开放的不断深入，企业与政府间的关系问题已经成为经济发展进程中不容回避的关键问题，并因此得到了深入研究。从公司治理研究视角看，传统的公司治理研究是基于"股权分散"范式的研究，侧重与对公司管理层、董事会的研究，而目前公司治理研究已有向公司治理环境研究的方向转换，将公司治理置于环境系统中进行探讨。系统思维研究中法律制度系统和政治系统受到了学界较多关注，在法律制度方面，SSLV 将法律因素引入公司治理研究，认为法律越健全的国家，公司治理越完善，通过法律对中小投资者实行保护，可以提高公司绩效。在行政联系方面，施莱佛、维什尼（Shleifer，Vishny ，1994）①、费阿、施莱佛（Fyre，Shleifer，1997）②

* 本文得到教育部人文社会科学研究一般项目"循环经济框架下我国企业投融资互动机理研究"（项目编号：07JA630014）和南开大学文科科研创新基金项目"WTO 框架下我国制度变迁与企业融资策略作用机理研究"（项目编号：NKC07027）的资助。

李莉（1961～ ），女，天津人，南开大学商学院财务管理系主任、教授、博士生导师。研究方向：财务管理、物流金融。
薛冬辉（1981～ ），男，辽宁沈阳人，南开大学商学院博士研究生。研究方向：财务管理。
毛奕（1986～ ），女，福建福州人，南开大学商学院硕士研究生。研究方向：财务管理。

① Shleifer，A.，Vishny，R.，1994，Politicians and Firms，*Quarterly Journal of Economics*（109），pp. 995 – 1025.

② T. Frye，A. Shleifer，1997，The Invisible Hand and the Grabbing Hand，*The American Economic Review.*

对转型经济中，政府和企业间的关系进行了界定，他们认为政府之于企业的作用可以用“扶助之手（the helping hand）”和“掠夺之手（the grabbing hand）”来分类概括。

随着研究的深入，行政联系对公司业绩影响问题已成为国内外研究的热点。维克斯、雅罗（Vickers，Yarrow，1988）①认为在希望获得较高股利分红的同时，政府会要求其控制下的企业重视职工福利，弘扬意识形态，承担社会义务，从而企业行为偏离了利润最大化的轨道。夏皮罗、维力格（Shaprio，Willig，1990）②认为相对于私人所有的企业，政府所有的企业存在着复杂的委托—代理关系，代理成本降低了企业绩效。拉波塔、弗洛伦西、施莱佛（La Porta，Florencio，Shleifer，1999）③等研究了不同国家上市公司的股权集中度问题，研究发现法律对投资者保护越好的国家公司规模越大，股权越分散，有趣的是在法律对投资者保护薄弱的国家股权大多集中在大家族或政府手中。这些文章将行政联系引入了研究领域，国家作为大股东已成为研究的热点。法西奥（Faccio，2002④，2006⑤，2007⑥）认为在腐败现象普遍的国家，行政联系紧密的公司更多，并且公司可以通过紧密的行政联系获得好处。埃坦·高盛、乔格·罗乔利、宋正治（Eitan Goldman，Jörg Rocholl，Jongil So，2006）⑦在对美国的研究中发现，行政联系问题不仅发生在转型经济中，美国公司也存在着显著的行政联系问题，当美国民主党和共和党政权更替的时候，与不同党派联系紧密的公司其业绩会受到影响。托马斯、沃斯（Tomas，Voth，2008）⑧认为对特殊政治时期的研究更能揭示行政联系与公司业绩间存在的潜在关系，他们研究了在纳粹德国这一特殊时期，⑨公司与希特勒纳粹政权间的行政联系与其公司业绩之间的关系，他认为在这一时期与纳粹政权关系越紧密的公司业绩越好。在对行政联系影响公司绩效的中介方面，各国学者将目光聚焦在税收优惠，外部融资成本，特别是银行贷款成本等方面：法西奥（Faccio，2006）认为税率的优惠是公司从行政联系

---

① Vickers，Yarrow，1988，*Privatization：An Economic Analysis*，Cambridge：MIT Press，pp. 53 - 67.

② Shaprio，Carl，Willig，Robert D.，1990，*Economic Rationales for the Scope of Privatization. In the Political Economy of Public Sector Reform and Privatization*，London：Westview Press，pp. 55 - 87.

③ La Porta，Rafael，Florencio Lopez-de-Silanes，Andrei Shleifer，1999，Corporate ownership around the world，*Journal of Finance*（54），pp. 471 - 518.

④ Faccio，Maya，Lang H. P，2002，The Ultimate Ownership of Western European Corporations，*Journal of Financial Economics*（65），pp. 365 - 395.

⑤ Faccio，M.，Masulis，R.，McConnell，J. J.，2006，Political Connections and Corporate Bailouts，*Journal of Finance*（61），pp. 2597 - 2635.

⑥ Eitan Goldman，Jörg Rocholl，Jongil So，2006，Do Politically Connected Boards Affect Firm Value?，Working paper.

⑦ Eitan Goldman，Jörg Rocholl，Jongil So，2006，Do Politically Connected Boards Affect Firm Value?，Working paper.

⑧ Thomas Ferguson，Hans-Joachim Voth，2008，Betting on Hitler-the Value of Political Connections in Nazi Germany，*Quartely Journal of Economics*（123），pp. 101 - 137.

⑨ Asim Ijaz Khwaja，Atif Mian，2004，Do Lenders Favor Politically Connected Firms? Rent provision in an Emerging Financial Market，Working paper.

中获得的好处之一，具有行政联系公司的税率往往显著低于其他公司。阿西、阿特夫（Asim，Atif，2004）研究了巴基斯坦公司的行政联系与公司贷款融资之间的关系问题，他认为行政联系越紧密的公司越容易从国有银行获得贷款，并且这些行政联系紧密的公司容易获得预算软约束（Soften Budget Constraints）的优势，它们的贷款违约率也越高。贝克曼（Backman，1999）① 描述了印尼总统苏哈托的儿子是如何在其父亲的介入下为其公司轻松获得债务融资的。卡瓦加、米南（Khwaja，Mian，2005）② 发现，行政联系公司往往比其他公司具有更高的负债率，而由于政治家们的利诱和威胁，国有银行的管理者们也更倾向于给行政联系公司提供贷款，即使它们往往具有更高的违约率。我国对行政联系的研究中，更多地关注领导层任命和公司的产权归属问题：范（Fan，2007）③ 从公司 CEO 任命的角度研究了中国公司的行政联系问题，研究发现我国企业的 CEO 如为政治任命，在公司 IPO 三年后，其业绩会有显著下降。崔学刚、谢志华、郑职权（2007）④ 研究了终极控制权性质与公司绩效间的关系，认为民营控制权的公司的绩效高于非民营控制权的公司，但在保护行业，民营控制权对公司绩效没有影响。田利辉（2005）⑤ 认为国有控股比例和企业绩效间不是简单的线性关系而是 U 型曲线关系，他认为当国有控股比例非常高或非常低的时候，企业绩效较高。案例研究方面，谭劲松、郑国坚（2004）⑥ 通过对“美的”和“科龙”的案例分析，认为企业产权的清晰度与企业绩效正相关，产权越清晰，企业绩效越高。

政治型治理和行政联系这两个概念是既有区别又有联系的。我国学者李维安教授（1998）⑦ 对我国企业的行政型治理特征进行了分析，他认为我国企业行政型治理问题主要集中在三个方面，即：资源配置行政化、经营目标行政化、企业委托人政府化。法西奥（Faccio，2006）中把行政联系定义为：如果公司的大股东（即直接或者间接拥有公司至少 10% 的投票权）或者公司高管（例如：CEO、主席、副总或者秘书）是国会的成员、部长（包括总理）、州或地区的首领（例如：独裁者、总统、国王、女王）或者和高层政治人物有着“密切的关系”的人。这里的“密切关系”包括：（1）某种友谊；（2）现任或者前任地区或者国家元首或者总理的亲戚；（3）前任的国家

① Backman，1999，Asian Eclipse：Exposing the Dark Side of Business in Asia，Wiley，Singapore.

② Khwaja，Mian，2005，Unchecked Intermediaries：Price Manipulation in an Emerging Stock Market，*Journal of Financial Economics*（78），pp. 203 – 241.

③ Fan J.，Wong T. J.，Zhang T.，2007，Politically Connected CEOs，Corporate Governance，and Post-IPO Performance of China's Newly Partially Privatized Firms，*Journal of Financial Economics*，pp. 324 ~ 353.

④ 崔学刚、谢志华、郑职权：《终极控制权性质与公司绩效——基于配对样本的实证检验》，载《财贸研究》2007 年第 4 期。

⑤ 田利辉：《国有股权对上市公司绩效影响的 U 型曲线和政府股东两手论》，载《经济研究》2005 年第 10 期。

⑥ 谭劲松、郑国坚：《产权安排、治理机制、政企关系与企业效率——以“科龙”和“美的”为例》，载《管理世界》2004 年第 2 期。

⑦ 李维安：《中国のコーポレートガバナンス》，税務経理協会 1998 年版。

或地区元首或者总理；（4）和国外政治家存在联系；（5）和政党的一些家喻户晓的关系。为了保证研究的客观性，定义中判断是否存在“某种友谊”即是参考《经济学人》、《福布斯》或者《财富》中所公开的关系。对于中国市场上行政联系的研究，范（Fan，2007）将行政联系定义为：现在或者曾经在政府机关（中央政府或者地方政府）或者军队任职的 CEO。本文认为，具有较强行政联系公司在公司治理方面会更多地表现出行政型治理特征。行政联系更多地强调公司与政府间的相关关系，这种关系有先天自带的，也有后天争取的；而行政型治理更多强调等企业与政府间有着紧密行政联系后，企业管理受到政府干预，其在公司治理方面表现出的资源配置行政化、经营目标行政化、企业委托人政府化特征，行政型治理在中国主要是指国企改制而来的国有控股公司，虽已成为市场经济主体，却仍表现出较强的计划经济特征。

纵观世界各国学者对行政联系问题的研究成果，本文认为在对我国企业行政联系问题的研究中主要存在三点不足：其一，国外的研究在界定公司是否为行政联系公司（Connected Company）方面，或是依据其是否支持了政治竞选（Eitan Goldman，2006，Thomas Ferguson，2008，Asim Ijaz Khwaja，2008 等），或是依据公司高管是否为政治任命（Fan，2007 等），但这两种方法都不适用于对中国企业的研究。首先，中国是共产党一党执政的国家，虽有人民大会选举制度，却无政党更迭制度，也就不存在公司支持政党参与选举的问题，因此依据公司支持政治选举来界定公司是否为行政联系公司的方法在中国不适用。其次，中国国有企业的领导干部虽都经过了选举程序，但该程序往往不能起到决定作用，仍存在着大量政治任命的情况，因此领导干部是否为选举产生这一指标不适合用于界定中国企业是否为行政联系公司。其二，国内外的研究多用单一指标①来界定公司是否存在行政联系，但在中国，各类公司往往或多或少都存在着一定程度的行政联系，在中国公司间的区别，关键在于它们的行政联系程度，也就是行政联系强弱的问题，而这一问题在以往的文献中往往研究较少。其三，国外的研究无需区分主动联系和被动联系间的区别，用单一指标往往可以判定公司是否存在行政联系，而在中国大量企业是从国有企业改制而来，虽已实现了现代企业制度转型，但本质上仍是为政府服务的国有企业，其先天既存在着行政联系，这种行政联系是被动的；但对于民营企业来说，取得一定程度上的行政联系往往会给公司的发展带来好处，因此它们往往会主动寻求行政联系。所以在中国，企业的行政联系不可一概而论，应区分主动和被动，在此前提下的研究往往能取得更好的效果。

综上所述，在对中国公司行政联系问题的研究中，如何界定一个企业是

① 单一指标中，有公司支持竞选开支、国家对公司控股比例、公司 CEO 是否为政府任命等指标。

否为存在行政联系的企业，如何评价一个企业的行政联系程度，如何判定一个企业是主动寻求行政联系还是被动接受行政联系，这些问题应是对中国企业行政联系问题研究的重点和难点。首先，本文在阅读大量国内外文献的基础上，找出合适的指标用于判定公司是否存在行政联系；其次，本文并不是简单地区分公司有无行政联系，而是将各类用于衡量行政联系的指标赋予权重，衡量公司行政联系的强弱；最后，本文在衡量行政联系对公司业绩影响的时候，对主动行政联系公司和被动行政联系公司进行了区分，并得出不同的结果。

通过研究本文认为，在我国可以从最终控制权归属、企业承担社会责任程度、高级管理层行政经历三个视角，通过设定指标加权的方法判定某公司行政联系程度的高低。且在我国企业IPO后两年内行政联系度高的企业业绩与行政联系度低的企业业绩存在显著差异，行政联系度高的企业业绩较差。在区分了主动联系和被动联系后，我们发现对被动行政联系的企业，行政联系度与业绩间呈负相关关系，而对于主动联系的企业，行政联系度与业绩间呈正相关关系，说明在我国企业主动建立行政联系，可以给企业的发展带来好处。

本文其余章节组织如下：在第二部分介绍本文的研究背景和研究假设；第三部分介绍用于判定公司行政联系程度的指标变量选取和评价方法，以及本文的研究设计；第四部分用于报告本文实证数据的选取方法及实证结果，并对结果分析讨论；最后在第五部分得出结论。

二、研究背景与假设

1. 研究背景

中华人民共和国在成立之初实行计划经济体制，企业只是生产执行部门：企业的所有者为全体人民，中央政府及各级地方政府代全体人民行使企业所有权和控制权；全部社会资源由政府统一调配，企业订单由政府下达，政府统一采购企业生产的产品；企业的经营目标不是所有者利益最大化，而是完成政府下达的任务指标，但政府在制订计划时，不以企业利益为依据，而以满足社会需求为导向；企业各级管理者由政府任命，管理人员带有行政职务，以完成政府下达的各项指标任务为天职，并随时可能被转调至政府单位任职。计划经济体制中，全部社会资源由政府调配，其好处是能够在全社会范围内产生合力，容易集中资源办大事，我国解放之初工业化建设高速发展，“两弹一星”顺利上天，其所取得的成绩，在市场经济体制下是无法在短期内实现的。然而计划经济的发展有一个前提，那就是政府——这个制订计划的人足够聪明，而且绝对无私，不但能够有效合理地调配全社会的资源，而且全心全意为整个社会服务。可惜的是随着中国经济的发展，政府的管理能力不足问题体现出来，社会资源浪费严重，效率低下，人民生活水平下降；而且由于某些政府官员获得了社会资源的分配权力，且缺乏适当的约束机制，腐败问题出现，且势头难以遏制。为能从根本上解决社会发展面临的矛盾，中国开始了由计划经济体制向市场经济体制的改革。

1979 年改革开放以后，市场经济在中国逐渐建立起来，企业成为自主经营自负盈亏的经济主体，企业参与市场竞争，由单一的生产部门转变为生产、研发、销售的综合体，随着上海、深圳两个证券交易所的建立，我国企业的股权交易制度建立起来，所有者利益最大化目标被列入企业追求的经营目标之一。在市场经济体制下，市场代替政府成为社会资源的分配者，调节资源在企业间的流动，通过市场的选择，提高社会资源利用效率。

在中国改革开放虽然取得了巨大成果，但对大多数国有企业来说，在参与市场竞争的同时，政府仍是企业的主要所有者和控制人，企业仍有义务完成政府交付的各项任务，承担一定的社会责任，并且企业主要管理者仍由政府统一任命。这使得几乎所有国有企业都先天具有较强的行政联系，但这种联系是被动接受的，并不是企业家主动寻求的。同时，因为在中国政治因素仍是经济社会的主导因素，行政联系紧密的企业容易获得税收优惠和银行贷款额度，大量民营企业虽“先天不足”，却在后天争取取得行政联系，通过聘任已卸任的政府官员，或通过交叉持股与国有企业合作开发项目，力争分享行政联系可能给企业带来的好处。

2. 研究假设

不同的学者在判定一个企业是否存在行政联系的时候，选取不同的指标，如范（2007）以 CEO 是否为政府任命为标准判定公司的行政联系，崔学刚等（2007）以是否国有控股为标准判定公司的行政联系，埃坦·高盛（Eitan Goldman，2006）以公司是否资助竞选判定其是否存在行政联系。无论是以怎样的指标为依据来判定是否存在行政联系，多位学者对中国的研究均都发现，行政联系对公司业绩的影响总体上看是负面的（Fan，2007；崔学刚等，2007；田利辉，2005 等）。因此本文提出假设 1：在中国行政联系紧密的上市公司业绩相对较差。

然而，各位学者原有的研究并没有区分主动行政联系和被动行政联系之间的区别，本文认为在中国最终控制人如为政府或政府控制企业的上市公司大多是由国有企业改制而来，因此其行政联系的取得是被动的，行政联系过密使其过多地承担社会责任，公司产权不清晰，行政联系对公司产生的负面影响较强；而对于最终控制人为非政府的中国上市公司，往往会主动与政府取得一定联系，与政府联系紧密，往往会给企业带来融资机会，税收优惠等好处，因此对于这一部分公司，行政联系对公司业绩的影响可能为正。因此本文提出假设2：行政联系对政府控股上市公司业绩影响为负，对非政府控股上市公司业绩影响为正。

三、研究设计

1. 行政联系度的测度方法

中国的政治经济结构与西方国家存在较大差异，西方国家政权多以多党执政为特征，政党换届以政治选举为手段。而自1949年中华人民共和国成立后，中国共产党是唯一合法的执政党，其余民主党派有参政议政的权利和义务，但已从法律上消除了其他政党执政的可能。共产党一党执政使得中国不存在政党换届竞选的问题，政府主要领导人虽通过人民代表大会选举产生，也受到任期限制，但却是在党内进行。因此以企业是否资助政党选举为指标评价企业的行政联系程度（Eitan Goldman，2006，Thomas Ferguson，2008，Asim Ijaz Khwaja，2004等）不适合中国。但是与此相似，虽不以支持竞选为目的，中国公司却可能在政府的影响下，代替政府承担社会责任，为特定事件捐赠大额财务，以此来表现出其主动帮助政府承担社会责任的姿态，特别是行政联系紧密的公司，更是要超额完成政府指派给企业的捐赠指标。因此，捐赠额可以用来作为评价公司行政联系的指标。

国内外的研究中常以公司所有权或控制权作为划分公司是否存在行政联系的标准（Shaprio，1990，La Porta，1999，崔学刚等，2007，田利辉，2005等）。所有权和控制权是有区别的，改革开放之初，中国定义的国有企业是指企业归全民（即国家）所有，要求国家对企业控股超过50%，而近几年，中国政府认为国有企业的“国有”概念应更多体现在政府对企业的控制力上，政府可以通过交叉持股，以较少的股权持有量获得对企业的控制权。企业为政府所有的直接结果是企业高管被政府直接任命，我国国有企业的高管任命虽走选举程序，但本质仍未脱离政府委任的特征。因此本文选择公司最终控制人类型作为评价委托人政府化的指标，列入衡量公司行政关联程度的指标之一。

管理层的背景经历是国内外学者用于评价公司是否存在行政联系的关键指标之一（Faccio，2006，Asim Ijaz Khwaja，2004，Fan，2007等），其中范（Fan，2007）更关注公司CEO的政治背景，阿西伊贾兹卓（Asim Ijaz Khwaja，2004）等则对公司的董事长和监事会主席的任命方式有所关注。本文认为，如果公司高管曾任政府官员，则该公司更容易获得政治资源和社会资源用于公司经营，同时，公司资源也更可能被用于实现政府的政治目标。因此，管理层的背景经历可以作为衡量资源配置行政化的有效指标。中国的公司管理结构中董事长、CEO和监事会主席都扮演着重要角色，代全体股东行使所有权、执行权和监察权，因此本文对公司这三个特殊职位上管理者的经历进行研究，作为评价公司行政联系程度的依据。在对公司高管简历的调查中，发现高管中有人曾任省长、市长、区长等行政干部；也有人曾在改制前的国有企业任职，有着局长、处长等头衔；还有人曾任高校教师，担任过政府咨询专家；也有人兼任各类企业协会委员、会长，获得过各类政府颁发的奖励。这些经历是否能用于判定管理者个人的行政关联程度？本文认为应该区别对待，而这一区别的划分标准应该是以该管理者现有行政经历后进入公司为原则，他们可能再去获得政府奖励和各类民间组织头衔，却不可能再去担任政府行政职务，担任高校全职教授。因此本文认为公司管理者获得政府奖励或担任民间组织委员不应作为指标来衡量其个人的行政联系程度。

综上所述，本文认为在中国可以从公司委托人政府化、经营目标行政化、资源配置行政化三个维度来评价公司的行政联系程度，而同时分别以最终控制人类型、社会捐赠占公司利润比例和公司高管行政工作经历来作为衡量上述三个维度行政联系程度的评价指标，如图 1 所示。

为衡量公司的行政联系程度，本文提出“行政联系度”（PCD，Political Connection Degree）概念，用来代理公司的行政联系程度。行政联系度的测度方法如表 1 所示。

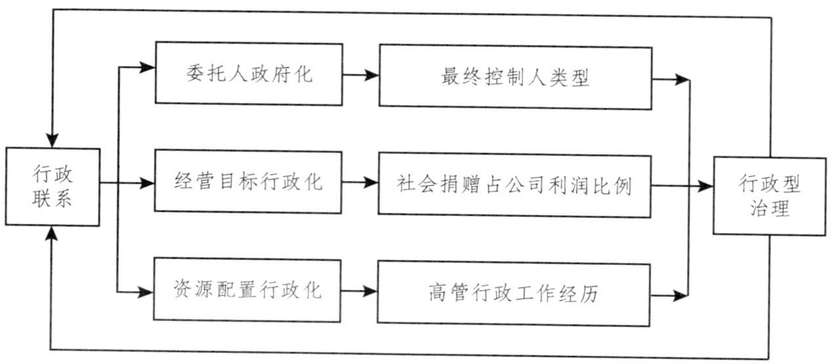

图 1 行政联系度评测方法

资料来源：作者研究整理。

表 1 公司行政联系度评测指标体系

指标分类	评价标准	分值
最终控制人类型	最终控制人为政府	6
	最终控制人为政府下属公司	3
	其他最终控制人	0
捐款额度	捐款累积额超过平均值	6
	捐款累积额低于平均值	3
	无捐款	0

续表

指标分类		评价标准	分值
管理层背景	董事长	曾任政府官员	2
		曾（现）有行政级别	1
		其他	0
	总经理（CEO）	曾任政府官员	2
		曾（现）有行政级别	1
		其他	0
	监事会主席	曾任政府官员	2
		曾（现）有行政级别	1
		其他	0
行政联系度（PCD）为各项指标得分累加结果。			

资料来源：作者研究整理。

如图1所示，本文主要从委托人政府化、经营目标行政化、资源配置行政化三个维度评测公司的行政联系程度，其对应的指标分别为公司最终控制人类型、公司捐款额度和高管工作背景经历。由于这三类指标难以区分哪个指标更能体现公司行政联系的紧密程度，因此本文为这三类指标设定相等的权值。①

由于我国企业的最终控制人可大致分为政府直接控股、政府下属企业控股、其他控制人三类。政府直接控股和政府下属企业控股对企业来说存在着行政联系程度上的差异，因此，本文在为"最终控制人类型"，这一指标赋予权重的时候，给予差别对待，当企业的最终控制人直接为政府时，赋值6分，当最终控制人为政府下属企业时，赋值3分，其他控制人赋值0分。

有无捐款本身虽已可以用于评价企业是否存在行政关联（Eitan Goldman，2006，Thomas Ferguson，2008，Asim Ijaz Khwaja，2004等）。但捐赠额度占当年税前利润比例的高低仍有区分作用，因为行政联系紧密的公司即使经营困难也会追求社会目标，超额完成政府给定的捐赠指标，行政联系程度相对较弱的公司则会量力而行。因此，本文以5年平均捐赠额度占税前利润②的比例为衡量标准，如某公司5年平均捐赠比例高于各公司平均值，则为该公司的这一指标赋值6分；如某公司5年平均捐赠比例虽低于平均值，但却有捐赠支出，则为该公司的这一指标赋值3分；如公司5年内无捐赠支出，则为该公司这一指标赋值为0。

管理层背景这一指标主要选取公司董事长、总经理和监事会主席三个岗位上任职人员的简历作为考察对象。由于直接担任过政府官员和曾有行政级

---

① 由于资源配置行政化这一维度中可细分为公司董事长、总经理和监事会主席三个职位的高管过往的政治经历，三个职位加起来最高得分为6分，为体现等权重的概念，其余两类指标的最高得分也取6分。

② 由于企业捐款可以在税前扣除，所以本文采用捐款额占税前利润的比例作为衡量标准。

别在中国代表着各人不同的行政联系程度，所以为曾担任政府官员赋值 2 分，为曾有行政级别赋值 1 分，未任过行政职务赋值 0 分。

将公司各项指标得分累加，即可得到公司行政联系度（PCD）的评测分值，该变量取值范围为 0 到 18，得分越高的公司行政关联度越强，得分越低行政关联度越弱。

2. 样本选取

对行政联系问题的已有研究的样本选取方法各异：如拉波塔（La Porta，1998）选取各国最大和最小的 10 家上市公司为研究样本，这种取样方法多用于进行跨国研究，每个国家取 20 个公司进行研究在进行跨国研究时样本量已具有一定代表性，并容易总结规律，但针对某一国的研究如果如此取样就会由于样本量过小而失去研究意义。埃坦·高盛（Eitan Goldman，2006）以美国竞选年的主板上市公司为样本，这种样本选取方法在对一国的研究中较为常见，其缺点是样本量过大，优点是研究结果可信度高。但该文章以公司是否资助竞选为依据划分公司是否存在行政联系，而在中国不存在政党间的政治竞选，因此选取哪一年的全体上市公司作为研究对象在中国难以确定。范（2007）以一年内所有发生 IPO 的上市公司为样本，这种样本选取方法虽不能覆盖所有上市公司，但在一年内进行 IPO 的上市公司间有很多相似之处，这种样本选取方法有效规避了多种公司差异带来的影响。

本文选取范（2007）所用的样本选取方法，对 2004 年中国 IPO 的全部上市公司进行研究，并对这些公司 IPO 后五年内的业绩表现进行分析。2004 年中国证券市场上进行 IPO 的公司共有 100 家，由于 ST 公司和金融类公司往往会有特殊的业绩表现，因此本研究去除了这两类样本，并且因数据库中一些公司的数据存在缺失情况，所以也去除了这些公司的样本，最后得到样本 83 个。本文全部数据来自国泰安数据库，均由 SPSS16 软件进行统计分析。

3. 被解释变量和控制变量的选取

对于用什么变量来代理公司绩效这一概念的问题，不同学者给出了不同答案。范（2007）、埃坦·高盛（Eitan Goldman，2006）等用累积异常回报率（CAR）作为评价公司绩效的指标，崔学刚（2007）等用 ROA、ROE 来评价公司绩效。本文认为我国证券市场尚不完备，股票价格并不能真正反映公司的市场价值，因此基于公司股票市场表现的指标并不能有效反映中国企业的真实绩效，相比之下，财务数据更能体现我国企业的业绩表现，因此本文采用 ROA 和 ROE 两个指标来代理公司业绩这一概念，成为本文的被解释变量。

同时，本文认为公司规模、所处行业、资本结构、股票市场表现这些指标的差异均会对公司业绩产生影响，而这些变量也已被多次运用到用于评价公司业绩的各类研究中（Eitan Goldman，2006，Fan，2007，崔学刚，2007

等），因此本文将这些变量作为控制变量，列入考察范围之内。本文中所用到的变量可见表2。

表2　研究变量

变量类别	变量名称	英文缩写	备注
被解释变量	资产回报率	ROA	用于代理公司业绩
	权益回报率	ROE	用于代理公司业绩
解释变量	行政联系度	PCD	测量方法如表1所示
控制变量	销售收入对数	Sale	用于评价公司规模
	资产总额对数	Asset	用于评价公司规模
	资产负债率	Leverage	用于代理公司资本结构
	市净率	MB	评价公司股票的市场表现
	行业	Industry	区分不同行业的影响

资料来源：作者研究整理。

四、实证研究结果

1. 行政联系度评测统计分析结果

本文样本企业共83家，按控股权性质分，样本中有非国有控股公司39家，被政府所属企业控股的公司10家，被政府直接控股的公司34家。5年内无捐赠支出的公司0家，累积捐赠额少于平均值的企业62家，累积捐赠额大于平均值的企业21家。对公司高管的分析发现，83位总经理没有行政背景的有63位，曾有行政级别的18位，曾直接担任政府高级领导①的2位。董事长中没有过行政经历的54位，曾有行政级别的23位，曾直接担任政府高级领导的6位。监事会主席②中没有过行政经历的55位，曾有行政级别的27位，曾直接担任政府高级领导的1位。行政联系度评测分析指标的统计分析结果如表3所示。

表3　行政联系度评测分析结果

评测指标	判定标准	数量	比例
最终控制人类型	政府直接控制	34	0.409639
	受政府控股公司控制	10	0.120482
	非政府控制	39	0.46988
捐赠支出规模	大于平均捐赠支出额	21	0.253012
	小于平均捐赠支出额	62	0.746988

① 直接担任政府领导指曾担任省长、市长、区长。
② 又称监事长、监事会召集人。

续表

评测指标	判定标准	数量	比例
总经理行政经历	曾担任政府高级领导	2	0.024096
	曾有（现有）行政级别	18	0.216867
	其他	63	0.759036
董事长行政经历	曾担任政府高级领导	6	0.072289
	曾有（现有）行政级别	23	0.277108
	其他	54	0.650602
监事会主席行政经历	曾担任政府高级领导	1	0.012048
	曾有（现有）行政级别	27	0.325301
	其他	55	0.662651

资料来源：作者研究整理。

本文研究发现，在我国董事长和监事长中有行政经历的人所占的比例明显高于总经理中有行政经理的人所占的比例。特别是董事长曾任政府高级领导的人所占比例大大高于其他两者。本文认为这是中国国有企业改革的必然结果，国有企业虽已成为建立了现代企业制度的上市公司，但实际控制人仍为政府或政府控股公司，政府为使企业经营符合其行政目标，委任董事长代理其行使大股东权力，这部分董事长自然需有一定行政经历，甚至曾任政府高级官员。监事会主席对公司运营负有监察责任，使公司经营目标符合大股东和公众的利益，而曾在政府工作过的人员往往具有一定的社会影响力，更容易成为监事会主席一职的理想人选。总经理主要负责处理公司的日常事务，所需专业性较强，因此总经理一职更倾向于选拔专业人士，这也可以解释为什么总经理中有行政经历的人所占比重最低。

此外，我们还发现本文用于评测公司行政联系的各项指标具有一定协同性。也就是说公司的最终控制人为政府的企业更倾向于加大捐赠额度，且更容易委任曾有行政经历的公司高管；而最终控制人为非政府的企业，捐赠额度往往较小，且倾向于聘任专业人士任公司高管。

2. 各变量描述性统计分析结果

本文所用解释变量、被解释变量、控制变量的描述性统计分析结果如表 4、图 2、图 3 所示。

表 4　本文所用各年变量描述性统计表

变量名称	英文缩写	均值	方差
行政联系度	PCD	7.43	3.660
2004 年资产回报率	ROA_{04}	0.0728073133	0.03759114808
2004 年权益回报率	ROE_{04}	0.1302747831	0.05969255404

续表

变量名称	英文缩写	均值	方差
2004 年市净率	MB_{04}	2. 3428663614	0. 89905181726
2004 年资产负债率	$Leverage_{04}$	0. 3547520843	0. 16430213889
2004 年销售收入对数	$Sale_{04}$	8. 6898872398	0. 43351919654
2004 年资产总额对数	$Asset_{04}$	8. 9088881189	0. 29131909082
2005 年资产回报率	ROA_{05}	0. 0559308313	0. 04678727640
2005 年权益回报率	ROE_{05}	0. 0944251446	0. 07832092399
2005 年市净率	MB_{05}	1. 8855378554	0. 98188164164
2005 年资产负债率	$Leverage_{05}$	0. 396481	0. 18284022588
2005 年销售收入对数	$Sale_{05}$	8. 773955	0. 450804
2005 年资产总额对数	$Asset_{05}$	8. 9696518688	0. 31308457016
2006 年资产回报率	ROA_{06}	0. 0571352048	0. 05782586869
2006 年权益回报率	ROE_{06}	0. 1028092892	0. 11320960943
2006 年市净率	MB_{06}	2. 8374838675	2. 01505820391
2006 年资产负债率	$Leverage_{06}$	0. 4275092651	0. 18017628239
2006 年销售收入对数	$Sale_{06}$	8. 855962	0. 471271
2006 年资产总额对数	$Asset_{06}$	9. 0288949716	0. 32535459973
2007 年资产回报率	ROA_{07}	0. 0713538072	0. 06988883994
2007 年权益回报率	ROE_{07}	0. 1322534940	0. 11438668397
2007 年市净率	MB_{07}	6. 2759878916	3. 77331585765
2007 年资产负债率	$Leverage_{07}$	0. 4306866627	0. 18376061638
2007 年销售收入对数	$Sale_{07}$	8. 9651236077	0. 49731976618
2007 年资产总额对数	$Asset_{07}$	9. 1453544578	0. 35957860076
2008 年资产回报率	ROA_{08}	0. 0539106506	0. 08065734963
2008 年权益回报率	ROE_{08}	0. 0900121446	0. 17161685334
2008 年市净率	MB_{08}	2. 5608571446	1. 99084411452
2008 年资产负债率	$Leverage_{08}$	0. 4223900843	0. 19189082142
2008 年销售收入对数	$Sale_{08}$	9. 041208	0. 474925
2008 年资产总额对数	$Asset_{08}$	9. 1959707811	0. 36453215641

资料来源：作者研究整理。

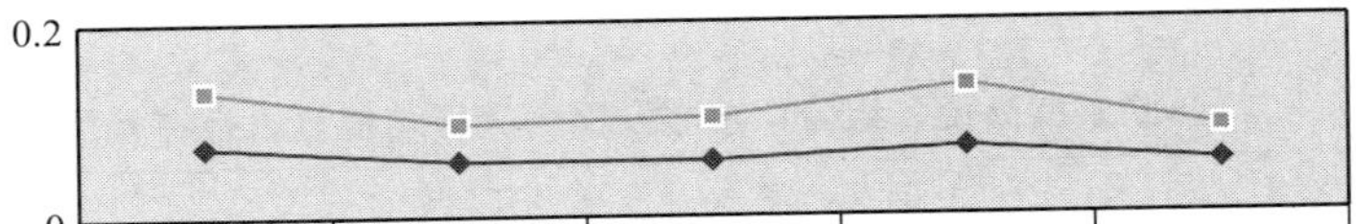

	1	2	3	4	5
ROA	0.0728073	0.0559308	0.0571352	0.0713538	0.0539107
ROE	0.1302748	0.0944251	0.1028093	0.1322535	0.0900121

图2　公司 IPO 后5年内平均业绩变化

资料来源：作者研究整理。

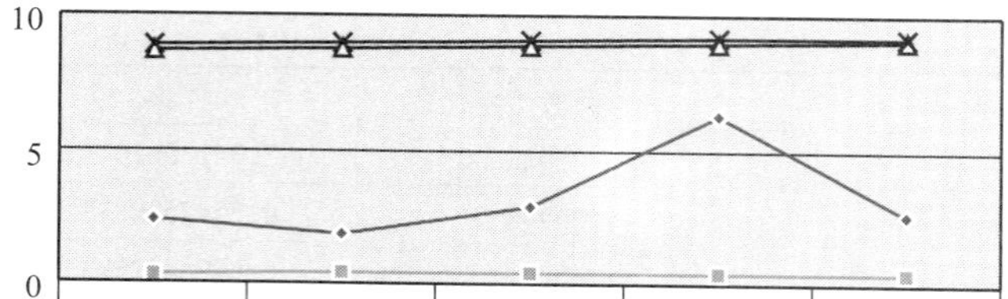

	1	2	3	4	5
MB	2.342866	1.885538	2.837484	6.275988	2.560857
Leverage	0.354752	0.396481	0.427509	0.430687	0.42239
Sale	8.689887	8.773955	8.855962	8.965124	9.041208
Asset	8.908888	8.969652	9.028895	9.145354	9.195971

图 3 公司 IPO 后 5 年内各财务指标变化

资料来源：作者研究整理。

如图所示：2004 年进行 IPO 的公司上市后 5 年内业绩平稳波动，但总体呈下降趋势，但下降幅度不大，与我国 2004 ~ 2008 年这 5 年内的经济走势基本一致，受杠杆作用的影响，权益回报率的波动比资产回报率波动明显。

市净率的波动与权益回报率波动趋势基本一致，但比权益回报率的波动更为显著，说明我国证券市场走势虽能基本符合公司业绩变化，但受消息放大作用的影响，市场波动明显大于公司业绩自身的波动幅度。5 年内 2004 年上市的企业销售收入和资产总额稳步扩大，且销售收入扩大速度大于资产总额扩大速度，说明 2004 年进行 IPO 公司的扩张取得了较好效果。资产负债率在这 5 年内也略有提升，说明这 5 年内公司的扩张更倾向于依靠扩大负债规模。

3. 均值分析结果

本文将 83 个企业按行政联系度排序，将行政联系最为紧密（行政联系度得分最高）的 30 个企业分为一组；行政联系度最差的 30 个企业分为另一组（行政联系度得分最低）。将这两组企业的业绩和各项指标进行配对 t 检验，分析两组企业的业绩及各项财务指标间是否存在显著差异。本文的分析比较结果在表 5 中列示。

表 5 行政联系度高低各组公司绩效及财务指标均值是否存在差异比较

变量名称	英文缩写	第一组均值	第二组均值	t 值
2004 年资产回报率*	ROA_{04}	0. 0826	0. 0604	2. 531
2004 年权益回报率**	ROE_{04}	0. 1468	0. 1016	3. 844326
2004 年市净率	MB_{04}	2. 3602	2. 144233	1. 0601
2004 年资产负债率	$Leverage_{04}$	0. 347880	0. 342369	0. 139
2004 年销售收入对数	$Sale_{04}$	8. 659024	8. 609942	0. 498

续表

变量名称	英文缩写	第一组均值	第二组均值	t值
2004年资产总额对数	$Asset_{04}$	8.850249	8.9389	-1.291
2005年资产回报率*	ROA_{05}	0.0647	0.0397	2.443
2005年权益回报率**	ROE_{05}	0.1087	0.0613	2.762
2005年市净率*	MB_{05}	1.9763	1.6120	1.963
2005年资产负债率	$Leverage_{05}$	0.3874	0.3716	0.340
2005年销售收入对数	$Sale_{05}$	8.7324	8.6792	0.539
2005年资产总额对数	$Asset_{05}$	8.9175	8.972669	-0.744535
2006年资产回报率	ROA_{06}	0.062856	0.052065	0.669
2006年权益回报率	ROE_{06}	0.115472	0.086502	0.924
2006年市净率**	MB_{06}	3.460653	2.099278	2.658
2006年资产负债率	$Leverage_{06}$	0.4337	0.3923	0.875
2006年销售收入对数	$Sale_{06}$	8.8114	8.7558	0.513
2006年资产总额对数	$Asset_{06}$	8.9886	9.0086	-0.253
2007年资产回报率	ROA_{07}	0.0769	0.0666	0.612509
2007年权益回报率	ROE_{07}	0.1420	0.1142	1.155864
2007年市净率	MB_{07}	7.1358	5.488035	1.684817
2007年资产负债率	$Leverage_{07}$	0.423379	0.425981	-0.054
2007年销售收入对数	$Sale_{07}$	8.935381	8.849948	0.737
2007年资产总额对数	$Asset_{07}$	9.132236	9.1072	0.262
2008年资产回报率	ROA_{08}	0.0651	0.0437	0.838
2008年权益回报率	ROE_{08}	0.1052	0.0674	0.711
2008年市净率	MB_{08}	2.9739	2.4070	0.978
2008年资产负债率	$Leverage_{08}$	0.4008	0.4106	-0.208
2008年销售收入对数	$Sale_{08}$	9.0366	8.8990	1.197903
2008年资产总额对数	$Asset_{08}$	9.1860	9.1296	0.589

资料来源：作者研究整理。

如表5所示，行政联系紧密的公司与行政联系不紧密的公司相比较，在公司上市两年内其资产回报率和权益回报率呈现出显著差异，且行政联系紧密的公司资产回报率和权益回报率明显低于其对应组，而其余各年这种差异在统计上不显著。这说明公司IPO上市两年内，公司的经营受政府干预较多，且这种干预更多体现出“掠夺之手”的特征，使公司的业绩变差。而这种情况在公司上市两年后有所好转，行政联系紧密的公司业绩与其对照组间没有显著差异。

4. 回归分析结果

本文分别以ROA、ROE为被解释变量，行政联系度为解释变量，并选取市净率、资产负债率、营业收入总额对数、资产总额对数和行业哑变量构造回归方程，方程式如公式 1、公式 2 所示：

$$ROA_t = b_1 + b_2PCD + b_3MB_t + b_4Leverage_t + b_5Sale_t + b_6Asset_t + b_7Industry + \varepsilon \quad (公式 1)$$

$$ROE_t = b_1 + b_2PCD + b_3MB_t + b_4Leverage_t + b_5Sale_t + b_6Asset_t + b_7Industry + \varepsilon \quad (公式 2)$$

对公司 IPO 后 5 年内回归分析的结果如表 6 所示。

表 6 回归分析统计结果

	常数项	PCD	MB	Leverage	Sale	Asset	Industry	R^2
ROA_{04}	-0. 260 (-2. 277)	-0. 002 (-2. 260)	0. 027 (8. 891)	-0. 125 (-5. 655)	0. 016 (1. 440)	0. 021 (0. 021)	0. 000 (-0. 245)	0. 670
ROE_{04}	-0. 701 (-3. 451)	-0. 003 (-2. 584)	0. 047 (8. 573)	-0. 053 (-1. 346)	0. 047 (2. 454)	0. 040 (1. 207)	0. 000 (-0. 120)	0. 587
ROA_{05}	-0. 207 (-1. 510)	-0. 005 (-2. 054)	0. 032 (9. 141)	-0. 109 (-4. 094)	0. 026 (1. 761)	0. 003 (0. 108)	0. 000 (-0. 232)	0. 646
ROE_{05}	-0. 633 (-2. 607)	-0. 008 (-2. 052)	0. 054 (8. 697)	-0. 059 (-1. 249)	0. 064 (2. 487)	0. 009 (0. 215)	0. 002 (0. 376)	0. 604
ROA_{06}	-0. 344 (-1. 935)	0. 002 (1. 634)	0. 016 (6. 643)	-0. 172 (-4. 787)	0. 020 (0. 972)	0. 026 (0. 149)	-0. 002 (-0. 530)	0. 543
ROE_{06}	-1. 097 (-3. 068)	0. 004 (1. 515)	0. 032 (6. 380)	-0. 202 (-2. 784)	0. 056 (1. 342)	0. 075 (1. 135)	-0. 003 (-0. 447)	0. 516
ROA_{07}	-0. 547 (-3. 284)	0. 002 (1. 076)	0. 009 (5. 830)	-0. 235 (-6. 208)	0. 032 (1. 448)	0. 040 (1. 295)	0. 000 (-0. 177)	0. 501
ROE_{07}	-1. 311 (-4. 955)	0. 003 (1. 016)	0. 015 (6. 374)	-0. 253 (-4. 207)	0. 081 (2. 281)	0. 078 (1. 593)	0. 000 (0. 079)	0. 530
ROA_{08}	-0. 593 (-3. 130)	-0. 001 (-0. 541)	0. 016 (4. 549)	-0. 227 (-5. 505)	0. 043 (1. 631)	0. 034 (0. 989)	0. 001 (0. 209)	0. 458
ROE_{08}	-1. 558 (-3. 368)	-0. 003 (-0. 666)	0. 017 (1. 996)	-0. 400 (-3. 968)	0. 122 (1. 883)	0. 074 (0. 879)	0. 003 (0. 248)	0. 286

资料来源：作者研究整理。

由上述回归分析结构可知，在公司进行 IPO 上市后两年内，行政联系对公司业绩的影响显著为负，对其他各年的影响不显著，这与均值比较发现的规律一样。说明行政联系对公司 IPO 上市后的前两年影响尤为显著。

因此本文“假设 1：在中国行政联系紧密的上市公司业绩相对较差”成立。

5. 行政联系对不同控制人类型企业影响差异分析

为了分析行政联系对国有控股企业和非国有控股企业的影响差异，本文将全部样本公司按照最终控制人类型分为两类：如公司的最终控制人为政府或政府下属企业，则认为该公司是由国有企业改制而来，从而被动获得行政联系；如公司的最终控制人为非政府，则认为该公司为其他类型企业，其行政联系为管理层主动获取得来的。

之后，本文用公式1和公式2，并用公司上市后5年的数据分别对这两类公司的业绩进行回归分析，回归分析结果如表7、表8所示。

表7　　非国有控股公司回归分析统计结果

	常数项	PCD	MB	Leverage	Sale	Asset	Industry	R^2
ROA_{04}	-0.038 (-0.199)	-0.005 (-1.652)	0.021 (4.737)	-0.118 (-3.370)	0.028 (1.819)	-0.013 (-0.424)	0.000 (0.044)	0.661
ROE_{04}	-0.250 (-0.702)	-0.007 (-1.780)	0.036 (4.352)	-0.008 (-0.123)	0.049 (1.678)	-0.011 (-0.191)	0.004 (0.724)	0.457
ROA_{05}	0.074 (0.395)	-0.004 (-1.627)	0.022 (4.440)	-0.093 (-2.806)	0.056 (3.130)	-0.053 (-1.626)	-0.003 (-0.991)	0.676
ROE_{05}	-0.302 (-0.970)	-0.005 (-1.204)	0.043 (5.168)	-0.032 (-0.580)	0.095 (3.181)	-0.052 (-0.947)	-0.002 (-0.297)	0.741
ROA_{06}	-0.033 (-0.105)	-0.003 (-0.568)	0.013 (4.440)	-0.149 (-2.667)	0.043 (1.308)	-0.027 (-0.470)	-0.003 (-0.585)	0.569
ROE_{06}	-0.691 (-1.078)	-0.003 (-0.275)	0.026 (4.295)	-0.158 (-1.391)	0.065 (0.978)	0.025 (0.209)	-0.002 (-0.144)	0.556
ROA_{07}	-0.172 (-0.514)	-9.433E-5 (-0.014)	0.007 (3.317)	-0.227 (-3.270)	0.099 (2.113)	-0.064 (-0.894)	-0.005 (-0.655)	0.455
ROE_{07}	-0.903 (-1.679)	0.004 (0.396)	0.013 (3.721)	-0.274 (-2.451)	0.147 (1.942)	-0.027 (-0.240)	-0.004 (-0.318)	0.514
ROA_{08}	-0.593 (-3.130)	-0.001 (-0.541)	0.016 (4.549)	-0.227 (-5.505)	0.043 (1.631)	0.034 (0.989)	0.001 (0.209)	0.458
ROE_{08}	-0.801 (-1.992)	-0.005 (-0.499)	0.012 (1.973)	-0.266 (-3.401)	0.073 (1.169)	0.035 (0.407)	-0.009 (-0.899)	0.286

资料来源：作者研究整理。

由表7可知，对非国有控股企业来说，公司IPO上市后各年，公司的行政联系对其绩效的影响均不显著，因此无法判定其对公司业绩的影响的方向性。

由表8可知，对国有控股公司，行政联系度在公司IPO上市3年后均对公司的业绩有显著负影响，其余各年这种影响不显著。

由此可见，公司是否为国有是决定着行政联系是否对公司业绩产生影响的关键因素之一，对于国有控股公司，其行政联系是被动获得的，在中国这部分公司大多由国有企业改制而来，政府习惯于使用计划经济体制的做法，向企业分派任务，迫使其承担社会责任，从而使公司业绩受到显著负面影响，研究表明，对此类企业来说，行政联系越强，其业绩受到的负面影响越大。而对于非国有控股企业的分析发现，行政联系度对这部分企业的业绩没有显著影响，公司不会因其行政联系紧密而获得显著的坏处或好处。这与本文的理论分析不完全相符，本文认为对非国有控股公司来说，会主动获取行政联系，行政联系紧密可以给公司带来税收、银行贷款等方面的好处，因此行政联系度应与其业绩成正比。但本文的统计分析表明，在我国非国有控股公司的业绩与其行政联系度无显著关系。这可能是由于我国企业不可避免地具有一定行政联系，特别是非国有企业，可能存在多种非公开的行政联系方式，本文的行政联系测度方式仅基于公开数据，无法捕捉到非国有公司潜在的行政联系方式，从而致使统计结果认为对非国有企业其行政联系度与业绩无显著关系。因此，本文的假设 2 “行政联系对政府控股上市公司业绩影响为负，对非政府控股上市公司业绩影响为正。”只能被部分验证。

表 8 **国有控股公司回归分析统计结果**

	常数项	PCD	MB	Leverage	Sale	Asset	Industry	R^2
ROA_{04}	-0.449 (-3.195)	-0.002 (-1.975)	0.040 (8.546)	-0.114 (-4.093)	0.019 (1.171)	0.037 (1.525)	-0.001 (-0.522)	0.752
ROE_{04}	-1.049 (-4.213)	-0.004 (-2.308)	0.064 (7.766)	-0.063 (-1.282)	0.061 (2.129)	0.063 (1.469)	-0.002 (-0.672)	0.653
ROA_{05}	-0.505 (-2.865)	-0.003 (-2.337)	0.044 (9.176)	-0.107 (-2.861)	0.023 (1.101)	0.037 (1.173)	0.004 (1.510)	0.766
ROE_{05}	-1.088 (-2.995)	-0.005 (-2.127)	0.065 (6.541)	-0.086 (-1.110)	0.045 (1.031)	0.080 (1.241)	0.007 (1.236)	0.741
ROA_{06}	-0.597 (-3.256)	0. -005 (2.191)	0.038 (7.813)	-0.167 (-4.085)	0.044 (1.837)	0.020 (0.584)	0.003 (0.812)	0.749
ROE_{06}	-1.493 (-3.641)	0. -013 (2.305)	0.003 (0.422)	0.067 (6.167)	-0.217 (-2.366)	0.122 (2.285)	0.034 (0.436)	0.658
ROA_{07}	-0.825 (-4.670)	0.002 (0.795)	0.016 (6.387)	-0.262 (-6.366)	0.016 (0.694)	0.081 (2.835)	0.003 (0.896)	0.712
ROE_{07}	-1.696 (-5.544)	0.003 (0.685)	0.023 (5.531)	-0.282 (-3.963)	0.069 (1.718)	0.124 (2.514)	0.006 (0.984)	0.636
ROA_{08}	-0.379 (-2.565)	-0.002 (-0.787)	0.025 (8.168)	-0.140 (-4.107)	0.017 (0.926)	0.030 (1.382)	0.004 (1.229)	0.752
ROE_{08}	-0.699 (-1.850)	-0.002 (-0.290)	0.028 (3.610)	-0.189 (-2.160)	0.036 (0.763)	0.051 (0.908)	0.003 (0.435)	0.286

资料来源：作者研究整理。

五、研究结论

本文认为现有的行政联系对公司业绩影响方面的研究多基于单一指标划分公司是否存在行政联系，且由于中国的特殊政策经济情况，国外的一些研究指标不适合对我国的研究，此外，现有的研究大多都没有区分主动行政联系与被动行政联系之间的区别。因此，本文通过梳理理论文献找出衡量公司行政联系的三个维度，即委托人政府化、经营目标行政化、资源配置行政化，并找出了代理这三个概念的指标量，即公司最终控制人、捐赠额度占公司利润比例和公司高管的行政经历。为了免除单一指标区分公司是否存在行政联系的片面性，本文设计了行政联系度指标，通过对衡量三个维度的指标测量值进行加权求和，得出行政联系度的赋值，并以此为衡量公司行政联系强弱的依据。

本文研究发现，在我国公司上市两年内其业绩会受到行政联系的显著影响，且这种影响为负，也就是说，行政联系越紧密的公司业绩越差。当我们区分了主动行政联系和被动行政联系之后，我们发现被动行政联系的公司在公司 IPO 上市 3 年后其业绩均受行政联系的负面影响，而对主动行政联系公司的分析结果认为，行政联系对主动获取行政联系公司业绩的影响不显著。因此我们认为，在我国行政联系对公司业绩产生负面影响主要集中于被政府控制的国有企业中。本文认为，政府在国有公司上市的过程中起到了重要角色，积极支持公司上市，作为回报国有公司成功 IPO 后，便成为政府的融资平台，必须拿出相当多的资源完成政府的社会目标，因此更容易表现出较差的业绩。而非国有控股企业是主动获取行政联系的，虽然在 IPO 过程中不可避免地与政府打交道，但由于其并不被政府直接控股，政府也就无法控制公司的投资方向，因此业绩受到的影响并不显著。

本文认为，我国政府应进一步转变自身职能，由直接参与市场竞争转为调节市场公平合理地运行，为各类企业创造公平的发展平台。并逐步放开对非关系到国计民生行业的经营权，吸引更多企业参与市场竞争。

参考文献

[1] 崔学刚、谢志华、郑职权：《终极控制权性质与公司绩效——基于配对样本的实证检验》，载《财贸研究》2007 年第 4 期。

[2] 谭劲松、郑国坚：《产权安排、治理机制、政企关系与企业效率——以“科龙”和“美的”为例》，载《管理世界》2004 年第 2 期。

[3] 田利辉：《国有股权对上市公司绩效影响的 U 型曲线和政府股东两手论》，载《经济研究》2005 年第 10 期。

[4] 李维安：《中国のコーポレートガバナンス》，税務経理協会 1998 年版。

[5] Asim Ijaz Khwaja，Atif Mian，2004，Do Lenders Favor Politically Connected Firms?

Rent Provision in an Emerging Financial Market, Working paper.

[6] Backman, 1999, Asian Eclipse: Exposing the Dark Side of Business in Asia, Wiley, Singapore.

[7] Eitan Goldman, Jörg Rocholl, Jongil So, 2006, Do Politically Connected Boards Affect Firm Value? Working paper.

[8] Faccio, M., Masulis, R., McConnell, J. J., 2006, Political Connections and Corporate Bailouts, *Journal of Finance* (61): 2597 - 2635.

[9] Faccio, Mara, 2007, The Characteristics of Politically Connected Firms, Unpublished Working paper, Vanderbilt University.

[10] Faccio, Maya, Lang H. P., 2002, The Ultimate Ownership of Western European Corporations, *Journal of Financial Economics* (65): 365 - 395.

[11] Fan J., Wong T. J., Zhang T., 2007, Politically Connected CEOs, Corporate Governance, and Post-IPO Performance of China' s Newly Partially Privatized Firms, *Journal of Financial Economics*, 324 ~ 353.

[12] Khwaja, Mian, 2005, Unchecked Intermediaries: Price Manipulation in an Emerging Stock Market, *Journal of Financial Economics* (78): 203 - 241.

[13] La Porta, Rafael, Florencio Lopez-de-Silanes, Andrei Shleifer, 1999, Corporate Ownership around the World, *Journal of Finance* (54): 471 - 518.

[14] Shaprio, Carl, Willig, Robert D., 1990, Economic Rationales for the Scope of Privatization. In the Political Economy of Public Sector Reform and Privatization, London: Westview Press, 55 ~ 87.

[15] Shleifer, A., Vishny, R., 1994, Politicians and Firms, *Quarterly Journal of Economics* (109), 995 - 1025.

[16] T. Frye, A. Shleifer, 1997, The Invisible Hand and the Grabbing Hand, *The American Economic Review.*

[17] Thomas Ferguson, Hans-Joachim Voth, 2008, Betting on Hitler-the Value of Political Connections in Nazi Germany, *Quartely Journal of Economics*, (123): 101 - 137.

[18] Vickers, Yarrow, 1988, Privatization: An Economic Analysis, Cambridge: MIT Press, 53 - 67.

The Study on Influence of Chinese Enterprises' Political Connection to Their Performance

Li Li　Xue Donghui　Mao Yi

Abstract: China is on the progress that transform from political governance to economic governance. The United political and economical system makes that the methods to evaluate the political connection of foreign research are not fit for Chinese environment. So in this paper we push the "Political Connection Degree" (PCD) concept, which makes us can evaluate Political connection from enterprise aim administrative, resources distribution administrative, and agent administrative three points of view. Then we can use this concept to analyze the influence of PCD to enterprises' performance. Through research we found that the enterprises performance is negative connected with PCD, especially for passive connected companies this negative influence is very signification, but for positive connected companies this phenomenon is not very clear.

Key Words: Political Connection　Political Governance　Companies' Performance